刑事客观性证据审查运用指引

贾 宇 / 主 编
黄生林 / 副主编

中国检察出版社

图书在版编目（CIP）数据

刑事客观性证据审查运用指引 / 贾宇主编；黄生林副主编 . —北京：中国检察出版社，2022.6
ISBN 978-7-5102-2579-6

Ⅰ. ①刑… Ⅱ. ①贾…②黄… Ⅲ. ①刑事诉讼—证据—研究—中国 Ⅳ. ① D925.213.4

中国版本图书馆 CIP 数据核字（2021）第 053642 号

刑事客观性证据审查运用指引
贾 宇 主编 黄生林 副主编

责任编辑：王伟雪
技术编辑：王英英
封面设计：曹 晓

出版发行：中国检察出版社
社　　址：北京市石景山区香山南路 109 号（100144）
网　　址：中国检察出版社（www.zgjccbs.com）
编辑电话：（010）86423707
发行电话：（010）86423726　86423727　86423728
　　　　　（010）86423730　86423732
经　　销：新华书店
印　　刷：河北宝昌佳彩印刷有限公司
开　　本：710mm×960mm　16 开
印　　张：19
字　　数：306 千字
版　　次：2022 年 6 月第一版　2022 年 6 月第一次印刷
书　　号：ISBN 978-7-5102-2579-6
定　　价：66.00 元

检察版图书，版权所有，侵权必究
如遇图书印装质量问题本社负责调换

序 一

浙江是习近平法治思想重要萌发地和法治中国建设重要实践地，习近平总书记在浙江工作期间对检察工作作出"敢于监督、善于监督、勇于开展自我监督"的重要指示要求，为浙江检察工作提供了根本遵循。刑事检察是检察机关最基本、最核心的业务之一，是履行检察机关法律监督职能，保障法律统一正确实施的重要途径。为强化刑事检察工作，加强刑事侦查、审判监督，浙江检察机关在最高人民检察院的指导下，于2011年率先探索实践刑事案件客观性证据审查模式改革，倡导将案件审查方式从以言词证据为中心的传统简单印证模式，转变到以客观性证据为核心的科学验证审查模式，旨在最大限度保障案件质量，防范冤错案件，努力让人民群众在每一个司法案件中感受到公平正义。

张军检察长强调，检察官既是犯罪的追诉者，也是无辜的保护者，更要努力成为中国特色社会主义法律意识和法治进步的引领者。科学的证据理念和证据审查、运用、印证规则，是确保案件质量，查明事实真相，实现追诉犯罪、保护无辜、引领法治进步的重要保证。经过十余年的实践与发展，客观性证据审查模式改革的内涵、路径和举措不断丰富，改革价值和成效不仅得到实务工作的充分检验，也形成了一批有影响力的制度成果和理论成果。浙江检察机关先后制定《死刑案件客观性证据审查工作指引（试行）》《公诉环节口供审查工作指引》《公诉环节现场勘查材料审查运用工作指引》等一系列办案规范,深入指导全省刑事检察工作,引领检察官不断强化证据审查、提升办案能力、增强监督本领、确保案件质量。相关经验做法被最高检转发全国,为刑事办案模式改革提供了浙江实践样本,同时也进一步拓展了刑事证据分类、证据规则、证据标准等方面的理论研究空间。

进入新时代新发展阶段,在深入贯彻落实习近平法治思想,推进"四大检察"全面协调充分发展的新形势下,传统的刑事检察也迎来了"做优"的新使命。近年来,随着全面推进认罪认罚从宽制度、捕诉一体改革、"案-件比"评价指标等一系列重大部署,对检察机关履行刑事诉讼主导责任、强化法律监督能力提出了更高标准更高要求。证据是刑事诉讼活动的基础,强化证据审查是做优刑事检察的前提,是敢于监督、善于监督的重要内容。《中共中央关于加强新时代检察机关法律监督工作的意见》明确规定,"落实以审判为中心的诉讼制度改革要求,秉持客观公正立场,强化证据审查,严格落实非法证据排除规则,坚持疑罪从无,依法及时有效履行审查逮捕、审查起诉和指控证明犯罪等职责"。在新形势新要求下,客观性证据审查模式既是履行好审查逮捕、审查起诉和指控证明犯罪的重要举措,更是强化刑事诉讼主导责任、高水平做优新时代刑事检察工作的重要抓手,在充分展现实践生命力的同时,也被赋予了新时代的重要意义。

本书全面集中系统展示了浙江检察机关客观性证据审查模式司法实践和理论研究的成果,是司法办案和理论研究相结合的生动实践。对标最高检"努力在'十四五'时期把浙江检察建设成为全面展示中国特色社会主义检察制度优越性的重要窗口"和浙江省委"打造法律监督最有力示范省份"的期望重托,紧扣《最高人民检察院关于支持和服务保障浙江高质量发展建设共同富裕示范区的意见》提出的"努力把浙江打造成在全国具有引领性的新时代检察工作高质量发展示范区,当好以检察工作高质量发展服务保障经济社会高质量发展、助力实现共同富裕的排头兵"的目标要求,浙江检察机关将在实践中进一步深化、巩固、提升刑事案件客观性证据审查模式,以"求极致"的工匠精神,强化证据审查,确保案件质量,有力有为践行"深化法律监督、彰显司法权威、维护公平正义"工作主线。希望本书的出版能为客观性证据审查模式的发展深化增添检察智慧,贡献浙检力量,为广大读者带来启迪和借鉴。

浙江省人民检察院党组书记、检察长　贾宇

2022 年 5 月

序 二

《刑事客观性证据审查运用指引》是浙江检察机关持续对客观性证据审查运用模式进行系统梳理、深入研究、理论升华基础上形成的最新成果。死刑二审案件实行开庭审理之初,在最高人民检察院公诉厅提出要将死刑案件事实建立在更多客观性证据支持的基础上的要求后,浙江省人民检察院当时负责这项工作的应建廷同志敏锐地意识到这个问题对于保证死刑案件质量的重要意义,迅速组织力量着手研究。在最高人民检察院公诉厅工作期间,我有幸见证并参与了浙江省检察院客观性证据审查运用模式的创立、发展、推广、完善,现这一重要成果付梓出版,甚是欣喜,深感欣慰!

案件质量是刑事检察工作的生命线,认定案件事实必须以证据为根据。从某种意义上说,证据的审查运用能力是刑事检察官的核心战斗力,正确科学的证据审查、判断方法是正确评判证据的前提和基础,正确科学的组织、挖掘、运用证据的方法,进行证据解释、构建证明体系是公正指控证明的基本要求。自2010年7月最高人民法院、最高人民检察院、公安部、国家安全部、司法部联合颁布《关于办理死刑案件审查判断证据若干问题的规定》《关于办理刑事案件排除非法证据若干问题的规定》以来,浙江省人民检察院当时的公诉部门以及机构改革调整后的刑事检察部门积极转变办案理念,坚持务实创新,不断实践总结,先后制定了《死刑案件客观性证据审查工作指引(试行)》《公诉环节口供审查工作指引》

《公诉环节现场勘查材料审查运用工作指引》等证据审查运用规范,指导办案实践,并由最高人民检察院转发全国人民检察机关参照推行。

《刑事客观性证据审查运用指引》一书共十章,围绕刑事证据审查模式实践反思与重构展开,先从理论上解构客观性证据和客观性证据审查运用模式,而后根据客观性证据种类分而述之。通读全书,具有以下两个鲜明特点:一是观点新。新在认识方法,全面阐释主观性证据和客观性证据的分类认识,以及客观性证据的再次分类认识;新在运用、证明方法,由主观性证据中心转向客观性证据中心;新在证据印证规则,以客观性证据检验主观性证据真实性。二是内容实。全书坚持问题导向,聚焦司法实务,紧紧围绕证据审查运用实践中遇到的难点、痛点,已经影响和容易影响证据效力的关键点,提出解决问题的规则和方法,规范、解决"类案"问题,尽是"干货"。

客观性证据审查运用模式的内涵丰富,蕴含司法办案理念问题,包含证据审查的原则和规范问题,涵盖证据审查、运用的技术、方法问题,关系工作制度、机制问题,是一项系统工程。从证据审查判断的角度而言,客观性证据审查运用模式是对证据的认识方法的变革,从指控证明的角度而言,客观性证据审查运用模式是对证据的组织、运用方法的变革。坚持对各类证据所反映的涉案信息全面、客观分析、认识,坚持司法认识判断与证据证明相统一,准确把握事实清楚、证据确实充分的指控证明标准,是刑事司法客观、公正的必然要求。因此,实践中既要防止片面、狭义地理解客观性证据范围,又要防止忽视口供等言词证据,走向唯客观性证据论的极端。从言词证据挖掘客观性证据、以客观性证据验证言词证据是客观性证据审查运用模式的基本证据审查观,要准确理解审查模式改革的精髓，防止司法实践中的执行异化。

刑事证据理论和实务问题博大精深，涉及问题繁多，相信本书能够为司法实务部门正确理解和适用客观性证据审查运用模式作有效引导，同时可以为理论研究进一步完善刑事证据制度抛砖引玉。本书的出版无论是对证据法学界还是对司法实务界都是一份可贵的贡献。

最高人民检察院检察委员会委员　聂建华

2022 年 5 月

前 言

刑事司法是一门回溯性的艺术,司法者站在现在的门槛上,回望过去已经发生的事实。其中,证据就是连接过去和现在的纽带。对于司法者而言,短缺的证据、模糊的事实比法律适用的争议更让人困惑不已,若想正确认识证据、准确认定事实,必须具备良好的审查和运用证据的技能。本书中所展现的客观性证据审查模式,正是我们在追求证据审查运用规律和技巧过程的一种探索。

客观性证据审查模式的诞生,源于防范冤假错案。近年来,被纠正的冤假错案不断披露,法学界对错案成因进行了全面分析,口供中心主义首当其冲。在学者们提出要在程序上保障口供取得自愿性的同时,我们也开始从证据审查技能的角度切入,努力防范冤假错案的产生。通过对错案中各类证据的形态、特征、属性、价值的分析,以"将证据分类为客观性证据和主观性证据"为起点,以"客观性证据是证据相互印证的核心和主导"为理念,以"客观性证据的实质审查、信息挖掘、内涵解释、全面验证"为骨架,对公诉证据审查活动进行了路径、方法上的重构,创造性地提出了客观性证据审查模式。

客观性证据审查模式的发展,是构建刑事指控体系的需要。刑事指控体系包含两层含义:一是侦诉关系;二是证据体系。其中,证据是定罪量刑的关键,后者处于核心地位。证据之间具有逻辑顺序、位次、层级等复杂关系,何种证据处于主导地位,将决定着证据体系的可靠程度。客观性证据具有形成的原始性、内容的客观性、载体的可见性、证明方向的可靠性、解释的可重复验证性等特征，有助于消除或抵御主观性证据的不稳定性带来的不良影响。将客观性证据置于"侦诉取证机制的重心、证据体系的核心"这一主导地位，能够保证指控证据的质量，规避证据不足、指控无力的风险，最终成功完成刑事指控任务。因此，客观性证据审查模式发展的动力源于刑事指控实践的需要。

客观性证据审查模式的未来，有着法学理论界和实务界共同努力的支撑。随着客观性证据审查模式的推广，不仅在全国检察系统中被广为接受，法院系统也开始逐步吸收借鉴。① 在学术界，诸多刑事诉讼法学教授的论著中已开始使用客观性证据这一概念。② 客观性证据审查模式显现强大生机，未来可期。理论是灰色的，而实践之树常青，思想之翼常新。客观性证据审查模式需要不断接受实践的检验，其内容的丰富和完善还需更多有识之士进行深入研究。我们坚信，客观性证据审查模式终将会在我国证据法学上留下浓墨重彩的一笔。

本书共十章，在内容体系编排上重理念引导但不空洞谈理论，重实务操作但不是简单的培训手册，尽可能全面展现客观性证据审查模式的研究成果，并将浙江省人民检察院出台的三个规范性文件附后。本书主要由原浙江省人民检察院"客观性证据审查模式探索与实践"课题组成员进行分工编写。应建廷负责第一章及全书的统稿；黄有富负责第二章、第三章；陈厚楠负责第四章、第五章；李

---

① 最高人民法院主办的《刑事审判参考》（总第113期）以经验交流的形式刊登过客观性证据审查模式的规范性文件《公诉环节口供审查工作指引》。

② 以客观性证据为关键词，可以搜索到樊崇义、龙宗智、左卫民等著名学者的文章，其中，樊崇义教授在《中国刑事法杂志》2014年第1期发表《论客观性证据审查模式》一文。

明负责第六章、第七章；杨斌负责第八章、第九章、第十章；贾宇检察长、黄生林副检察长审定全书。

在本书的撰写过程中，受制于笔者知识视野、办案经验、思维方式、语言能力等因素，难免有诸多疏漏和不成熟的地方，敬请读者批评指正，以便我们不断进步。

编 者

2022 年 3 月

目 录

第一章 刑事证据审查模式实践反思与重构 …………………………… 001
 第一节 错案发生的认识论根源 …………………………………… 003
  一、习惯于口供中心主义，倚重言词证据，导致证明体系
   不可靠 …………………………………………………………… 004
  二、证据审查活动书面化，案件信息感知全面性不足 ………… 005
  三、印证过程表象化，对案件事实细节重视不足 ……………… 005
  四、证据内涵解读简单化，证明价值挖掘不足 ………………… 006
  五、证明视角单一化，对反向证据论证不充分 ………………… 007
 第二节 口供中心主义审查模式反思
    ——以唐某故意杀人案证据分析为例 ………………… 008
  一、诉讼基本情况 ………………………………………………… 008
  二、一审起诉和判决的证据采信过程体现了以供找证的
   审查方法 ………………………………………………………… 009
  三、检察机关二审审查复核证据动摇了原审定罪证据体系 …… 009
  四、一审、二审阶段两种证据审查思维彰显了两者的区别 …… 011
  五、案例反思：客观性证据审查模式是科技和社会发展的
   必然选择 ………………………………………………………… 013
 第三节 客观性证据为主导证据审查模式的实践探索 ………… 014
  一、提出和推广客观性证据审查模式 …………………………… 014
  二、提炼工作路径指引，不断丰富审查模式内涵 ……………… 015
  三、践行客观性证据审查模式，提升刑事检察质效 …………… 016

第二章　客观性证据概述 ……………………………………… 018

第一节　客观性证据的概念与特征 …………………………… 018
一、客观性证据的概念与特征 ………………………………… 019
二、客观证据与客观性证据 …………………………………… 020

第二节　客观性证据的类别 …………………………………… 022
一、证据分类概述 ……………………………………………… 022
二、客观性证据与主观性证据分类的实践价值 ……………… 024
三、客观性证据的类型 ………………………………………… 025

第三节　客观性证据的审查判断 ……………………………… 029
一、审查判断的内容 …………………………………………… 030
二、证据能力的审查判断 ……………………………………… 033
三、证明力的审查判断 ………………………………………… 037
四、审查判断的方法 …………………………………………… 039

第三章　客观性证据审查模式 ………………………………… 042

第一节　客观性证据审查模式的提出背景、内涵与目标 …… 042
一、客观性证据审查模式的提出背景 ………………………… 043
二、客观性证据审查模式的内涵解读 ………………………… 046
三、客观性证据审查模式的目标定位 ………………………… 049

第二节　客观性证据审查模式的基本原则 …………………… 051
一、优先运用原则 ……………………………………………… 051
二、充分挖掘原则 ……………………………………………… 052
三、科学解释原则 ……………………………………………… 054
四、全面验证原则 ……………………………………………… 055

第三节　客观性证据审查模式的实现进路 …………………… 056
一、理念重构，印证证明模式从简单（粗放）证明向科学验证（细节）证明模式转变 ………………………………………… 056

二、充分挖掘和运用客观性证据，构建以客观性证据为
　　核心的审查和证明模式 ……………………………… 057
三、引入现场重建方法，充分解读现场勘查材料的证据
　　价值，提升证据组织、甄别能力 ……………………… 058
四、科学解读检验鉴定类客观性证据，防止扩大解释和
　　限缩解释 ………………………………………………… 060
五、强化口供等言词证据的客观性验证，优化言词证据
　　审查路径和方法 ………………………………………… 061
六、从在卷证据审查转向在案证据的审查挖掘运用，拓展
　　证据组织和发现路径 …………………………………… 062
七、重视关联性证据规则的审查和运用，解释证据证明
　　能力和证明力 …………………………………………… 064
八、坚持"两个基本"与重视细节证据并重，充分认识
　　细节证据与细枝末节的本质区别 ……………………… 065
九、运用经验法则和逻辑法则，排除合理怀疑 …………… 066
十、坚守程序规则，依法排除非法证据 …………………… 068

第四章　实物类证据的审查运用 …………………………… 070
第一节　实物类证据的特点与功能 …………………………… 070
一、实物类证据的特点 ……………………………………… 070
二、实物类证据的功能 ……………………………………… 073
第二节　实物类证据的审查要点 ……………………………… 074
一、注重审查实物类证据的取证来源 ……………………… 075
二、注重审查实物类证据的取证收集 ……………………… 077
三、注重审查实物类证据的案件关联 ……………………… 079
第三节　实物类证据的运用要点 ……………………………… 081
一、注重实物类证据的"内在"信息检验 ………………… 081
二、注重实物类证据的"外在"信息判读 ………………… 082

三、注重实物类证据的信息整体分析 …………………………… 084

四、注重实物类证据的证据组合 ………………………………… 085

第四节　常见实物类证据的审查运用 ……………………………… 086

一、人体生物物证的审查运用 …………………………………… 086

二、人体痕迹物证的审查运用 …………………………………… 088

三、工具痕迹、车辆痕迹的审查运用 …………………………… 089

四、微量物证的审查运用 ………………………………………… 091

第五章　记录类证据的审查运用 …………………………………… 092

第一节　记录类证据的特点与功能 ………………………………… 092

一、记录类证据的特点 …………………………………………… 092

二、记录类证据的功能 …………………………………………… 094

第二节　记录类证据的审查要点 …………………………………… 096

一、注重审查记录类证据的材料制作 …………………………… 096

二、注重审查记录类证据的材料整体 …………………………… 097

三、注重审查记录类证据的对应活动 …………………………… 099

四、注重审查记录类证据的关联证据 …………………………… 100

第三节　记录类证据的运用要点 …………………………………… 101

一、注重充分运用所记录的侦查活动信息 ……………………… 101

二、注重充分运用所记录的涉案场所信息 ……………………… 103

三、注重充分运用所记录的物品、痕迹信息 …………………… 104

四、注重充分运用所记录的涉案人身、尸体记录信息 ………… 105

五、注重综合运用各类记录信息 ………………………………… 106

第四节　常见记录类证据的审查运用 ……………………………… 107

一、现场勘查笔录的审查运用 …………………………………… 107

二、辨认笔录的审查运用 ………………………………………… 112

三、侦查实验笔录的审查运用 …………………………………… 115

第六章　检验、鉴定类证据的审查运用 … 118

第一节　检验、鉴定类证据的特点与功能 … 118
一、检验、鉴定类证据的特点 … 118
二、检验、鉴定类证据的诉讼价值功能 … 121

第二节　检验、鉴定类证据的审查要点 … 123
一、程序性审查 … 123
二、实质性审查 … 127
三、专业性审查 … 130
四、综合性审查 … 131

第三节　检验、鉴定类证据的运用要点 … 132
一、检验、识别实物类证据蕴含的信息 … 132
二、检验音像、电子数据类证据的真实性 … 133
三、专业判断案情所涉的专门性问题 … 133

第四节　常见检验、鉴定类证据的审查运用 … 134
一、法医学类鉴定意见的审查运用 … 134
二、DNA鉴定意见的审查运用 … 137
三、手印、足迹鉴定意见的审查运用 … 140
四、司法精神病鉴定意见的审查运用 … 142

第七章　音像、电子数据类证据的审查运用 … 146

第一节　音像、电子数据类证据的特点与功能 … 146
一、音像、电子数据类证据的特点 … 146
二、音像、电子数据类证据的独特功能 … 148

第二节　音像、电子数据类证据的审查要点 … 149
一、合法性审查 … 150
二、真实性审查 … 151
三、关联性审查 … 155
四、全面性审查和挖掘 … 157

第三节　常见音像、电子数据类证据的运用要点 …………… 159
　　一、辨"人"，识别案件相关人员 ………………………… 159
　　二、辨"时"，识别案件相关时间 ………………………… 160
　　三、辨"地"，识别案件相关地点 ………………………… 161
　　四、辨"言"，识别与案情相关的言谈内容 ……………… 161
　　五、辨"行"，识别与案情相关的行为 …………………… 162
　　六、辨"事"，识别与案情相关的事件 …………………… 162
　　七、辨"心"，识别行为人的内心动态 …………………… 162

第四节　常见音像、电子数据类证据的审查运用 …………… 163
　　一、通信记录的审查运用 ………………………………… 163
　　二、监控录像的审查运用 ………………………………… 165
　　三、手机数据的审查运用 ………………………………… 166
　　四、海量电子数据的审查运用 …………………………… 167

第八章　常识常理类证据的审查运用 …………………………… 169

第一节　常识常理类证据的概述、种类与功能 ……………… 169
　　一、常识常理类证据的概念 ……………………………… 169
　　二、常识常理类证据的种类 ……………………………… 172
　　三、常识常理类证据的功能 ……………………………… 173

第二节　常识常理类证据的审查要点 ………………………… 175
　　一、常识常理类证据的形式审查 ………………………… 175
　　二、常识常理类证据的实质审查 ………………………… 176

第三节　常识常理类证据的运用要点 ………………………… 178
　　一、常识常理类证据的运用须依靠经验法则、逻辑法则 …… 178
　　二、常识常理类证据的运用须与案件其他证据相结合 …… 179
　　三、常识常理类证据的运用过程须公开 ………………… 180

第九章 言词证据的审查运用 ····· 181

第一节 言词证据的证明价值和诉讼地位 ····· 181
一、"以审判为中心"重视言词证据的直接证明作用 ····· 182
二、客观性证据审查模式重视言词证据的补强印证作用 ····· 183

第二节 补强规则语境下的言词证据审查 ····· 185
一、言词证据审查中的补强 ····· 185
二、言词证据补强规则的司法现状 ····· 186
三、言词证据补强规则的前景展望 ····· 187
四、客观性证据补强言词证据的证明功能 ····· 189

第三节 运用客观性证据补强言词证据的方法 ····· 190
一、时序分析补强法 ····· 190
二、空间分析补强法 ····· 191
三、逻辑分析补强法 ····· 191
四、内知情节分析补强法 ····· 192
五、侦查实验分析补强法 ····· 192

第四节 运用客观性证据补强言词证据的路径 ····· 193
一、涉及犯罪动机、起因的细节信息挖掘 ····· 194
二、涉及作案工具的细节信息挖掘 ····· 195
三、涉及作案手段的细节信息挖掘 ····· 196
四、涉及涉案物品的细节信息挖掘 ····· 197
五、涉及被害人死、伤原因的细节信息挖掘 ····· 197
六、涉及生物物证、痕迹物证的细节信息挖掘 ····· 198
七、涉及被害人私密信息的细节信息挖掘 ····· 199
八、涉及作案时空环境的细节信息挖掘 ····· 200
九、涉及作案时心理状态的细节信息挖掘 ····· 201

第五节 缺乏关键客观性证据案件言词证据的审查 ····· 201
一、准确界定"孤证不能定案"的含义 ····· 202

二、重视言词证据产生时序的审查 …………………………… 203
三、重视当庭陈述类言词证据的审查 …………………………… 205
四、重视同案犯口供的审查 …………………………… 206

第十章　证据综合审查与分析 …………………………… 209

第一节　证据综合审查与分析的逻辑思维顺序 …………………………… 209
一、从客观到主观 …………………………… 210
二、从概念到结构 …………………………… 212

第二节　证据综合审查与分析的方法 …………………………… 214
一、印证法则 …………………………… 214
二、逻辑法则 …………………………… 216
三、自然科学法则 …………………………… 217
四、经验法则 …………………………… 218

第三节　证据矛盾的审查与排除 …………………………… 220
一、客观性证据与言词证据之间矛盾的审查与排除 …………………………… 220
二、客观性证据之间矛盾的审查与排除 …………………………… 222
三、准确把握"合理怀疑"的内涵 …………………………… 224

第四节　陈年积案中客观性证据的审查 …………………………… 226
一、正确认识陈年积案中客观性证据的合法性 …………………………… 227
二、补正完善陈年积案中客观性证据的保管链 …………………………… 231
三、深入挖掘陈年积案中客观性证据的证明价值 …………………………… 234

附　录 …………………………… 238
1. 浙江省人民检察院死刑案件客观性证据审查工作指引（试行）… 238
2. 浙江省人民检察院公诉环节口供审查工作指引 …………………………… 251
3. 浙江省人民检察院公诉环节现场勘查材料审查运用工作指引 … 264

后　记 …………………………… 279

第一章 刑事证据审查模式实践反思与重构

近年来，不断有纠正的典型冤错案件被公布。最高人民法院周强院长在向全国两会报告工作时都公布了这么一组数据：2017 年工作报告中披露，2013 年至 2016 年依法纠正重大冤错案件 34 件 54 人（其中，2016 年 11 件 17 人），各级法院共依法宣告 3718 名被告人无罪；2018 年工作报告中披露，五年来依法纠正呼格吉勒图案、聂树斌案等重大冤错案件 39 件 78 人，对 2943 名公诉案件被告人和 1931 名自诉案件被告人依法宣告无罪；2019 年工作报告中披露，2018 年依法纠正"五周杀人案"等重大冤错案件 10 件，对 503 名公诉案件被告人和 302 名自诉案件被告人依法宣告无罪。此外，还有最高人民法院未能统计在内的各地纠正的生效和未生效裁判。

纠正的错案在原审生效判决文书中均表述为事实清楚，证据确实、充分，也就是说，当初审查起诉、判决时都认为已经构筑完成了对指控犯罪的证明体系。但在纠错程序时发现原判的证明体系存在问题，或因被害人复活而纠错，如被害人复活的"佘祥林杀害其妻张在玉案"①"赵作海杀害邻居赵

---

① 佘祥林，湖北省京山县雁门口镇人。1994 年 1 月 2 日，佘妻张在玉因患精神病走失失踪。数月后，一村民在离村不远的窑凹堰边发现一具身体已腐烂得面目全非的女尸。经过辨认尸体后，张家人一口咬定死者就是张在玉。张在玉的家人怀疑张在玉被丈夫杀害。同年 4 月 28 日，佘祥林因涉嫌杀人被批捕。1998 年 9 月 22 日，佘祥林被判处 15 年有期徒刑。2005 年 3 月 28 日，佘妻张在玉突然从山东回到京山。同年 4 月 13 日，京山县人民法院经重新开庭审理，宣判佘祥林无罪。2005 年 9 月 2 日，佘祥林领取 70 余万元国家赔偿。

振响案"[①],因案件被害人张在玉、赵振响在案件判决后分别生还,"死而复活"的被害人轻而易举地推翻了原来的生效判决;或因真凶出现而纠错,如已被执行死刑的呼格吉勒图案,[②]因真凶赵志红在其他案件落网后供述该案系其所为,而重审改判无罪;或因新证据出现、原判证据不足而改判,如浙江两张叔侄强奸杀人案,[③]由于对被害人指甲内容物检见的DNA与案件关联性判读错误,导致数年后DNA比对发现犯罪嫌疑人勾某某(已另案被执行死刑)而重审改判无罪。这些案件纠错后,各办案部门均已对个案进行了深度的剖析反思,也提出了防范错案的具体措施。对这些错案进行剖析反思,查找证据审查和采信上存在的普遍问题和原因,改进和规范证据审查方法和探寻证据审查路径,对检察人员就显得有其特别的价值和意义。对担负刑事案件审查逮捕、公诉职能的检察机关来讲,除了个案微观层面的剖析和防范之外,更应该从宏观层面、从证据学理论和实践的角度,认真总结提炼实践中

---

① 赵作海,河南省商丘市柘城县老王集乡赵楼村人。1998年2月15日,赵振响的侄子赵作亮到公安机关报案,其叔父赵振响于1997年10月30日离家后已失踪4个多月,怀疑被同村的赵作海杀害,公安机关当年进行了相关调查。1999年5月8日,赵楼村在挖井时发现一具高度腐烂的无头、膝关节以下缺失的无名尸体,公安机关遂把赵作海作为重大嫌疑人于5月9日刑拘。赵作海1999年5月10日至6月18日,赵作海作了9次有罪供述。2002年10月22日,商丘市人民检察院以被告人赵作海犯故意杀人罪向商丘市中级人民法院提起公诉,同年商丘市中级人民法院以故意杀人罪判处死刑,缓期二年执行。河南省高级人民法院经复核,于2003年2月13日作出裁定,核准商丘市中级人民法院上述判决。2010年4月30日,"被害人"赵振响回到村中,2010年5月9日,河南省高级人民法院认定赵作海故意杀人案系一起错案,宣告赵作海无罪。2010年5月13日,赵作海获得65万元国家赔偿。

② 1996年4月9日,内蒙古呼和浩特市卷烟厂发生一起强奸杀人案,警方认定18岁的呼格吉勒图是凶手,仅61天后,法院判决呼格吉勒图死刑,并于5天后执行。2005年,轰动一时的内蒙古系列强奸杀人案凶手赵志红落网,其交代的第一起案件便是当年这起"4·9"杀人案。2014年11月20日,呼格吉勒图案进入再审程序,再审不进行公开审理。2014年12月15日,内蒙古自治区高级人民法院再审判决宣告原审被告人呼格吉勒图无罪。尔后,依法给予国家赔偿2059621.40元,对呼格吉勒图错案负有责任的27人进行了追责。

③ 张辉、张高平系叔侄关系,2003年因在杭州强奸杀人案,分别被判死刑、缓期二年执行和有期徒刑15年,后不断申诉。2013年3月26日,浙江省高级人民法院依法对张辉、张高平强奸再审案公开宣判,有新的证据证明,本案不能排除系他人作案的可能,故撤销原审判决,宣告张辉、张高平无罪。2013年5月,张辉、张高平分别获国家赔偿金110万余元。

的经验教训。只有对存在的实践问题进行检视反思并在理论上予以总结和升华，才能更好地引领今后刑事履职工作的全面提升。

第一节 错案发生的认识论根源

我国没有专门刑事诉讼证据法典，相关诉讼规则分散于诉讼法、"两高"诉讼规则、解释等规范性文件之中。实践中，理论界、实务界均将"证据相互印证"作为我国刑事诉讼的证据证明模式。证据相互印证不仅是我国刑事司法证明实践的一种传统，而且也是传统刑事证据理论的一贯主张。[①] 实践中我们将我国刑事证据证明模式简称为印证证明模式。应该说，印证证明模式反映了事物存在的规律。事物是普遍存在联系的这个哲学观点告诉我们，任何人或者事存在于这个世界中，都会与其他人、地、时、空发生关联，这是我们认识一个事物的哲学基础。印证证明模式亦符合认识论规律。既然事物是普遍相互联系的，那么我们就可以通过一定的方法、一定的技术手段揭示事物间的联系，从而回溯认识那些我们未曾经历的事实发生过程。对刑事诉讼中需要证明的事实也是可以通过现有的方法、技术手段揭示的。印证证明模式是长期实践智慧的结晶，是经过司法实践检验的经验理性。通过长期的司法实践，相互印证的证明模式在实践中发挥了巨大的作用，是指引刑事诉讼的重要原则。理论界普遍认为，我国的相互印证证明与英美法系自由心证虽然两者存在证明要求和规则的不同，但事实认定层面、证据证明过程中的逻辑思维过程是相同的。在自由心证原则下，法官亦无例外地需受思考及经验法则的限制。[②] 相互印证的证明模式，在理论上、实践上其要求都是高于自由心证的，体现了我国刑事诉讼制度安排更加谨慎、严格。正如龙宗智教授所言，如果仅仅从判定制度本身来评价，印证证明模式优于自由心证模式。[③] 那么我们在理论上应当坚持并且在实践中不断完善相互印证的证

---

① 李建明：《刑事证据相互印证的合理性与合理限度》，载《法学研究》2005年第6期。

② [德]克劳思·罗科信：《刑事诉讼法》，吴丽琪译，法律出版社2003年版，第121页，第118页。

③ 龙宗智：《印证与自由心证——我国刑事诉讼证明模式》，载《法学研究》2004年第2期。

明模式。

由于相互印证模式的原则性、抽象性、开放性、多维性、高度概括性的特点,在缺少专门的刑事证据具体规则,导致证明标准或者证明方法缺少具体规范指引的情况下,实践中就容易出现一些偏差,存在把相互印证模式演变为简单印证模式的倾向,这些偏差影响了印证证明模式的价值实现。这些问题的存在,笔者认为不是制度设计本身,而是实践操作层面需要检视和改进的,需要在实践层面查找存在的问题和不足,进而在如何构建印证证明模式的路径和方法上不断进行深化探索。

综观错案的成因,从检察机关审查逮捕、审查起诉工作证据审查视角看,这些案件在提起公诉之初,都是认为案件事实已经查明,定案证据是相互印证的。但当我们仔细分析这些案件当时的证据体系,可以清晰发现,当时这些案件的所谓证据相互印证,只不过是表面的简单印证,这些所谓的印证缺少细节检验,更缺少可靠证据的验证。当新证据出现的时候,原有的证据证明体系就被动摇了,我们发现原判还存在需要证明的环节,正是这些环节的疏漏导致案件指控事实的证明存在不确定性。如被害人复活的错案,审查中对"死者是谁"的根本性问题没有核查确切,以后获取的一系列证据显然会出现方向性错误;在真凶出现的错案中,其原因就是没有从根本建立起原判认定的犯罪后果与原被告人的行为关联。

形成证据审查工作疏漏的原因,从证据审查活动的认识论上讲,是对印证证明内涵的误读,满足于表面印证,没有从待证事实的成立需要哪些证据支撑,以及在案证据只能证明何种事实存在两个不同维度的相互检视上予以全面研究,具体讲就是疏于对证据审查活动的科学性、系统性、可靠性上予以足够的重视,思想上的偏差导致审查活动的认识偏差。具体实践中较为普遍的表现为简单印证模式:

一、习惯于口供中心主义,倚重言词证据,导致证明体系不可靠

实践中,审查人员习惯于以口供为基础的审查方法,审查分析时满足于以"供"找"证"的印证过程,通过审查被告人有罪供述,在侦查机关移送的案卷材料里寻找与口供印证的证据。其工作方式可概括为以面(口供)找

点（印证证据）的印证方式，主要是依据被告人口供去找证据，来验证口供能不能得到其他证据的印证，如果有罪供述得到了其他证据的印证，就认为指控事实得到了印证，就确认该指控事实成立。披露的这些错案都是这样一个论证思维和过程，这样的印证方法虽然在一般情况下并不会必然导致证明错误，但被证明是不完全可靠的、容易出错的。其原因就是这样的印证证明方法是一种简单化、表象化的思维过程，其逻辑思维过程不周延，这种证明方法容易忽视对事实细节证据的关注和验证，导致对关键细节事实的漠视。细节决定成败，缺少细节验证的证明体系是不稳固的，其证明质量和可靠性是不能令人信服的。

二、证据审查活动书面化，案件信息感知全面性不足

审查逮捕、审查起诉活动是基于侦查机关移送的材料而开展的。一般来讲，绝大多数案件，侦查人员收集的材料都是准确、可靠的。但是，过于依靠书面化的审查会导致对案件信息感知全面性的缺失。一是案卷材料是侦查人员对案件判断基础上开展工作形成的，融入了其主观工作的成果。如果检察人员只根据侦查人员移送的书面材料简单地进行审查，那么难免就会囿于侦查人员的思路，难以发现案卷材料中存在的问题和不足。二是基于侦查人员的业务能力、责任心等因素，所收集材料也存在不能完全准确、全面反映案件情况。存在对言词证据理解错误、记录差错，对现场勘查不仔细不全面而记录遗漏、差错等可能，从而使相关材料在记录或者表达上存在偏差，难以完全准确反映案件全貌细节的情形。三是书面化审查存在审查人员对书面化的证据材料理解、把握、运用出现偏差的可能。如果仅仅审查阅读这些材料就作出判断，那么一旦对这些材料的理解存在偏差时，对案件的判断也就会发生偏差。如果审查人员不能在书面审查基础上对案件现场情况、重要证据予以复核检验，就不能发现案件存在的问题。一旦案件重要细节问题被忽视，案件审查质量就会受到影响。

三、印证过程表象化，对案件事实细节重视不足

证据审查过程是为了查明侦查指控事实是否成立，查明事实就需要相互

印证的证据来支撑。但实践中,不少审查人员对相互印证的理解和把握存在偏差。这种偏差是基于对相互印证内涵的实质把握不准确,而导致满足于表面、概括的印证,换句话说,就是在印证信息的深度和广度上挖掘、把握不到位,导致证明链条的节点上存在证明不充分、不完备的问题。这不仅缘于我国法律对印证的内涵缺乏具体解释,而且在学理上、实务上也缺少对印证的具体内涵缺少深入研究和科学指引。有学者指出,印证是指两个以上的证据在所包含的事实信息方面发生了完全重合或者部分交叉,使得一个证据的真实性得到了其他证据的验证。① 从学理层面上看,这样的理论定义和解释其内涵很丰富,但是这样的理论解释显然过于抽象,司法实践把握上依然容易出现偏差,容易停留在缺少具体事实细节信息的表面印证,而缺少个案独具特点的细节挖掘验证的事实认定往往是不够可靠和稳固的。如在审查处理一盗窃案件时,证据一:被告人张三供认独自到某地盗窃金器、现金等物且均已消费、销赃给不知名的人;证据二:被害人王五证明家中被盗金器、现金等物。这一组证据,表面上看已经在供认盗窃和证明被盗物品上重合了,那么是否相互印证了呢?很多人会认为已经完成案件证据上印证而予以认定。但如果这样去认识相互印证的含义,在印证的深度上明显是不够的。假如日后与被告人张三并无交集的被告人李四,因其他案件归案后供称王五家的盗窃案是其所为。这时,我们应如何审查采信?显然张三、李四的有罪供述与王五的证言在表面上是相互印证的,排除共同作案的前提下两被告人所述必有一假。这就说明,相互印证如果不在信息深度和广度上把握印证的交集点,挖掘个案特有细节印证信息相互验证,依赖笼统、概括的信息印证是缺乏足够证明力的。该案就必须结合被盗场所及物品特有特征、行为人作案时间、手段、活动轨迹等具备个案特点的细节证据去判断和验证,进而决定是否采信相关供述。

四、证据内涵解读简单化,证明价值挖掘不足

审查实践中,我们能收集在案的证据总是有限的,但在有限的证据中如何全面挖掘证据蕴含的信息,将证据信息的解读最大化、科学化,是十

---

① 参见陈瑞华:《刑事诉讼法》,北京大学出版社 2012 年版,第 334 页。

分考验审查人员逻辑思维分析功力的。证据的判读、解释能力的提升，有助于我们更加准确地认定案件事实，做到既防错也防漏。例如，在居民小区公寓的卧室内，发现被害人被锐器捅刺身亡，在该卧室衣柜里的保险箱把手上提取到一枚血指纹，经检验指纹上血迹为被害人 DNA、指纹为被告人所留。在对这枚血指纹证据价值的判读上，不同审查人员就可能有不同的解读。如果把它当做被告人到过现场的证据，无疑是正确的，但属于解释不足，还应当通过信息深度解释进一步揭示证据信息内涵：血指纹上沾有了被害人血迹，在实施加害行为后手上才会沾有被害人血迹，那么说明是被告人已经实施了加害行为，被告人是加害行为人；这样解读虽然判读进了一步，但仍然没有全面揭示现场所留血指纹蕴含的全部信息。根据血指纹所留位置是在卧室衣柜保险箱门把上的判读，还说明被告人在加害被害人后实施了开启保险箱的行为，这一行为又足以证明被告人有图财的动机和行为。只有这样递进揭示、解释证据内涵，全面、多维度挖掘证据信息并加以判读，才能全面准确揭示案件真相。

五、证明视角单一化，对反向证据论证不充分

在办案中我们也会遇到既存在定罪证据又存在无罪、罪轻等反向证据的情形，这个时候就需要我们认真地查证、分析，去伪存真、小心求证。但实践中，有的审查人员主观臆断认为定罪证据已经存在的情况下，倾向于主观判断反向证据是虚假的而予以简单否定，忽视对反向证据的查证，导致失去发现案件真相的机会。例如在一起涉及对多家典当行以假充真的典当诈骗案件中，被告人做过有罪供述承认数次骗当（事后查明存在诱供情形），且家属退赃（侦查人员做工作所致）、各典当行工作人员指证、视频监控录像、笔迹鉴定（当票签名）等证据印证，虽归案之初和后期被告人均否认作案，辩护人做无罪辩护且提供了其中某一起诈骗事实发生时被告人不在诈骗发生现场的证据（提供了家属自行提供的被告人移动电话漫游记录）。公诉人在审查时已经认定原有罪供述与在卷证据相印证的意见，故简单以辩护人提供证据形式不合法为由不予采信，决定提起公诉。一审庭审中审判长发现监控录像中的作案人手臂有文身而被告人手臂却没有文身，进而产生怀疑，要求继续侦查核实。在此后的进一步侦查中发现诈骗另有其人，系案外人冒用本

案被告人真实身份信息找造假证人员制作了假身份证而实施诈骗。由于侦查机关根据身份证的身份、地址抓了人，导致证人、家属都以为是被告人作案而形成一系列错误的证据材料，因为被告人认罪导致当票签名笔迹鉴定也认为是被告人所写。事后核查证实，辩护人提供的证据信息是真实的，笔迹鉴定是错误的，诈骗非被告人所为。如果审查过程中公诉人对辩护人提供的无罪证据信息予以认真核查，就有可能更早发现本案侦查的错误，但由于书面化审查、先入为主，对反向证据重视不足、论证不充分，未能及时在检察审查环节发现，导致一起错误起诉案件的发生。

第二节　口供中心主义审查模式反思
—— 以唐某故意杀人案证据分析为例

实践中，习惯于口供中心的审查方法、以供找证的审查思维比较普遍。审查人员以口供为基础审查方法，暂且把它称为"以供找证审查法"，其工作模式流程可以简要概括为：首先，看口供笔录，了解被告人对指控的涉嫌事实供述和辩解情况；其次，看在卷的其他证据能否印证有罪供述，或者辩解能否得到证据支持；再次，梳理相关证据与口供之间的矛盾，组织采信或不采信的理由，提出处理意见；最后，综合口供、在卷证据，依据逻辑和经验法则做出判断。如果有罪供述得到了其他证据的印证，就认定指控事实得到了印证、确认指控事实成立。

以供找证审查法实践中有简便高效的优势，但是实践中我们也发现这种思维证明过程的先天不足，容易满足于简单化、表面化印证，忽视细节、疏于探求细节检验，从而导致案件证明过程简单粗糙的问题。鉴于这种证明过程探求属于思维过程的抽象问题，我们试图通过唐某故意杀人案探析其中的问题。

一、诉讼基本情况

2006年4月24日晚上10时许，卖淫女翁某被发现死在卖淫窝点内的床边地上，下身赤裸，全身有八十余处的锐器刺戳、砍切、划切伤，床上、地下分布着大量的血迹，在翁某外阴部提取到了精斑。2009年8月，经DNA数据库比对，发现该精斑系唐某所留，侦查机关遂于11月5日下午在唐某的江西老家将其抓获。

唐某于抓获当晚即供认嫖娼时没有戴避孕套与被害人发生性关系,事后因百余元嫖资纠纷而用刀杀死被害人后逃离现场的犯罪事实。2009年11月8日被带回案发地当晚作了更为详细的交代。11月9日被羁押至看守所仍作了有罪供述,并指认了案发现场,还写下了亲笔供词。但11月18日宣布逮捕及此后的审讯中,唐某均作无罪辩解。2010年1月7日、8日,经连续审讯后唐某又作了两次有罪供述。但在随后的起诉、一审及上诉中均作无罪辩解,称有罪供述系刑讯逼供所致。

二、一审起诉和判决的证据采信过程体现了以供找证的审查方法

虽然被告人作了无罪辩解,只承认嫖娼,不承认杀人,并辩称有罪供述是被逼供所致,但本案很快作出起诉和判决,均不采纳其无罪辩解,而采信其原有罪供述,对被告人以故意杀人罪判处死刑。一审判决分析证据并予以采信有罪供述的主要逻辑过程:首先,被告人唐某在江西老家被抓获后作了5次有罪供述和认罪自书材料1份,供认其因嫖资纠纷而杀人的事实。尤其是在江西老家被抓的当天,侦查人员在当地公安机关办公场所对其讯问时即承认嫖娼杀人,当时侦查人员在被告人户籍所在地公安机关对其进行讯问,被告人短时间内就作了有罪供述,侦查人员没有时间也不可能对其刑讯逼供,故其有罪供述可信度高。因此,其辩称逼供、诱供的证据不足,不足采信。其次,有罪供述得到了诸多证据的印证。供认的作案时间、地点、作案时穿的衣服、阴道内射精(床上发现一枚已开封但未使用的避孕套)、被害人特征(少数民族)、作案手段(用刀捅刺)、使用的刀具(创口特征)、现场的情况等与证人郭某、汤某(鸡头)等人的证言、现场勘查、尸检报告、精斑DNA鉴定意见相印证。此外,被告人唐某还辨认出了作案地点。据此,一审认为,被告人唐某有罪供述与在卷证据相印证,足以认定,并据此做出判决。

三、检察机关二审审查复核证据动摇了原审定罪证据体系

该案一审判决后,被告人提出上诉,声称没有杀人、有罪供述非自愿

作出，要求改判无罪。鉴此，为确保准确处理案件，维护公平正义、不枉不纵，二审检察审查环节开展了大量的证据复核工作，到被告人老家核实了被告人归案和供述形成情况，复勘了现场，调阅了侦查内卷，进一步研究了案件材料后，发现本案的证据获取和证据解读存在诸多问题：(1) 第一次有罪供述系虚假制作的，系5天突审突破口供后补做，系为符合羁押24小时内讯问的规定而倒签时间。(2) 勘查记录没有客观反映现场全面情况。进出现场的门有两个，勘查笔录记载为一个，还有一个小侧门（直通地下室再通往街面）没记录，说明制作勘查笔录时没注意到或疏忽了。(3) 发现现场门锁装置特殊，但勘查记录没有反映。当房门锁上时，无论外面进去、里面出来开门都必须凭钥匙打开。证人证实其进房查看时用钥匙打开门的，那么意味着被告人逃离时也必须用钥匙锁上门，但被告人自始至终未讲到找钥匙及逃离时开门、锁门的情况，既然被告人归案当时就作了有罪供述，对这一细节就没有理由刻意回避和隐瞒，除非案件不是他所为，所以这一情况对定案有重要意义。(4) 部分现场痕迹证据不入卷、不检验。纸篓有多人精液未全面检验、提取一枚血指纹不反映、现场水桶血水和纸巾盒上黏附血迹不提取检验，避孕套细目照片不入卷。(5) 虚假记载和说明侦查情况：①第一次未准确指认案发现场，与笔录记载的准确指认情况不符；②唐某系在友人（系公安线人）通知并告知其因为杀人被网上通缉的情况下，虽唐某否认杀人但还是依通知主动来到派出所而归案，与公安机关"在街上抓获"不符；③入所健康检查和医院外伤就诊记录，与正常审讯和自愿交代不符，有刑讯逼供的迹象；④虚增押解路程耗时，掩盖押解到案发地后有连续几天在所外突审的情况。

在对复核发现的证据及问题重新进行解读后，发现本案证据在证明事实上存在难以解释的问题，原审认定的证据体系与二审环节对所挖掘、梳理的细节证据解读存在严重冲突：(1) 被害人阴道内未检到被告人精斑，与被告人供述未戴避孕套和被害人发生性关系相矛盾。现场废纸篓提取到了有被告人精液的纸巾，说明被告人发生性关系时已经射精，也说明被告人未对现场痕迹进行刻意的清理；被害人阴道内未检到被告人精液，说明被告人未在阴道射精；未在阴道射精，说明只有未发生性关系或者采取防护措施前提下发生性关系两种可能；现场痕迹和被告人原有罪供述均支持被告人是没有使用避孕套的，那么只有一种可能，即被告人与被害人发生性关系的时间不是在被害人被害之际,也就是说,被告人不是证人所称的案发当时与被害人发生性交易的行为人,被告人的嫖娼要早于被害人被害时间,那么被告人就不是凶手。(2)现场床上提取了已经开封但未使用的避孕套,被害人身体又没有检到其他人的精液,不排除致死被害人的行为人并没有最后与被害人发生性关系的可能,也不能排除行为人发生性行为后清理现场痕迹并带走的可能,无论哪种可能,均排除被告人唐某所为。(3)现场有血指纹、纸巾盒上有黏附血迹,应系行为人活动所留,但侦查机关没有拿出检验意见(是因为无法检验还是检验后不是被告人所留?均无令人信服的依据),二审环节已无法通过重新检验将这些痕迹物证与被告人建立联系。(4)对被害人损伤80余处的证据解读过于简单。这一行为表明,被害人被毫无节制地加害;行为反映的是对被害人的深仇大恨,与被告人因百余元嫖资纠纷,想摆脱被害人纠缠而杀人的行为目的不符;如此高密度加害行为,被害人一定会反抗,会有抵抗伤和留下加害行为人的DNA,但本案没有发现、检验。反观被告人所有的有罪供述,均没有详细供述为什么要捅刺、切割那么多刀的过程,而只笼统供述用刀捅了几刀,根本没有供述捅刺、切割那么多刀的情形。(5)被告人依友人通知主动到派出所归案,在明知自己因杀人被通缉情况下仍到派出所归案,与一般负案在逃行为人的行为反应不符。(6)证实侦查人员有违规讯问的情形,有逼诱供的迹象,被告人有罪供述真实性存疑。(7)侦查内卷表明,当时侦查对象是同行竞争,在案有迹象表明是存在这种可能性的。另外,侦查内卷还反映,由于该案侦查时间比较长,本案侦查过程中更换了几拨侦查人员,频繁更换侦查人员使侦查活动的连续性受到影响。

根据复核后对在案证据挖掘、梳理和进一步判读后发现,本案原审判决表面上相互印证的定罪证据体系明显发生动摇,经不起细节证据的验证。被告人有罪供述与在案细节证据所提示证明方向不一致,其原有罪供述与在案证据之间的矛盾不能排除合理怀疑,难以支持原审判决。故检察机关向二审法院建议改判,二审法院采纳意见以被告人故意杀人定罪证据不足为由,撤销原判。

四、一审、二审阶段两种证据审查思维彰显了两者的区别

我们姑且把一审"以供找证"的证据审查方式简称为口供印证模式,其

主要工作方法是以被告人口供为基础开展审查活动的。其中心点是被告人口供（有罪供述），通过寻找与口供相印证的印证证据（言词、物证、鉴定意见等）完成对口供的验证，从而完成证明体系的构建。这种证据审查模式是许多审查人员的习惯做法。

二审检察环节的证据审查方式，实务中我们将其提炼为以客观性证据为主导的审查模式（简称为客观性证据审查模式）。其工作方法是，通过对全案证据的梳理和解读，以单个（单组）证据的证明事实为基础，通过多组证据的结合证明案件的主要事实，从而完成案件指控事实证明的方法。其特点是重视细节证据的挖掘和解释，以强化对证据证明能力的解读，尤其是重视客观性证据的挖掘和运用。

对两种模式仔细加以考察，可以清晰看到工作方式不同，思维过程不同，导致效果显著差异：

1. 两种审查模式的审查基点不同。口供印证模式是以面（有罪供述）到点（印证证据）的工作方式，其证明基点是以被告人供述和辩解为审查活动的出发点。客观性证据审查模式是以点（细节证据）串面（待证指控事实），其证明的基点是从审查单个或单组证据证明事实出发，用多组证据完成对指控事实的证明。

2. 两种审查模式依托的证据类型不同。口供印证模式依托口供，是言词证据。客观性证据审查模式依托细节证据，这些细节证据往往是客观性证据。

3. 两种审查模式所依托证据的可靠性不同。口供印证模式依托的是言词证据，可靠性、稳定性不够。客观性证据审查模式依托的是客观性证据，其可靠性、稳定性强。

4. 两种审查模式的逻辑思维过程不同。口供印证模式依托口供，以供述和辩解为基础，寻找与供述相印证证据的简单印证。客观性证据审查模式是从客观证据解读并推演行为过程，与供述所反映事实过程相校验，是一种逻辑思维基础上的验证。两者证明逻辑方法的可靠性不同。

5. 两种审查模式的不同，导致证明体系的稳定性迥异。口供印证模式证据体系的可靠性、稳定性不够。客观性证据审查模式依托的是客观性证据，其可靠性、稳定性强。发生的错案无一例外是运用了口供审查模式的方法，导致其证据证明体系不稳定，但运用客观性证据审查模式案件难以动摇其已完成的证据证明体系。

五、案例反思：客观性证据审查模式是科技和社会发展的必然选择

通过对唐某杀人案不同诉讼环节案件证据的分析方法和分析视角的解读，我们可以清晰看到两种不同证据审查方法的显著区别。无论是审查案件的基点、审查的路径、解释证据的方法、依托的证据类型，还是证明体系构筑的完备性，客观性证据审查模式明显有着十分显见的优势，无疑是今后司法实务的最佳选择。

也许有人会说，客观性证据审查模式强调客观性证据的运用，本身就是我国证据相互印证模式的应有之义。对此，笔者完全赞同。确实，重视客观性证据，强化证据的解析和证据间的相互验证，本应是我国刑事诉讼证明要求的应有之义。只不过是由于在客观性证据获取手段还不发达的历史阶段，更多地只能依靠言词证据定案，这种以口供为中心的审查模式成为当时社会发展阶段的历史选择，逐渐形成一种审查证明的通用方法。人的认识总是受到历史发展的制约，这种口供中心主义的审查方法，在当时历史条件下是发挥了应有作用，毕竟在我国司法实践中发生错案还是极个别的，比例还是极低的。

社会科学和科学技术的发展推动司法进步。一方面，科技迅猛发展拓宽了侦查取证的方法。司法裁判如果不能吸收科技发展的先进技术和方法，进而改造和提升我们的司法技术，司法的社会价值就会衰减，就不能有效服务和保障社会经济的发展。社会经济发展导致犯罪手段多样化、科技化，如果我们仍然停留在原有的经验和方法上，就会跟不上时代的节奏。另一方面，人民群众不断提升的对法治进步的期待，对司法公正有着更高的期待和要求。我们今天强调转变证据审查模式，将口供印证模式转型升级到以客观性证据为主导的审查模式，正是科技发展和广大人民群众不断增长的法治需求共同推动司法技术发展的生动案例，也是历史发展的趋势。检察机关要"坚守为民初心、践行检察使命，就要做公平正义的守护者"。

科技发展、大数据时代的可靠依托，以 DNA 检验为代表的物证识别技术的迅猛发展，住宿、交通、银行、车辆等社会管理手段的不断丰富，人脸识别、大数据比对的数据运用，以视频监控为主体的天网工程走进乡村角落，互联网、物联网技术使万物互联成为可能，移动网络的普及与监管手段的跟进等，都为司法技术的转型升级提供了可能。在这样社会大变革的环境下，司法鉴证和刑事诉讼证明活动没有理由依然停留在原有的过于依赖言词证据的证明方法上。随着科技的应用越来越发达，新技术会更多地运用到法庭鉴证科学上来，为构建客观性证据为主导指控体系提供了现实可能性。

第三节　客观性证据为主导证据审查模式的实践探索

客观性证据审查模式是浙江省人民检察院于 2011 年 8 月在典型错案剖析的基础上提出来的。浙江省人民检察院针对一个时期以来全国披露的错案、本省发现纠错的案件，专门组织了课题组逐案进行了错案成因、存在问题的深度剖析，反思改进证据审查活动的方法，提出防止冤假错案发生的对策。在这一过程中课题组提出了公诉证据审查活动要在审查路径、方法上进行重构的改革思路，也就是公诉证据审查从传统的以口供为中心的审查模式转变到以客观性证据为主导的审查模式构想。① 此后，在对构建证据审查模式研究论证的基础上，针对审查模式的内涵、原则、方法、路径、实践把握等问题作了明确的原则性指引，以期引导公诉审查活动的规范开展，并在实践中不断探索、不断总结提升，形成了相对完善的一套工作方法。浙江的实践探索，经历了教训的总结、突破思路的提出、实践检验的推广、不断总结提升等阶段，并在实践中不断深化、丰富和完善。

一、提出和推广客观性证据审查模式

2011 年 8 月在组成课题组进行课题理论研究的基础上，进行了广泛的实务论证、研讨，各地边试点边总结边完善，逐步形成了比较成熟工作体系。

---

① 2012 年 9 月，浙江省人民检察院在《死刑案件客观性证据审查工作指引》中提出，要构建以客观性证据为核心的公诉证据审查模式。2016 年 9 月，最高人民检察院在《"十三五"时期检察工作发展规划纲要》中提出，要构建以客观性证据为主导的刑事指控体系。两者在提法上有区别，一个是"核心"，另一个是"主导"；但两者的核心含义是一致的。因此，本书统一为最高人民检察院的表述。为行文方便，简称为"客观性证据审查模式"。

其间，得到了最高人民检察院大力支持，组织专家开展专题理论论证并得到认同，认为切合司法改革的方向，有非常积极的价值意义。经过近一年的理论研究和实践试点，2012年9月，浙江省人民检察院印发了《死刑案件客观性证据审查工作指引》，正式提出了以客观性证据为主导的公诉证据审查模式的改革倡导，在全省公诉环节死刑案件办理中首先推行。

2012年10月，最高人民检察院在浙江德清召开现场经验交流会，向全国推广客观性证据为主导审查模式改革的做法，标志着浙江经验从浙江的探索走向全国。

随着客观性证据审查模式的展开，实践中展示出强大的生命力，深受基层办案部门的认同和践行，所取得的效果也是十分明显的。因此，在死刑案件中推行半年后，2013年4月，浙江省人民检察院将这一审查模式推广到所有的审查逮捕、审查起诉案件办理过程中，标志着以客观性证据为主导的公诉审查模式改革在浙江全面铺开。

二、提炼工作路径指引，不断丰富审查模式内涵

客观性证据为主导审查模式是一个理念、路径、方法的司法技术集成，审查模式内涵应当在实践中不断丰富和完善，实践过程中出现的一些认识偏差也需要进一步厘清和引导。因此，围绕审查模式的深化，浙江省人民检察院又相继出台了配套细化工作规范。

1.制发《公诉环节口供审查工作指引》，引导口供审查运用。客观性证据审查模式推行后，实践中出现了一些不正确的做法，部分办案人员从原来的重口供发展到唯客观性证据论，强调客观性证据审查运用而忽视口供的审查运用，甚至走向"零口供"办案的"口供虚无主义"。实践中出现只认客观性证据，将口供这一法定的证据人为舍弃，走到了另外一个极端。为纠正这一错误认识，针对口供审查运用的问题，2015年6月出台《公诉环节口供审查工作指引》，强调从口供的审查中挖掘发现客观性证据并与口供进行相互印证的审查工作指引，引导从言词证据审查的角度挖掘、强化客观性证据审查，深化审查模式的内涵。

2.编印《公诉环节现场勘查材料审查运用工作指引》，引导现场勘查材料的审查运用。现场勘查材料实际上蕴含着大量有价值的证据材料，但实践

中不少办案人员在客观性证据审查运用上,特别是对现场勘查材料的审查运用上,存在很多薄弱环节。有的办案人员现场勘查材料看不懂、不会看、不会用;只注重现场提取物证的运用,而不去分析研究现场痕迹物证的分布、形态与现场环境的关系等重要信息节点。因此,2017年1月,浙江省人民检察院在总结经验的基础上,对现场勘查材料的价值内涵和审查运用方法、路径进行指引,引导有效挖掘现场勘查材料的证据价值,充分运用现场勘查材料指控犯罪,进一步细化客观性证据审查模式的进路。

3. 继续加强分类证据审查运用指引,深入推进客观性证据审查模式。对鉴定类、技术类证据审查工作予以总结提炼,印发相关审查运用工作指引,进一步丰富和完善客观性证据审查模式内涵。

浙江实践充分表明,以客观性证据为主导的刑事证据审查模式契合了司法改革的方向,在提升审查质效上有显著效果,在实务工作中有很强的生命力,深受广大检察人员的认同,将在实践中不断丰富和完善,在刑事诉讼活动中发挥积极作用。

三、践行客观性证据审查模式,提升刑事检察质效

从典型案例的剖析,我们可以直观感受到两种不同审查思维方法带来的认识区别和导致的结论差异。这种差异其实质就是案件证据体系逻辑论证过程所依赖的证据视角、路径、证据判读、证据验证等的方法差异,不同的方法和路径会导致认识和结论的不同,我们必须清醒认识到研究方法的科学性,这也有助于引领我们实践行为的自觉性、规范性。浙江实践表明,客观性证据审查模式的价值意义,既作用于确保案件审查结果的可靠性,也有助于引导刑事诉讼活动的规范性,从而更好地体现恪守检察官客观公正立场,充分发挥法律赋予的检察机关的诉讼监督职能。

一是有效发现并补强案件中存在的证据问题和薄弱环节。口供印证审查模式容易忽视一些细节问题,或者不一定能够发现案件证明过程中存在的问题,而通过客观性证据审查模式,我们可以更加确切地发现案件证明体系存在的问题。实践中,客观性证据审查模式在发现证据链条问题上的独特优势,使我们可以及时有效地发现问题,从而及时有效地研究解决这些问题的路径和方法,以更有方向性地补强证据、完善证据锁链。

二是弥补言词证据的不稳定性、不确定性。言词证据的不稳定、不确定性是这类证据的特征。如果我们采用言词证据为中心的口供印证模式，必然会在事实上过于倚重口供等言词证据，从而导致案件事实证明上的不确定性。通过践行以客观性证据为主导的审查工作模式，可以有效克服言词证据不稳定、不确定性带来的证明体系不可靠的问题。

三是引导证据检验的可靠路径，为审查工作提供科学的方法。口供印证模式中起主要作用的其实还是言词证据，但很多案件如果依赖言词证据相互证明会发生很多困难情形，尤其是言词证据在内容不一致时是无法相互验证判断的。通过尽可能多地挖掘、运用客观性证据，可以用客观性证据验证言词证据的真实性，从而引导证据的检验的可靠路径。

四是减少非法言词证据获取的动力，确保证据的合法性。对言词证据的过度依赖，是违规讯问（询问）的动力。习惯于依据被告人有罪供述认定案件、没有口供就不敢定，这样的思维定式会驱动侦查人员以违规方法获取被告人口供、引诱证人不实作证的行为发生。如果更多强化客观性证据在定案体系中的作用，不仅会使证据收集的工作重心向注重客观性证据转移，而且会减少违规获取口供、证言的不当行为，更加有利于实现刑事诉讼的程序正义。

五是推动侦查转型，引导侦查向注重客观性证据转型。引导侦查机关向注重客观性证据、重视基础侦查工作转移，既要做好审讯工作，更要重视基础侦查工作，重视现场勘查、痕迹物证、视频监控、电子数据的获取和检验，通过物证等客观性证据来构筑起证明的体系。

六是增强定案证据的可验证性，杜绝冤假错案。客观性证据具有可靠性、稳定性、可反复验证性的特征，其证据能力和证明力受到普遍认同，是完善指控体系的非常重要的基石。实践中更多地挖掘、运用客观性证据定案，不仅是证实犯罪最有力的方式，还可以有效防范冤假错案的发生。

第二章 客观性证据概述

第一节 客观性证据的概念与特征

司法实践是推动司法理论创新、司法制度构建的基础。客观性证据概念的提出同样源自我国各地司法机关多年的刑事办案实践,其确切源头已无从考证。司法实务权威部门于2010年出版的《刑事证据规则理解与适用》一书,首次以刑事诉讼法规定的八种法定证据形式作为区分对象,将其分为客观性证据和主观性证据两大类,该书认为,"客观性证据是指有确定的表现形式,有确定的判断标准,不以人的主观意志为转移,包括物证、书证、鉴定意见、勘验、检查笔录、视听资料、电子数据;主观性证据就是言词性证据,包括证人证言、被害人陈述、被告人供述和辩解"。[1] 随后,客观性证据的概念被司法实践广泛引用。[2] 在此之前,我国的刑事诉讼立法、证据学理论研究、法学教育教材中都没有客观性证据的概念界定以及分类分析。此后,陆续有学者给予了关注和研究,樊崇义教授认为,"结合我国证据理论,借鉴日本学者观点,根据证据内容的稳定性与可靠性程度之差异,可将证据分为客观性证据和主观性证据"[3],并从理论上进一步阐述分析了该种分类方法的必要性、科学性和合理性。至此,对于客观性证据和主观性证据的分类,实务界和理论界可以说是达成基本一致意见。

本章拟在界定分析客观性证据概念和特征的基础上,对于我国证据分类进行反思与重构,并对刑事诉讼法规定的证据形式和刑事诉讼活动中实际存

---

[1] 张军主编:《刑事证据规则理解与适用》,法律出版社2010年版,第8页。
[2] 客观性证据审查模式改革课题组:《探索审查模式改革 确保死刑案件质量》,载《人民检察》2013年第5期。
[3] 樊崇义、赵培显:《论客观性证据审查模式》,载《中国刑事法杂志》2014年第1期。

在并加以运用的证据材料进行客观性证据项上的分类，进而提出客观性证据的审查方法，以期对证据立法和司法实践产生有益的启示。

一、客观性证据的概念与特征

客观性证据作为刑事诉讼领域的新课题，在司法实务部门和理论界对此都鲜有涉足的情况下，对其进行合理定义是我们展开分析论证的前提。

客观性证据，是指具有较为稳定的表现形式和判断标准，证明内容可靠，受人的主观认识影响较小，客观性较强且可重复验证的证据材料或事实，包括但不限于物证，书证，鉴定意见，勘验、检查、辨认、侦查实验等笔录，视听资料、电子数据，以及常识常理性事实。由此可见，稳定性、可靠性、可重复验证是客观性证据的显著特征，三者层层递进，相互补强。只有具有稳定性，才能彰显可靠性，具备可重复验证的可能性；同时，只有具备可重复验证，才能确认可靠性，检验稳定性。

（一）稳定性

客观性证据的稳定性，是指表现形式相对固定，判断标准不易变化，证明内容受人主观影响较小。稳定性是可靠性、可重复验证性的基石。客观性证据主要是以静态的、固定的实物或电子数据等形式存在，它往往伴随着案件的发生而形成，如实记录下客观发生的事实却不能主动向人展示，是不能与人相互交流的"哑巴证据"，只能通过科学技术手段或实践经验用人的语言对其进行翻译和解读，不易出现失真或虚假。如视听资料可以原原本本地将案发当时的声音、形象、作案人的动作、表情及现场环境等进行动态、连续性记录，其内容丰富全面，"影、像、声"得到全方位展现，稳定性极强。

（二）可靠性

客观性证据的可靠性，是指证明内容较为确定真实，不会因时而变，因势而转，因人而异。可靠性是稳定性、可重复验证性的成果。判断证据的可靠性时，通常会考虑以下原则：原始证据比传来证据可靠；以文件、记录形式（包括纸质、电子或者其他介质）存在的证据比口头证据可靠；直接获取的证据比间接或推论得出的证据可靠；科学技术检验结果比经验判断可靠。

客观性证据或者是案件发生过程中形成的原始证据，或者是直接记录或反映案发过程的直接证据，或者是案件现场的客观记录，或者是通过科学技术检验的鉴定意见等，可靠性更强。如就物证而言，正如保罗·柯克博士所言，"物证是确凿的证据。物证不会存在错误；物证不会作伪证；物证不会完全缺席。只有物证的解释可能存在错误"。[①] 而且，如果不同主体对可靠性的认识出现较大差异，还可以通过重复验证进一步解除对其可靠性的担忧。如对于同一鉴定事项出现不同鉴定的，可以再行委托鉴定，通过不同鉴定机构对同一鉴定对象的重复检验鉴定，给案件承办人更多选择路径，确保鉴定意见的科学性、准确性。

（三）可重复验证性

客观性证据的可重复验证性，是指客观性证据的证明内容的真实性和科学性在不同的诉讼阶段可以被不断重复检验，得出的结论是一致的。可重复验证性是稳定性、可靠性的保障。客观性证据归根结底还是通过侦查行为实现从"客观之物"到"案件之证"的转变，其稳定性、可靠性可能会因侦查技术水平、侦查能力的差异而受到干扰，但其可贵之处在于证明内容和证明方向不会因证据收集主体不同、检验鉴定人员不同而得出本质不同的结论。刑事诉讼活动中的不同阶段，证据的审查者、运用者都可以重验客观性证据的内容和形式、证据力的大小，校验其合法性、客观性、关联性，最大限度地获取证据蕴含的案件信息，进一步检视其稳定性和可靠性，从而减少因人的因素导致证明内容虚假或失真的疑虑。此外，还可以通过侦查实验、犯罪现场重建等来确定证据收集过程的客观性、全面性。

二、客观证据与客观性证据

（一）主观性证据

与客观性证据相对应的是主观性证据，主观性证据就是言词证据，是指通过对人的调查，以其陈述的内容作为认定案件事实的证据，包括但不限于

---

① ［美］威廉·奇泽姆等:《犯罪重建》，刘静坤译，中国人民公安大学出版社2010年版，第29页。

证人证言，被害人陈述，犯罪嫌疑人、被告人供述与辩解。由于人的认知和表述会随着自身因素、内在动机和外部环境的变化而改变，主观性证据的特点表现为变动有余而稳定不足，主观性有余而客观性不强，易变性、主观性强是其显著特征。为保证主观性证据的真实性和使其具有证明力，刑事诉讼立法中设置了针对证据收集环节的"非法证据排除"和庭审阶段的"出庭作证、交叉询问"等直接言词制度。因此，对言词证据进行审查判断时，要着重审查言词证据在形成过程中有无影响其真实性的主客观因素，如被害人是否因为遭受犯罪行为侵害而夸大事实；证人有无因为与当事人有亲疏关系等而故意作虚假证明；陈述人接触案件事实时的客观环境、自身条件；以及侦查机关收集证据是否具有威胁、引诱或者刑讯逼供的行为等。

（二）客观证据不等于客观性证据

需要特别说明的是，无论是理论界还是司法实务界有少数人提出"客观证据与主观证据"的分类，认为"所谓客观证据与主观证据的分类，并非法律上之明确规定，亦非理论界之通说，而系我国司法界在实务中长期以来所采用的一种证据分类方式，其内涵与理论界所主张的'实物证据与言词证据（人证）'的分类大致相当。所谓客观证据即实物证据，包括物证、书证、笔录类证据、视听资料、电子数据；所谓主观证据即言词证据，证人证言，被害人陈述，犯罪嫌疑人、被告人的供述与辩解"。[①] 从表面上看，该观点貌似与"客观性证据与主观性证据"的分类没有本质的区别，以至于造成司法实践中的运用混乱。笔者认为，以"客观证据"指代"客观性证据"并不妥当，容易造成对证据属性的误判和混淆，不利于司法实践。

首先，"客观证据与主观证据"的分类，被认为与"实物证据与言词证据"分类基本一致，没有独立的逻辑性。这从其界定的范围论述足以体现，说明该分类并不具有鲜明的特点与特色，并没有足以构建此种分类的必要性。

其次，"客观证据与主观证据"的分类，以证据载体作为其分类基础，忽视了证据其实是司法工作人员的工作成果。"客观证据"强调的是其外在存在状态的客观，并不涉及证据资格及证据证明力这一证据的本质问题。从

---

① 万毅：《论证据分类审查的逻辑顺位》，载《证据科学》2015年第4期。

司法实践来看，刑事诉讼中的证据实质上有一个"证据材料—在案证据—定案证据"的变化过程，而"客观性证据与主观性证据"的分类重在证据的审查运用，有确定的划分标准，突出强调证据的客观属性，而不是证据本身所表现出来的形式，既有别于证据的客观性，更不是客观上的证据。

最后，"客观证据与主观证据"的分类方法并未能涵盖现行刑事诉讼法规定的八种证据形式，如此分类既不周延也不严谨。按照该分类标准，现刑事诉讼中大量存在的鉴定意见等技术性证据既没有将其归类于客观证据，也没有归类于主观证据，明显不符合刑事诉讼证据实践运用现状，因此，该分法并不科学亦不可取。

第二节 客观性证据的类别

一、证据分类概述

我国诉讼法学界习惯将学理上对证据所作的类型化分析称为"证据分类"，而将立法上确定的证据法定形式称为"证据种类"，"种类与分类的主要区别在于划分的方法，分类采取两分法，即将证据分成两种相对应的、不相容的类别，而种类则实际上采取多分法，它是对证据种类连续划分的结果。证据的分类是诉讼理论进行多方位研究后确定的，因此比较抽象、概括，而证据的种类则是法律明确规定的，因而比较具体。"[①] 在刑事诉讼领域，学理上普遍承认的证据分类有四种：一是实物证据与言词证据；二是原始证据与传来证据；三是直接证据与间接证据；四是不利于被告人证据与有利于被告人证据。[②] 由此可见，证据分类的研究以"二分法"为主导，根据某种相对确定的标准，将刑事诉讼中的证据划分为两大类型，从不同方面揭示证据的属性以及证明的特点，为诉讼证明提供理论指导。

我国刑事诉讼活动中的证据种类随着刑事诉讼法的修改完善，经历了一个不断变化、扩容的过程，如1979年刑事诉讼法规定了六种证据类型，即物证、书证，证人证言，被害人陈述，被告人供述和辩解，鉴定结论，勘

---

① 汪建成：《对刑事证据分类理论的几点思考》，载《中外法学》1999年第4期。
② 陈瑞华：《刑事证据法》，北京大学出版社2018年版，第100页。

验、检查笔录；1996年修正的刑事诉讼法在此基础上增加"视听资料"[1]，从而将证据种类扩充到七种；2012年修正的刑事诉讼法在保留原有证据种类的基础上，将证据种类扩展到八种，即物证，书证，证人证言，被害人陈述，犯罪嫌疑人、被告人供述和辩解，鉴定意见，勘验、检查、辨认、侦查实验等笔录，视听资料、电子数据；2018年修正刑事诉讼法时，未对证据种类作出修改。

据此可以看出，学理上的证据分类具有相对自由性，且主要涉及证据的来源或载体、证明力大小、证据的可信度等争议问题，不同学者可以按照自己确立的标准对证据进行分类，只要他们能够在逻辑上自圆其说[2]。而证据种类具有法定性，甚至有人认为这涉及证据资格问题，需要在法律条文和司法实践中得到遵守和适用，否则不能视为证据。与此同时，两者之间又存在密不可分的联系，证据种类是证据分类的研究对象，证据分类是以证据种类为基础，揭示各类证据的不同属性、不同证明特点，为其在证明中科学使用提供理论支持。

至于证据分类标准问题，以前述学理上普遍认可的四种证据分类方法为例，无论是实物证据与言词证据，还是原始证据与传来证据，都是以证据载体为基础，前者区分标准是证据载体的表现形态，后者区分标准是证据载体的来源。而直接证据与间接证据，不利于被告人证据与有利于被告人证据，则是以证明证据事实的方式为基础，前者区分的标准是证据事实与案件主要事实的证明关系，后者区分的标准是证据事实与被告人之间的证明关系。

上述证据分类及其分类标准，从不同侧面在一定程度上揭示了我国刑事证据分类的特点及证明的规律性，既具有理论上的逻辑性，也具有实践上的合理性。但这并不妨碍我们提出新的证据分类标准，这不仅仅是因为现有证据分类中未涉及除刑事诉讼法确立的八种证据形式以外的大量证据材料的区

---

[1] 1996年刑事诉讼法还将此前的"被告人供述和辩解"修改为"犯罪嫌疑人、被告人供述和辩解"。

[2] 例如，有学者根据"证据载体"将证据划分为"人证、物证、书证"；有学者根据"口供补强规则"将证据划分为"补强证据"和"主证据"；有学者提出"弹劾证据"和"立法证据"的理论分类。

分,造成司法实践"证据法定形式"的困惑①,更是因应现代科学技术的发展而带来的刑事证据收集、固定、储存等方式技术化、表现形式多样化以及证明内容复杂化的需要。如书证、视听资料、电子数据原件是原始证据,复制件既可能是原始证据,也可能是传来证据;同样一枚指纹物证,在一起普通入室盗窃案中是间接证据,在一起保险箱盗窃案中就可能是直接证据;视听资料具有实物证据的载体形式,但其却以内容发挥主要证明作用,甚至可能直接记录了案发过程,成为直接证据;电子数据以实物为载体,但其内容发挥的是类似书证功能作用。更有甚者,即使在同一案件中,同一证据也可以与不同的证据类型发生交叉,有时甚至会发生反转。如目击证人证言陈述案件事实是直接证据,转述内容则是间接证据;证明没有作案时间、不在犯罪现场的证言,如果证实证人被收买,则由有利于被告人证据转为不利于被告人证言;犯罪嫌疑人的供述和辩解对其本人而言,既属于有利证据也属于不利证据等。由此可见,证据的分类并不具有当然的恒定性,随着时代变化、科技进步,证据形式、证据载体等不断发展变化也存在发生变化的可能,如"两高三部"2010年出台的《关于办理死刑案件审查判断证据若干问题的规定》(以下简称《办理死刑案件证据规定》)将"电子邮件、电子数据交换、网上聊天记录、网络博客、手机短信、电子签名、域名等"称为"电子证据",列为法定证据种类,而2012年修正的刑事诉讼法则将其改名为"电子数据"。基于此,笔者主张以证据的证明力为核心,以证据是否具备稳定性、可靠性、可重复验证性为标准,将证据划分为客观性证据和主观性证据两大类。如此分类可以凝聚证据的载体、内容、证明方式等多维度的共同特征,不仅在理论研究上而且在司法实践上更体现科学性、合理性和可操作性。

二、客观性证据与主观性证据分类的实践价值

笔者认为,客观性证据和主观性证据的分类方法更加符合刑事诉讼过程证据收集、审查、运用的逻辑规律和基本原理,具有重要且广泛的实践价值。

---

① 如有学者便认为,"刑事诉讼法对八种证据形式的限定,意味着只有被法律明文列举的证据种类才属于法律意义上的证据,而在此范围之外的实物、笔录、陈述等则被排除于法定证据范围之外"。参见陈瑞华:《刑事证据法》,北京大学出版社2018年版,第238页。

一是客观性证据和主观性证据的分类是对传统实物证据和言词证据分类的拓展升级，进一步丰富了其内涵和外延，是与时俱进的证据制度在证据分类上的显像。该种分类的基础是证据的稳定性、可靠性和可重复验证性，一方面可以解决解决电子数据、视听资料等新类型证据材料在证据分类中的模糊定位；另一方面可以明确证据收集、审查、运用的适用规则，有利于判断其证据能力和证明力。

二是客观性证据和主观性证据的分类贯穿于证据的收集、审查、运用各阶段，包括但不限于刑事诉讼法规定的八种证据形式，能够更为全面地检视记载案件事实的证据材料。众所周知，我国刑事司法实践中普遍运用证据形式，远不止刑事诉讼法所列举的八种证据形式，如侦查人员制作的法定形式以外的笔录、证明侦查程序合法性或某一量刑事实的情况说明、特别程序中的社会调查报告、二审程序中的一审庭审笔录等，有的可列为书证，有的属于言词证据，有的可适用于勘验、检查、搜查、扣押等笔录等，现有的证据分类方法均无法涵盖。该种分类方法具有极大的包容性，它重点关注证据材料的证明力这一核心价值，不再纠缠或受限于其载体、形式等所谓的"合法性"争议，只要是对案件事实具有证明作用的证据材料或事实均可作为定案的证据，纠正证据种类只限于法律明确规定这一错误观念，避免将大量记载着案件事实的证据材料排除于定案证据范围之外。

三是客观性证据和主观性证据的分类能够更好地引导侦查机关去发现、挖掘、运用证据，进而揭示案件事实真相，最大限度实现证据事实与案件事实趋同甚至同一。该种证据分类还有利于促进侦查人员树立正确的证据收集观，推动侦查理念从"突破口供"向"以证促供"转变，更加注重挖掘客观性证据、科学解释证据，为认定案件事实夯实证据基础。

三、客观性证据的类型

经验事实告诉我们，刑事诉讼活动中的证据种类并不以刑事诉讼法中规定的八种法定证据形式为限[1]，我们相信，随着科学技术手段在刑事司法领域

---

[1] 司法实践中常见的搜查笔录、扣押清单、侦破过程、抓获经过、庭审笔录、情况说明等证据材料，侦查、起诉、审判各个环节几乎不会因为这些证据材料并非刑事诉讼法规定的证据形式而排除于定案根据之外。

刑事客观性证据审查运用指引

越来越广泛而深入地运用，证据表现形式、载体也会发生相应变化，刑事诉讼法关于证据种类的变化已是最好的注解。由于客观性证据的形式多样、载体丰富、内容庞杂，收集、审查、运用的规则以及证据能力和证明力自然具有一定程度的差异，因此，有必要再予以细化类型研究。在考虑对客观性证据进行细化分类时，应当坚持以下三项原则：一是包容性，是指分类体系上具有一定开放性，能够容纳新的证据形式，从而适应司法实践发展需要；二是紧密性，是指分类体系保持逻辑上的紧密一致，能够尽量避免不同证据形式之间的交叉混淆；三是共同性，是指分类体系与证据规则保持内在联系，大体上能够保证同一种类证据可以适用相同的证据规则。

基于上述原则和思路，笔者认为，目前我国刑事诉讼实践中的客观性证据可以分为实物类，记录类，检验、鉴定类，音像、电子数据类，常识常理类等五种。本节主要介绍该五种分类的特点及范围，具体审查运用将在以后的章节中专门予以阐述。

（一）实物类

实物类客观性证据是以实物、文件等方式揭示或记载案件事实的证据材料，包括但不限于刑事诉讼法规定的物证、书证。之所以将物证、书证列为同一类客观性证据，主要是因为"物证、书证均是以客观存在的实物及其反映形象证明案件事实"，[①] 具有原始证据属性。具体而言，物证以其形状、颜色、规格、位置、性能等物理属性发挥证明案件事实的作用。司法实践中物证通常表现为物品和痕迹两大类，前者指那些客观存在的有形物证，如作案工具、赃款赃物、被损毁物品、交通工具、人体组织、动植物组织纤维等；后者则指那些附着在其他物体之上的斑迹，既包括血迹、精斑、汗液、排泄物等生物物证，也包括笔迹、指纹、脚印等物体之间或物体与人接触形成的痕迹。书证以其记载的内容或图形、符号等信息内容发挥证明案件事实的作用。司法实践中书证通常表现为书面文件，如书籍、信件、笔记、文件、法律文书、公证文书、档案记录、合同、票据等书面材料。

当然，也有学者认为，视听资料和电子数据的载体同样具有实物的形式，且以其所记载的内容证明案件事实，而将其归于实物类客观性证据。对

[①] 张军主编：《刑事证据规则理解与适用》，法律出版社2010年版，第100页。

此,笔者持不同意见。主要基于以下考虑:首先,视听资料和电子数据发挥证明案件事实作用的是其内容,且一般与其形状、颜色、规格、位置、性能等物理属性关联性不大,这与一般物品和痕迹的证明作用有着实质性的区别。其次,视听资料和电子数据的内容往往具有动态、可视化的特点,信息量大、证明力强,不同于物证、书证静态直观,相对确定。最后,视听资料和电子数据是高科技手段的产物,证明力强,但也容易被剪辑、篡改,在审查和运用上比物证、书证更为复杂。

（二）记录类

记录类客观性证据是侦查人员对场所、物品、人身、尸体等进行勘验、检查、辨认、侦查实验、搜查、扣押以及证据提取过程等所形成的证据材料,包括但不限于现场勘验、检查笔录、辨认笔录、侦查实验笔录、搜查笔录、扣押笔录以及证据提取笔录。记录类证据记载的是侦查人员收集证据过程以及所获取证据情况的客观事实,不仅可以揭示或证明案件事实,而且可以印证侦查过程的真实性和合法性,因其记录的内容、形式、标准较为规范统一,对象稳定客观,有照片、实物等可以佐证其可靠性,立法上通过设立见证人、同步录音录像等制度保障记录的客观性以及记录过程可重复验证,所以将其归入客观性证据。

需要说明的是,司法实践中普遍存在的侦查人员在诉讼过程中出具的"案发经过""破案经过""抓获经过""情况说明"等书面说明类材料。最高人民法院《关于适用〈中华人民共和国刑事诉讼法〉的解释》（以下简称《刑诉法解释》）第142条确立了原则性的审查运用规则,"对监察机关、侦查机关出具的被告人到案经过、抓获经过等材料,应当审查是否有出具该说明材料的办案人员、办案机关的签名、盖章。对到案经过、抓获经过或者确定被告人有重大嫌疑的根据有疑问的,应当通知人民检察院补充说明"。这是最高司法机关为弥补刑事证据立法缺陷、规范刑事司法实践而作出的积极回应。笔者认为,上述证据材料虽不是刑事诉讼法中的法定证据种类,但能够反映侦查机关的侦查过程、侦查措施以及犯罪嫌疑人归案等情况,是分析判断案情、准确认定案件事实、正确裁量刑罚的重要依据,侦查人员是证据出具的主体,是对案件有关事实的客观记录,但其本质上与案件证人出具证言无差异,更缺乏可重复验证的基础,不应视为客观性证据。而对于庭审笔录，虽是由审判人员制作，但由于是对庭审过程的客观记录，它既是本级法院法官判决的基本依据，也是上级法院审查的主要证据形式和内容，有的还有相应的同步录音录像，笔者认为应将其界定为记录类客观性证据更能反映其证据特点与功能。

（三）检验、鉴定类

检验、鉴定类客观性证据是鉴定人或具有专业知识的人，运用科学技术或者专门知识，对刑事诉讼中所涉及的专门性问题通过检验、鉴别、分析、判断过程并提供鉴定意见的证据材料，包括但不限于法医学鉴定、物证鉴定、声像资料鉴定、价格认证等。检验、鉴定都是以科学为基础的证据调查方法，而且随着现代科学技术的进步，检验、鉴定程序的规范化、标准化，检验、鉴定意见的科学性、准确性越来越强。并且，检验、鉴定类的证据是鉴定人或专业人员根据科学规律、专业知识结合案件情况形成的综合意见，检验、鉴定、论证过程清晰，方法科学，结论明确，具备再次接受检验、鉴定的科学途径和方法，具有良好的稳定性、可靠性和可重复验证性，客观性很强。

（四）音像、电子数据类

音像、电子数据类客观性证据是以存储于高科技设备、互联网络、通信网络的声音、图像、动画、文字等证明案件事实的证据材料，包括但不限于视听资料、电子数据等。"由于电子数据和视听资料的载体都是高科技产品，它们在制作、收集、固定和审查判断上都采用高科技方法等共同特点，将视听资料和电子数据放在一类中进行规定也有其充分合理性。"① 司法实践中，视听资料主要包括录音录像资料、计算机存储资料、图片资料、运用专门技术设备获取的信息资料；电子数据主要包括网络平台发布的信息、网络应用服务的通信信息、个人留存网络信息、电子文件等。视听资料"具备'望之有形、听之有声、查之有据'的独特性能"，属于一种"更接近于案件实际情况的证据""容量大，内容丰富，直观性强；客观性强，具有较强的准确

---

① 汪建成：《刑事证据制度的重大变革及其展开》，载《中国法学》2011年第6期。

性和可靠性；便于保存和使用"。①同理，电子数据在传输、存储过程中，基本上不会发生错误，且很少能受到主观因素的影响，具有高技术性和精确性。即便是删除的音像资料、电子数据，专业技术人员也能够使用技术手段予以恢复。

需要说明的是，并不能简单以某一证据的载体形式来确定是否属于视听资料。如刑事侦查过程中的讯问、询问、现场勘验、检查、搜查、扣押等过程的同步录音录像，针对特定物证的录像、拍照等，其虽有录像带的载体，但其内容仅仅是对侦查行为过程、现场状况、物品的复制，与被录像、拍照证据并没有本质的区别，其证据能力和证明力完全附着于侦查行为之上，因而不单独具有视听资料的性质。同时，伴随着高科技电子设备升级扩容，视听资料和电子数据存储于同一设备的现象越来越普遍，简单以载体形式来区分不同证据属性，既不科学，也不利于实践操作。

（五）常识常理类

常识常理类证据是根据生活常识或经验法则可以认定某一事实存在的基础事实，包括但不限于众所周知的事实、自然规律和定理、生活经验事实、生效裁判确认的事实、公证文书确认的事实、已有证据证实的确定事实。我国刑事诉讼法中没有免证责任事项的明文规定，但并不代表司法实践中不存在此类证据，且否定该事实的成立需要反对方举证证明，本书称之为"常识常理类证据"，该证据的核心要素是"日常生活经验法则"，即正常人的一般生活经验。无论是根据法律确立的事实，还是根据法庭审理已经查明的事实，都必须以生活经验为依据，对未知事实进行推论，不得违背人们的正常思维、理性和经验。

第三节 客观性证据的审查判断

一般认为，证据的审查判断是指司法人员在诉讼过程中对已经收集的证据进行分析研究，确定其有无证据能力和证明力，以及证明力的大小，并以此为基础对案件事实作出判断的一种证明活动。经验事实表明，刑事诉讼

---

① 樊崇义：《证据法学》，法律出版社2000年版，第124~127页。

活动中出现的各类证据,都有其独特的证明价值,也必然存在相应的错误风险,必须通过深入细致的审查判断,准确识别证据存在的风险,弥补证据形式及内容缺陷,才能有效避免案件存在质量隐患。长期以来,我国刑事诉讼实践中缺乏证据审查运用明确规范,直至 2010 年 7 月,"两高三部"同时颁布实施《办理死刑案件证据规定》《关于办理刑事案件排除非法证据若干问题的规定》(以下简称《非法证据排除规定》),首次以司法规范性文件形式确立了刑事诉讼证据审查运用的基本原则以及各类证据的收集、审查判断和运用基本路径和方法;对审查和排除非法证据的程序、证明责任及侦查人员出庭等问题进行了具体规范,对证据审查运用规则进行了完善。2012 年,最高人民法院颁布《关于适用〈中华人民共和国刑事诉讼法〉的解释》(以下简称《刑诉法解释》)吸纳其中相关内容,具体规定了各类证据审查与认定的要点,基本确立了我国刑事诉讼证据审查运用的规则。本节主要介绍单个客观性证据的审查判断,至于定案证据体系审查判断将在以后的章节中予以阐述。

一、审查判断的内容

我国传统证据法理论和实践普遍认为,刑事证据的审查判断是对已经收集到的证据,根据其本质属性,结合案件的具体情况,进行分析鉴别,是一个"去粗存精,去伪存真,由此及彼,由表及里"的逐步深入的认识过程。① 证据的审查判断不仅确定各种证据的客观性、关联性、合法性(以下简称证据"三性"),同时确定证据体系是否达到"事实清楚,证据确实、充分"。② 然而,刑事证据理论制度的发展,司法实践错案的现实警示,无论是理论界还是实务界,均认识到证据"三性"作为审查判断主要内容具有必要性,但远远没有达到案件事实证明体系的最终需求。尤其是将单个证据作为审查对象时,越来越多的人主张以证明能力和证明力(以下简称证据"两力")的

---

① 杨迎泽主编:《检察机关刑事证据适用》,中国检察出版社 2001 年版,第 150 页。
② 侯喆:《论刑事证据审查判断的标准与方法》,载《河北法学》2011 年第 1 期。

递进式审查,代替证据"三性"为核心内容的平面审查。①笔者亦赞同这种观点,司法实践中,证据的审查判断应尽快实现从证据"三性"向证据"两力"的转型。具体理由是:

(一)证据"两力"具有逻辑结构上的递进关系,更符合刑事诉讼认识规律

刑事诉讼证明的过程是运用证据将已经发生的案件事实在诉讼中予以再现或证实的过程。《刑事诉讼法》第50条规定:"可以用于证明案件事实的材料,都是证据。……证据必须经过查证属实,才能作为定案的根据。"证据材料、证据、定案根据的不同表述,揭示了证据在整个刑事诉讼活动中的动态演进过程。从认知原理上讲,证据材料最终能否成为定案根据,首先需要判断其有无证据能力,其次才是对其证明力大小的评判,没有证据能力就不具备作为认定案件事实根据的资格,当然也就谈不上证明力,换言之,证据能力是证明力的前提和条件。证据"三性"是静态的平面结构,没有逻辑上先后顺序,忽视了诉讼过程中证据的筛选和过滤,是一种从定案结果反向推导出来的证据要求,不具有动态性和层次性,虽简易可操作,但相伴而来的证据风险同样巨大。

(二)证据"两力"提供了标准明确、层次清晰的审查判断标准,有利于司法实践的操作把握

证据"三性"因其笼统性、模糊性使得审查运用的价值功能产生交叉,造成司法实践的争议,如关联性既包含证据能力的关联性(关联性的有无),又有证明力的关联性(关联性的大小);客观性既包含证据存在状态的客观性,又有证据内容的真实、可信,司法实践中难以形成非此即彼的判断,导致用来印证的证据可能是没有证据能力的证据,形成表象上的"相互印证",实则"虚假印证",结果酿成错案。尤其是在证据合法性问题上,一方面认定"合法性"是证据的基本属性,非法证据应当予以排除;另一方面又不得不承认违法取得的瑕疵证据经合理解释或补正可以作为定案根据,造成"非

---

① 卞建林、陈卫东、陈瑞华:《刑事证据法学》,北京大学出版社2018年版,第124页;张军主编:《刑事证据规则理解与适用》,法律出版社2010年版,第48页;南英、高憬宏主编:《刑事审判方法》,法律出版社2015年版,第219~222页。

法证据排除"规则适用的困惑。证据"两力"审查标准明确、层次清晰,将证据能力的审查前置化,及时将没有证据能力的证据材料排除在证据之外,在具有证据能力的基础上考察证据证明价值的"大和小",避免实践中的概念混淆。

(三)证据"两力"体现刑事诉讼证据规则发展要求,可以避免证据"三性"对司法人员观念误导

以往对于证据的审查只讲"三性"的一个重要现实原因是缺乏证据审查的具体规则,对于证据能力和证明力的审查无从下手,没有着力点,形成理论上高标准和实践中的低标准的重大悬殊。如对于证据能力问题,以证据的真实性作为采纳标准,变相规避了法律对非法取证方法的禁止性规定,一旦证据的真实性得到确认,即便该证据是采用非法方法收集,也不会轻易弃而不用,导致实践中刑讯逼供等非法取证情形屡禁不止。对于证明力的问题,受"基本事实清楚,基本证据确实、充分"标准影响,对于案件中关键证据存在的重大问题和风险视而不见或疏于查证,取而代之以"事实基本清楚,证据基本确实、充分",人为降低证据标准,造成重大冤假错案的发生,严重影响司法公正。但随着《办理死刑案件证据规定》《非法证据排除规定》《刑诉法解释》《人民检察院刑事诉讼规则》以及2017年最高人民法院、最高人民检察院、公安部、国家安全部、司法部《关于办理刑事案件严格排除非法证据若干问题的规定》(以下简称《严格排除非法证据规定》)等法律、司法解释、司法文件的出台,刑事诉讼证据规则体系已经得以建立,为我们审查判断证据能力和证明力提供了明确依据,能够有效避免在观念上和实践中混淆证据能力和证明力,也为其中存在的模糊地带指明了出路,如《办理死刑案件证据规定》和《刑诉法解释》中确立的瑕疵证据补正规则,就是赋予存在合法性争议证据材料以证据能力的解决措施。

综上所述,为了能够严格落实证据裁判原则,避免将不具有证据能力的证据材料转化为定案的根据,司法实践中,有必要调整传统证据审查判断的重点内容和方向,应当尽快完成证据"三性"向证据"两力"的转型,区分证据能力和证明力两个层次的问题,以审查证据材料的证据能力为前提和基础,坚决排除不具有证据能力的证据材料,然后才对经审查确认具有证据能力的证据,进一步审查判断其证明力大小。

二、证据能力的审查判断

证据能力又被称为"证据资格",是指证据材料能够转化为定案根据的法律资格。[①]证据能力的审查判断目的是认定事实时将无证据能力的证据材料排除在证据体系之外,也即不得将无证据能力的证据材料作为定案根据,它并不直接服务于案件事实认定本身,而是为之后的事实认定提供一种保障机制。通说认为,证据能力审查判断主要内容是证据合法性的审查,包括但不限于证据的来源、取证程序和方法、证据的表现形式等内容。

(一)证据的来源须合法

所谓证据的来源合法,是指证据的来源必须有相应证据证明,且由法定主体提供。主要包括两个方面:

一是证据必须是法定主体依法收集或提供。《刑事诉讼法》第43条、第52条、第146条对收集或提供证据的主体作了规定,即审判人员、检察人员、侦查人员是收集证据的主体;受指派、聘请的鉴定人员是提供证据的主体;辩护律师在一定条件下有权收集证据,是收集、提供证据的主体。同时《刑事诉讼法》第29条、第62条对收集、提供证据的主体作了限制性规定,即审判人员、检察人员、侦查人员在有法定回避的情况下不得参与收集、提供证据;生理上、精神上有缺陷或者年幼,不能辨别是非,不能正确表达的人不能作证人等。这些都是要求收集、提供证据的主体必须符合法律规定,如果收集、提供证据的主体不是上述人员,且不符合法律的规定,那么其来源是不合法的,不得作为定案的根据。简言之,提供证据的主体必须是拥有立案管辖权的侦查机关的侦查人员以及辩护人、被告人等。因此,不享刑事案件侦查权的行政机关,如行政执法机关收集的证据材料;没有立案管辖权的侦查机关;公安机关对贪污、受贿、渎职等案件的侦查、收集的证据材料;侦查机关的非侦查人员,如保安、协警等代替公安民警收集的证据材料;非法律规定的人员制作的勘验检查笔录、鉴定意见等,都不具有证

[①] 我国目前的法律和司法解释中没有采用证据能力这一概念,司法实践中论及该问题,一般表述为"不得作为定案的根据""不能作为证据使用""不具有证据效力"等。

据能力。

二是证据来源必须有相应的证据证实。如通过勘验、检查、搜查、技术侦查等方法获取的证据,必须有相应的提取、扣押、移送等笔录予以佐证;来历不明的物品、痕迹、书证、视听资料、电子数据,道听途说的证言等都不能作为证据使用;对来源有瑕疵的证据,如果不能作出合理解释,应否定其证据能力。2010 年,最高人民法院、最高人民检察院、公安部、国家安全部、司法部《关于办理刑事案件排除非法证据若干问题的规定》第 14 条规定:"物证、书证的取得明显违反法律规定,可能影响公正审判的,应当予以补正或者作出合理解释,否则,该物证、书证不能作为定案的根据。"2016 年,最高人民法院、最高人民检察院、公安部《关于办理刑事案件收集提取和审查判断电子数据若干问题的规定》第 27 条规定:"电子数据的收集、提取程序有下列瑕疵,经补正或者作出合理解释的,可以采用;不能补正或者作出合理解释的,不得作为定案的根据:(一)未以封存状态移送的;(二)笔录或者清单上没有侦查人员、电子数据持有人(提供人)、见证人签名或者盖章的;(三)对电子数据的名称、类别、格式等注明不清的;(四)有其他瑕疵的。"第 28 条规定:"电子数据具有下列情形之一的,不得作为定案的根据:(一)电子数据系篡改、伪造或者无法确定真伪的;(二)电子数据有增加、删除、修改等情形,影响电子数据真实性的;(三)其他无法保证电子数据真实性的情形。"

三是证据提供者必须具备相应法定责任能力。如《刑诉法解释》第 88 条规定:"处于明显醉酒、中毒或者麻醉等状态,不能正常感知或者正确表达的证人所提供的证言,不得作为证据使用。"第 89 条规定:"证人证言具有下列情形之一的,不得作为定案根据……询问不通晓当地通用语言、文字的证人,应当提供翻译人员而未提供的。"前者是由于证据提供者提供证言的能力缺乏而使其证言不可信,后者是没有为证据提供者提供正确表达的条件而使其证言不具有可信性。两类证据的提供者都不可信,其提供的证言都不具有证据能力。

这里需要注意的是,因取证主体不合法而产生的"非法证据"与"非法证据排除"中的"非法证据"并非同一概念,更不适用同一规则,因为该类证据主要涉及形式上的不合法,但如果证据材料反映的内容具有客观性,可以作为线索由法定人员采用合法程序和方法重新取证,转化这类"证据"不属于严重侵犯犯罪嫌疑人、被告人的合法权利,完全可以采取补救措施,使其具有证据效力。

当然,对于提供证据主体的合法性问题,我国法律也确立了一些例外情形。如《刑事诉讼法》第54条第2款规定:"行政机关在行政执法和查办案件过程中收集的物证、书证、视听资料、电子数据等证据材料,在刑事诉讼中可以作为证据使用。"这意味着上述证据材料不因取证主体不是侦查机关而失去证据能力,法律已经规定它们在刑事诉讼中可以作为指控犯罪的证据使用。

(二)取证程序和方法须合法

所谓取证程序和方法的合法,是指侦查人员调查取证的方法、手段、方式、步骤等符合法定的诉讼程序要求和技术规范要求。法定的诉讼程序要求一般见诸刑事诉讼法、司法解释及其司法规范性文件的明文规定,如《公安机关办理刑事案件程序规定》第193条规定,公安机关侦查犯罪过程中,根据需要采用各种侦查手段和措施,应当严格依照法律规定的条件和程序进行。不仅明确规定了"严禁刑讯逼供和以威胁、引诱、欺骗以及其他非法方法收集证据"等非法证据排除内容,还规定了传唤犯罪嫌疑人、询问证人、被害人,扣押物证、书证,应当出示侦查人员的工作证件;讯问同案的犯罪嫌疑人、询问证人、被害人应当个别进行;搜查必须向被搜查人出示《搜查证》;现场勘查、搜查、扣押、辨认等侦查活动少于二人,并且应当有见证人;搜查、检查女犯罪嫌疑人应当由女性侦查人员或工作人员等一般违法内容。技术规范要求常见于技术性证据,包括通过科学技术手段收集的证据,或通过科学技术方法或设备检验、鉴定得到的意见等,如现场勘验、检查标准、物证提取、检验标准、鉴定程序、方法、标准等的规范性要求,一旦操作方法、过程不当,极易出现偏差,甚至出现错误,进而动摇证据能力所依赖的基础。

特别需要说明的是,因证据收集程序、方法不符合法律规定,一般称为"非法证据",刑事诉讼法及相关司法解释为此构建了"非法证据排除规则"。当然,对于那些通过不规范的取证方法所获取的证据,刑事证据法中一般将其称为"瑕疵证据",而对瑕疵证据则可以适用可补正的排除规则。

（三）证据表现形式须合法

所谓证据表现形式的合法性，是指证据载体在记录证据收集过程和证据相关情况方面符合法定的要求。大体说来，证据表现形式上的要求主要有以下几方面：一是证据收集的时间、地点的载明；二是证据收集或制作的主体及参与人的签名、捺印；三是证据收集、制作、固定、保全的过程及说明；四是所收集证据的固定、保存状态及环境等。当然，与取证手段的违法性相比，那些在表现形式方面存在违法之处的证据不一定都属于"非法证据"，可能更多地属于一种"瑕疵证据"，适用可补正的排除规则。

（四）非法证据排除

陈卫东教授认为，非法证据是指办案人员违反法律规定的权限、程序或其他不正当方法获得的证据。[①]然而，在司法实践中，由于法律规定较为原则，非法证据的认定是重点更是难点，各司法机关对相关规定的理解和认识存在一定分歧，在一定程度上影响了法律的实施效果。《严格排除非法证据规定》进一步明确了非法证据的认定标准，完善了对证据收集合法性的审查、调查程序，对侦查、起诉、辩护、审判等工作提出更高的标准和更严的要求，有助于促使办案人员严格依法收集、审查和运用证据，切实提高办案质量。根据《严格排除非法证据规定》，我国的非法证据排除制度主要体现以下几个特点：

一是非法取证绝对排除的对象仅限于言词证据，包括犯罪嫌疑人、被告人供述、证人证言、被害人陈述。

二是非法取证的方法主要包括暴力、变相肉刑、威胁、非法限制人身自由，并且针对不同取证对象的非法方法略有不同。如《严格排除非法证据规定》第2条、第3条、第4条规定了应当予以排除的供述，包括"采取殴打、违法使用戒具等暴力方法或者变相肉刑的恶劣手段，使犯罪嫌疑人、被告人遭受难以忍受的痛苦而违背意愿作出的""采用以暴力或者严重损害本人及其近亲属合法权益等进行威胁的方法，使犯罪嫌疑人、被告人遭受难以忍受的痛苦而违背意愿作出的""采用非法拘禁等非法限制人身自由的方法收集的"。对于证人证言、被害人陈述，《严格排除非法证据规定》第6条规

[①] 陈卫东：《刑事诉讼法》，中国人民大学出版社2015年版，第150页。

定:"采用暴力、威胁以及非法限制人身自由等非法方法收集的证人证言、被害人陈述,应当予以排除。"

三是非法实物证据属于相对排除的范围。《严格排除非法证据规定》第7条规定:"收集物证、书证不符合法定程序,可能严重影响司法公正的,应当予以补正或者作出合理解释;不能补正或者作出合理解释的,对有关证据应当予以排除。"实践中,对于采取非法搜查、扣押等方法收集的实物证据,应当综合考虑收集证据违反法定程序以及所造成后果的严重程度等情况,决定是否予以排除。在制止犯罪、实施抓捕、避免证据灭失等紧急情况下,未经依法批准,采用搜查、扣押等措施收集物证、书证,在作出补正或合理解释后,有关实物证据可以作为证据使用。2016年,最高人民法院、最高人民检察院、公安部《关于办理刑事案件收集提取和审查判断电子数据若干问题的规定》第27条、第28条亦有相关规定。

四是排除非法证据贯穿于侦查、起诉、审判各个过程,而不仅仅是禁止其进入法庭调查程序。《严格排除非法证据规定》还进一步强化检察机关在审前程序中对非法证据的调查核实,规定了重大案件检察人员应当在侦查终结前核查取证合法性。由此可见,目前我国刑事诉讼立法及实践中,非法证据与不具有合法性的证据并不是等同的概念,"不具有合法性的证据"范围和外延更广,表现形式多样,违法程度差异较大,导致其证据能力和证明力均存在一定的差异性,如没有侦查人员的签名,没有见证人或见证人没有签名,以及前述提及的瑕疵证据等。

三、证明力的审查判断

证据具有证明力是证据成为定案根据的前提和基础,证明力的审查判断在诉讼过程中有一个逐步认识的过程,主要包括证明力的有无和证明力的大小两个层面的问题。司法实践中,孤立地审查某个证据,有时很难对证据的证明力作出可靠的判断,往往需要结合在案其他证据作出综合评判。一般认为,影响证据证明力的因素主要包括以下几个方面:

(一)证据与案件事实的关联度

案件事实包括行为人、时间、地点、工具、起因、行为、结果等要素。

刑事客观性证据审查运用指引

证据材料的证明内容应当与案件事实要素相关联,没有关联的证据材料就没有证明力,关联程度小,证明力就小,关联程度大,证明力就大。凡是与案件事实之间没有任何关系的证据材料,对案件事实不具有证明力,不应纳入定案证据体系;凡是与案件事实上仅有表面联系而不具有实质性关联的证据材料,也不应采纳作为证据使用。只有证据材料与案件事实存在内在客观联系,并能证明案件事实,方可采纳。如某故意杀人案,被告人采用驾车坠河溺死妻子的方式骗保,那么其预谋作案、事先选择作案地点的监控视频、其妻人身意外保险单就是联结案件事实的关键性证据,该两项证据是否收集到案,直接关系到该案能否认定故意杀人罪和保险诈骗数罪以及处以刑罚,而其同期为儿子投保的保单、车辆保险单则无须作为故意杀人罪、保险诈骗罪的证据使用。当然,有些证据与事实的联系比较隐蔽,需要专门知识技能才能揭示这种联系,如以持续投放危险物质方式的故意伤害或故意杀人,利用网络隐藏身份等高科技手段实施的犯罪等,办案人员切不可把自己没有认识到的联系当作没有联系或者妄加评判,应当聘请专业技术人员作出检验鉴定,从而确定该证据材料与犯罪事实的联系。

（二）证据之间的印证程度

《刑事诉讼法》第55条第1款规定:"对一切案件的判处都要重证据,重调查研究,不轻信口供。只有被告人供述,没有其他证据的,不能认定被告人有罪和处以刑罚;没有被告人供述,证据确实、充分的,可以认定被告人有罪和处以刑罚。"该条款规定在我国司法实践中一般理解为"孤证不能定案",即证据之间相互印证才能定案,我们通常称之为印证证明模式,它是刑事司法人员审查判断证据和案件事实的一条重要经验法则。印证证明模式本来是一种案件事实的证明方法,但在对于单个证据的审查判断过程中,也会被大量运用,一项证据材料是否可信,是否具有证明力,往往需要寻求其他来源不同的证据来与之进行比对判断,能够得到印证的,确认其证明力,得到的印证越多,证明力就越大。《刑诉法解释》第139条规定:"对证据的证明力,应当根据具体情况,从证据与案件事实的关联程度、证据之间的联系等方面进行审查判断。"证据之间具有内在联系,共同指向同一待证事实,不存在无法排除的矛盾和无法解释的疑问的,才能作为定案的根据。

（三）证据形成的客观条件

证据的形成有其特定的时间、地点、条件等多种因素，同一证据载体在不同时间、地点、条件下可能会呈现不同的状态，也可能发生变化，其证明效力也会存在差异。尤其是客观性证据，其本身存在是客观的，之所以成为证据，就是因为在特定的时间、地点、条件下与涉案事实建立起某种联系，进而生成案件的证据，一旦离开该特定的时间、地点、条件等，它的稳定性、可靠性、可重复验证的特性会荡然无存。因此，几乎每一类客观性证据都存在对其形成时间、地点、条件诸因素的审查要求，通过审查发现证据效力与证据存在时间、地点、形态之间的密切联系，发现存在的疑点，解决存在的矛盾。如实物证据审查中要注意原物存放于何处、存在的状态、案发前状态与案发后状态的差异，勘验、检查笔录的审查要注意勘查时间与案发时间的差异、现场方位、现场环境与案发环境，视听资料、电子数据的审查要注意制作的时间、地点、存储介质等。如同样是作案凶器，从犯罪嫌疑人身上扣押与案发现场提取、现场之外第三地提取，对于案件事实的证明力以及证明要求上均会存在差异。

（四）证据收集的先后顺序

证据的形成过程与案件的发生发展过程息息相关，虽然收集的先后顺序客观上受制于侦查机关取证方式和侦查破案模式，但由于证据之间往往存在密切的关联，尤其是客观性证据与言词证据之间，由于相互间存在包容与被包容的关系，查明它们之间收集在案的顺序关系，对于证明力的判断具有极大的帮助。《办理死刑案件证据规定》规定，根据被告人的供述、指认提取到了隐蔽性很强的物证、书证，且与其他证明犯罪事实发生的证据互相印证，并排除串供、逼供、诱供等可能性的，可以认定有罪。对于审查中通过客观性证据与言词证据收集先后顺序判断证据证明力的大小提供了极好的借鉴价值。

四、审查判断的方法

要想正确地审查判断证据，必须采用正确、科学的方法，只有这样才

刑事客观性证据审查运用指引

能取得较好的效果。结合司法实践，单个客观性证据审查判断通常采用的方法有：

（一）鉴别法

鉴别法就是根据客观事物发生、发展、变化的一般规律去辨别证据材料的真伪，判断其证明力，确定证据的结果。鉴别是对证据材料初次净化和筛选。鉴别法有三种基本形式：一是通过鉴别证据材料的形成过程，确认是否符合法律、司法解释以及规范性文件对证据材料收集、保管的规范性要求；二是通过鉴别证据材料一般性特征，确认是否与案件事实发生、发展、变化的过程相吻合；三是通过鉴别证据材料表现形式，确认是否与该证据的一般性特征相符。

（二）比对法

比对法就是对案件中证明同一案件事实的两个或两个以上的证据材料进行比较和对照，确定证据材料的真伪及其关系性，进而判断其证明力大小。一般来说，经比对审查后相互一致的证据材料往往比较可靠，而相互矛盾的证据材料则可能其中之一有问题或者都存在问题。比对法有两种基本形式：一是纵向比对审查，即同一证据在诉讼过程中的不同阶段，不同的办案人员对其特征或内容的描述是否一致，如物证、电子数据、视听资料等的特征描述或原始内容，收集时与移送过程记录、鉴定接收记录、庭审展示等过程是否一致，出现差异的，则应查明原因。二是横向比对审查，即对证明同一案件事实的不同证据、不同主体提供的证据或同一证据的不同表现形式做并列比对，看其外观特征、内容是否协调一致，有无矛盾之处。如痕迹提取与鉴定检验报告的比对、实物与照片的比对、现场勘验检查笔录与现场照片的比对、扣押物品清单与实物及照片的比对等。

（三）技术性证据复核

技术性证据复核，是指办案部门委托司法技术部门，对案件中鉴定意见、检验报告等技术性证据以及其他有关技术性问题，组织有关具有专门知识、技能的专业人员或机构进行审查，提出审核意见的活动。技术性证据复核主要解决鉴定意见、检验报告等技术性证据以及其他技术性证据中有关专业性事项的科学性、客观性、关联性、合法性及其可采性问题。如鉴定所依据的事实是否客观全面，材料的解释是否合理，适用标准是否准确，析理和推论是否符合逻辑和科学规范；鉴定意见在科学上的证明意义如何；当事人对鉴定结论的异议是否成立；申请重新鉴定理由是否充分以及是否有必要启动重新鉴定程序或启动何种程序；多个鉴定意见，技术角度的证明力如何等。通过技术性证据复核，帮助办案人员完成对技术证据审查判断的内心确信或心证，以决定对证据的取舍。

（四）对质法

对质法即办案人员按照法定程序组织和指挥了解该事实的两个或两个以上的人，就特定的客观性证据进行互相询问、反驳和辨认的方法。言词证据中蕴含或挖掘的客观性证据不仅能够夯实言词证据的证明力，而且也进一步为客观性证据指明证明方向，当不同言词证据中涉及客观性证据的内容存在矛盾或不一致时，必须查明原因。鉴于客观性证据稳定性、可靠性、可重复验证性的本质特征，一般而言，主要通过审查言词证据来排除矛盾或合理解释矛盾，只有除了进行对质外别无他法的情况下，才可采用此法以确定该证据材料的证据能力和证明力。

第三章 客观性证据审查模式

第一节 客观性证据审查模式的提出背景、内涵与目标

客观性证据审查模式是指在刑事诉讼中,司法机关将证据收集、审查、运用的重心从以口供等言词证据为中心转变到以客观性证据为核心上来,凭借客观性证据的稳定性、可靠性、可重复验证性的显著特征,校验全案证据,准确认定案件事实的证据审查运用模式。① 客观性证据审查模式是在对刑事冤假错案进行深刻反思的基础上,对传统证据审查方式弊端进行的矫正,经过司法实务部门积极探索、充分实践,充分适应以审判为中心的刑事诉讼制度改革,体现证据收集、审查、运用的新理念、新作为,并取得良好效果。如何充分认识、全面把握客观性证据审查模式的提出背景、深刻内涵及重大意义,对于持续完善案件质量保障体系,确保司法公正,无疑具有现实和长远意义。

---

① 客观性证据审查模式的概念随着其应用范围的变化,也有一个发展变化的过程。早期因其仅适用于检察机关审查起诉阶段,因此界定较窄。如客观性证据审查模式改革课题组:《探索审查模式改革 确保死刑案件质量》,载《人民检察》2013 年第 5 期,表述为"客观性证据审查模式是指公诉部门在办理刑事案件过程中,将证据审查工作重心从以被告人口供等言词证据为中心转变到以客观性证据为核心上来,凭借客观性证据具有可靠的稳定性和关联性的最佳证据特征,确认案件基础事实脉络,并以此为基础对全案证据予以审查和检验,进而准确认定犯罪事实的审查工作方式。"樊崇义教授则认为,客观性证据审查模式应适用参与刑事诉讼活动的所有司法机关,进而将其定义为:客观性证据审查模式是指以客观性证据为主的证据印证模式,是指在刑事诉讼中,司法机关以客观性证据为审查中心,凭借具有稳定性、可靠性的客观性证据确认案件事实,并以此为基础审查和检验全案证据,进而准确认定犯罪事实的审查工作模式。参见樊崇义、赵培显:《论客观性证据审查模式》,载《中国刑事法杂志》2014 年第 1 期。

一、客观性证据审查模式的提出背景

证据是刑事诉讼证明的起点和基础，证据裁判是刑事诉讼的基本原则。然而，长期以来司法实践中证据审查运用方式方法简单机械，侦查、起诉、审判中过于倚重被告人的供述、有罪供述的证明能力和作用，产生了一系列问题，侦查、审查起诉，甚至法院判决确认的案件事实、证据未能经得起法律的检验、历史的检验，造成冤假错案，无法顺应以审判为中心的诉讼制度改革需求。客观性证据审查模式的提出，即是基于我国刑事司法领域长期存在的突出问题提出的应对举措，具有相应的现实需求和法理基础。

（一）适应刑事诉讼制度改革的需要

党的十八届四中全会通过的《中共中央关于全面推进依法治国若干重大问题的决定》（以下简称《决定》）提出："推进以审判为中心的诉讼制度改革，确保侦查、审查起诉的案件事实证据经得起法律的检验。全面贯彻证据裁判规则，严格依法收集、固定、保存、审查、运用证据，完善证人、鉴定人出庭制度，保证庭审在查明事实、认定证据、保护诉权、公正裁判中发挥决定性作用。"习近平总书记在《决定》的说明中强调指出，"推进以审判为中心的诉讼制度改革，目的是促使办案人员树立办案必须经得起法律检验的理念，确保侦查、审查起诉的案件事实经得起法律检验，保证庭审在查明事实、认定证据、保护诉权、公正裁判中发挥决定性作用"。最高人民检察院《关于深化检察改革的意见（2018—2022年工作规划）》指出，"构建诉讼以审判为中心、审判以庭审为中心、庭审以证据为中心的刑事诉讼新格局，完善证据收集、审查、判断工作机制，建立健全符合庭审和证据裁判要求、适应各类案件特点的证据收集、审查指引，深化书面审查与调查复核相结合的亲历性办案模式，确保审查起诉的案件事实证据经得起法律检验。建立健全技术性证据专门审查制度，完善对鉴定意见、电子数据、视听资料等技术性证据审查机制，发挥技术性证据审查对办案的支持作用"。由此可见，刑事诉讼制度的改革，尤其是以审判为中心的诉讼制度改革，最终落脚点在于证据制度。

客观性证据审查模式是检察机关探索应对刑事证据变革的实践成果，

对于推动刑事执法理念转变，从重打击轻保护向惩罚犯罪与保障人权并重转变，从偏重实体的价值观向实体与程序并重的价值观转变，从查明案件事实的办案观向证据事实的办案观转变，从依赖人证的证明观向重视客观性证据的证明观转变，都具有重要的现实意义。同时，证据审查方式的完善，使证据的"查证属实"彰显科学性、规范性，能够更好地适应以审判为中心的刑事诉讼制度改革需要，夯实证据体系基石，从而更好地落实证据裁判原则。

（二）防范和纠正刑事冤假错案的需要

从司法实践来看，刑事冤假错案的防范和纠正过程中客观性证据的审查运用成为极其重要的因素，甚至是决定性因素。"张氏叔侄强奸案"因被害人指甲末端检出的DNA分型与已被执行死刑的强奸杀人犯勾某某一致，直接动摇了原判定案证据体系的稳定性，增强了无罪辩解的真实性，从而使该案顺利得到纠正改判；"杭州五青年抢劫案"因遗留在案发现场的血指纹与另案犯罪嫌疑人项某某指纹相吻合，从而为排除该五人抢劫杀人提供了关键证据；"云南杜培武案"因在其他犯罪嫌疑人处发现杀死被害人的作案工具枪支，从而完全排除杜培武作案的可能等。诸如此类的冤假错案件，无一例外地表明曾经将有罪供述作为定案的主要证据，否定其无罪辩解，现因收集到新的有利于被告人的客观性证据，才使冤假错案顺利得到纠正。

客观性证据审查模式以稳定、可靠、可重复验证的客观性证据为主导构建证据体系，运用犯罪现场重建的科学方法来检验证据收集的全面性，充分挖掘、科学解释客观性证据蕴含的案件信息，更加注重以客观性证据验证言词证据的真实性，不仅能够及时发现证据链条中的薄弱环节，补强和完善证据体系，而且能够有效甄别言词证据的真实性，弥补言词证据的易变化、易失真等缺陷，为防止冤假错案件发生奠定坚实的证据基础。因为"客观性证据比主观性证据真实性大、证明力强，因此，无论是侦查还是审查批捕、审查起诉，都要建立以客观性证据为支撑的证据体系，从而把案件事实建立在可靠的证据之上"。[①]

---

① 朱孝清：《冤假错案的原因和对策》，载《中国刑事法杂志》2014年第2期。

（三）克服口供中心主义的需要

口供中心主义是公检法机关长期采用的一种办案方式，其含义是指侦查、起诉、审判工作主要围绕着犯罪嫌疑人、被告人的口供进行，并把口供作为定案处刑的主要依据。[①]在我国司法实践中，鉴于口供等主观性证据在还原案件全貌、揭示案件起因等方面的便捷有效，"先取口供后找证据""无供不破案""无供不定案"等现象频发，且"口供至上"理念深植司法人员内心。如褚某某故意杀人案，以案发现场的烟蒂、面巾纸外包装及被害人手包上的指纹系褚某某所留作为印证其有罪供述的关键证据而提起公诉，忽视褚某某与被害人系夫妻共同生活环境因素，供述的作案工具与尸体检验创口不符的矛盾证据，被害人体内精斑系他人所留等第三人作案可能的证据，造成起诉错误。

客观性证据审查模式的提出，就是要从以口供等言词证据的审查运用为中心转变到以客观性证据的审查运用为核心上来，并以客观性证据审查理念指导侦查取证工作，引导侦查人员克服"口供为先"的办案思维模式，坚决杜绝以刑讯逼供等违法方法获取有罪供述，排除或合理解释矛盾证据，将侦查重心转向客观性证据的充分挖掘和科学解释上来，逐步从突破口供为主的"由供到证"向客观性证据审查运用为主的"以证促供"侦查破案方式转变，更加注重案件客观性证据的收集、固定、运用，有效遏制刑讯逼供等非法获取口供行为的发生。

（四）刑事诉讼证明模式科学化的需要

印证证明模式是我国最高司法机关认可的刑事诉讼实现诉讼证明的基本方式[②]，理论界也认为我国的刑事诉讼证明模式可以简略地概括为"印证证明模式"[③]。在司法实践中，证据之间的相互印证已经成为审查证据是否属实、事实能否认定的基本证明方法。但印证证明模式在实践应用中存在不少困难

---

① 闫召华：《口供中心主义研究》，法律出版社2013年版，第2页。

② 《关于办理死刑案件审查判断证据若干问题的规定》有11处使用"印证"的表述，这使得停留在经验层面的审查判断证据的方法和证明标准有了明文规范。参见陆而启：《智识互转：印证规范解析》，载《证据科学》2011年第4期。

③ 参见龙宗智：《印证与自由心证——我国刑事诉讼证明模式》，载《法学研究》2004年第2期。

和矛盾,一方面现有侦查技术、侦查人员收集、运用证据的能力不可能达到涉案证据材料应收尽收、证尽所用完美水准;另一方面,在操作方法上,印证证明模式极易异化为其他证据对有罪供述的单向印证、简单印证,而非相互印证。"这种情况下,他们或者只有放弃定罪——这在客观上意味着对国家和对社会的失职;或者违法获取更多的、能够实现印证要求的证据,但这样做不仅违反了法律,侵犯了权利,而且可能带来证据虚假的危险。"①

客观性证据审查模式丰富了证据发现、挖掘、运用的途径和方法,能有效避免和减少实践中"重口供轻物证"的错误理念和做法,有利于及时发现、固定证据,也指明了充分挖掘、合理运用客观性证据的途径和方法,从方法论上为证据体系完备和丰富提供了指引,有效防止传统证据审查模式带来的上述尴尬。强化客观性证据的审查和相互印证,既是防止印证模式出现负面效应的最佳途径,也是排除矛盾和合理怀疑的必要环节;既能推动理论界和实务部门加强对证据规则的研究,也有助于规范和统一证据审查判断的科学化。

二、客观性证据审查模式的内涵解读

客观性证据审查模式是对现有证据审查方式的调整、革新和发展,正确理解、科学界定其内涵,对于探索实践和继续深化客观性证据审查模式具有重大指导意义。

(一)客观性证据审查模式贯穿于刑事案件侦查、审查起诉、审判等诉讼全过程

众所周知,刑事诉讼活动中公、检、法三机关分工负责,相互配合,相互制约,各自行使职权,各阶段顺次衔接,不能相互代替,也不能相互推诿。虽然各阶段开展以证据为对象的诉讼活动目标和任务均有所差异,但毫无疑问,只有公、检、法三机关均树立起客观性证据审查理念,才能构建起牢固稳定的刑事证据证明体系。侦查机关确立"以客观性证据为中心"的侦查模式观,重视客观性证据的收集,不仅要保证侦查活动程序合法、及时全

---

① 参见龙宗智、何家弘:《诉讼证明模式与证据审查评断》,载《证据学论坛》2004年第2期。

面，避免证据材料因时过境迁，无法检验或查证；同时又要保障言词证据的自愿性，以及充分围绕言词证据内容，收集更为全面的客观性证据。检察机关确立"以客观性证据为主导"的审查模式观，在全面审查、客观验证在卷证据材料基础上，补充遗漏证据，补正瑕疵证据，排除非法证据，确保证据能力，补强证明力，构建以客观性证据为主导的刑事指控体系，夯实案件证据基础，保障案件质量。审判机关确立"以客观性证据为中心"的裁判模式观，充分运用客观性证据，减少因言词证据不确定性对庭审过程、裁判结果的影响，确保案件事实的证明主要依靠客观性证据，证据矛盾得到排除或合理解释，证据体系完整巩固；对于没有确实充分的证据证明的，坚持疑罪从无，不能认定为犯罪事实。

（二）客观性证据审查模式充分彰显客观性证据在构建稳定、可靠的刑事指控证据体系中的重要作用

冤假错案的发生，虚假的"认罪供述"往往必不可少，究其原因固然是侦查机关收集证据不规范、不全面、不合法，但检察环节、审判环节未能发现定案证据存在的问题，或发现问题但未追问、未补查、未纠正，想当然地"排除"疑问，甚至姑息、迁就定案证据存在的重大瑕疵；尤其是裁判结果同样失守证据裁判的底线，足以说明出过度倚重口供等言词证据的证据审查模式存在致命的缺陷，突出表现在口供虚假易变、证人证言失真失实，必要的客观性证据缺失，证据之间单向印证、虚假印证、矛盾无法排除。与之相反，客观性证据审查模式不是从一个极端走向另一个极端，而是对证据审查方式的矫正，更加注重和强调客观性证据的审查运用，既要求从主观性证据中发现、挖掘客观性证据，也要求以客观性证据检验、补强主观性证据，将两者有结合，形成多点联结、双向印证，避免"围绕口供找物证"甚至"围绕口供造物证"的单向印证弊端，充分发挥客观性证据表现形式、判断标准更加稳定、可靠，不易受到人为主观因素的影响，从而得出的结论更为客观、真实，保障整个刑事指控体系更加扎实、稳固。

（三）落实客观性证据审查模式须充分发挥检察机关侦查取证的引导作用和指控犯罪的主体作用

以审判为中心的本质要求在刑事诉讼全过程确立以司法审判的标准收集

证据、审查证据、认证证据，即侦查终结、提起公诉、审判定罪都应当遵循"事实清楚，证据确实、充分"的证明标准。因此，作为承前启后的检察机关，充分发挥侦查取证阶段的引导作用和指控犯罪的主体作用，依法全面审查和移送证据材料，以有效防止事实不清、证据不足或者违反法定程序的不符合司法裁判标准的案件"带病"进入审判程序。检察机关坚持以客观性证据审查模式为指引，在侦查取证的引导方面，需要强化检察机关对于侦查工作的监督与引导，及时介入、引导侦查活动的科学开展，形成引导侦查的权威；在发挥指控犯罪的主体作用方面，做好主责主业，构建稳定、可靠的证据体系，庭前做好功课，加强与律师的沟通、协商，明确双方争议焦点，争取把程序性问题、非法证据排除问题解决在庭前，从而提高庭审效率，将以审判为中心的诉讼制度改革切实落到实处。

（四）客观性证据审查模式要求严格落实证据裁判和疑罪从无两项根本原则

证据裁判原则和疑罪从无原则都是现代刑事司法的重要原则，两者相互补充，在尊重和保障人权、防范冤假错案、维护刑事司法公正、促进司法文明进步中发挥了不可替代的作用。《刑事诉讼法》第55条第1款规定："对一切案件的判处都要重证据，重调查研究，不轻信口供。只有被告人供述，没有其他证据的，不能认定被告人有罪和处以刑罚；没有被告人供述，证据确实、充分的，可以认定被告人有罪和处以刑罚。"第200条第3项规定："证据不足，不能认定被告人有罪的，应当作出证据不足、指控的犯罪不能成立的无罪判决。"然而，从我国既往司法实践来看，疑罪从无原则的贯彻落实不彻底，"重口供轻物证""重有罪证据轻无罪证据"现象还时有发生，其中不乏以"两个基本"为幌子，突破证据裁判的底线要求，案件事实和证据没能经得起法律检验、历史检验，酿成冤假错案。客观性证据审查模式要求有罪、罪重证据和无罪、罪轻证据同等对待；证据的程序问题和实体问题同样重视，而且要求证据体系证明方向一致性且无矛盾，确保定案证据的收集、审查和判断全面而客观。侦查、起诉、审判各个阶段均需要对照"证据确实、充分"的证明标准予以过滤，条件符合的才可能移送起诉、提起公诉、定罪量刑，条件不符合的则应按照疑罪从无的要求处理，切实发挥司法在维护社会公平正义中最后一道防线的作用。

三、客观性证据审查模式的目标定位

客观性证据审查模式无论是理论上还是实践中仍处于探索实践、不断完善的过程中，究竟如何推进，实现什么样的目标，有赖于具体的设计和操作。既有理念理论层面的推进，也有工作机制方面的调整。对此，笔者认为，应在全面考察其内涵特征的基础上，科学合理地界定分析其目标定位。

（一）审查理念上，要实现以被告人供述等言词证据为中心向以客观性证据为核心的转变

口供为证据之王的观念之所以根深蒂固，既与我们司法传统密不可分，也与现行司法实践中侦查人员的取证思路、检察人员的审证方式、审判人员的认证过程直接相关。司法人员习惯于以言词证据，尤其是犯罪嫌疑人、被告人的有罪供述作为基准来还原案件事实、梳理证据体系，这种审查方式的致命缺陷是忽略了言词证据本身具有的不稳定性、主观性的基本属性，一旦口供发生变化，用以支撑整个案件的证据体系便顷刻瓦解。因此，我们要强化对实物证据、电子数据、视听资料、鉴定意见等客观性证据的审查运用，重视客观性证据与其他证据的相互印证，充分利用客观性证据的稳定性、可靠性来验证言词证据的真实性，以客观性证据夯实定案的证据体系。

（二）审查方式上，要实现书面阅卷审查向亲历性审查的转变

一直以来，刑事诉讼过程中，除了侦查机关证据收集环节，审查起诉、审判阶段的证据审查运用都是"以案卷为中心"进行的，尤其是检察人员、审判人员多围绕侦查机关移送的卷宗材料，开展大量案头工作，较少进行证据的实地调查或亲历性复核，以至于难以发现人为制造的虚假证据材料、故意隐匿的证据材料、卷证不一的证据材料。客观性证据审查模式要求重视"眼见为实"的亲历性审查，加强对证据合法性、客观性的审查，特别是对案件事实、证据存在疑问或矛盾时，要充分运用现场复勘、文证审查、调阅侦查机关内卷、走访核实等方法强化对证据收集过程、科学性、逻辑性的审查，克服封闭式办案、书面式审查的弊端。同时避免讯问犯罪嫌疑人的程序化、形式化，强化讯问的有效性、针对性，不仅核实其罪行，而且认真听取

其辩解以及辩护人意见,及时发现问题。

(三)审查内容上,要实现在卷证据向在案证据的转变

实践表明,侦查机关移送的案件证据材料均是在侦查人员主观判断、精心筛选的基础上收集到案的成果。有时,侦查人员的思维定式也会削弱他们发现证据、运用证据的能力。因此,仅靠在卷证据审查判断证据内容的真实性、证据体系的完整性还远远不够,无法发现"天衣无缝"的证据材料下掩盖的虚假事实。客观性证据审查模式,既要重视审查"在卷证据",也要注重审查"在案证据",更要善于发现和挖掘卷宗材料中隐藏的其他事实和证据。对一些违反逻辑规律、生活经验、存在疑问的案件情节,除了审查侦查机关移送的相关证据外,还要主动了解、查看侦查机关内卷,查证是否有收集在案但未移送的相关证据材料,尽量避免侦查机关不移送甚至故意隐匿证据。

(四)证明方法上,要实现简单机械印证向精细化科学验证的转变

据以认定案件事实的证据必须相互印证,既是我国刑事司法实践的一种传统,也是传统刑事证据理论的一贯主张。正如有学者指出:"在通常情况下,对于某一案件事实的认定,仅凭审查某一个证据是否具有真实性、可靠性,无法达到确认案件事实的目的。任何一个证据都无法借助自身来证明其真实、可靠性,只有与其他证据结合起来,加以综合分析、判断,才能确认其真伪。只有通过综合考察所有证据之间的相互关系以及这些证据与案件事实之间的关系,才能对案件事实作出正确的认定。"[①]然而,即使是表面看证据相互印证的案件,刑事司法中却发生错误是客观事实,一些冤假错案的定案证据表象上也是相互印证的,因此,我们有必要对证据相互印证的实践模式进行反思检讨。在笔者看来,在以口供为中心的审查模式下,忽视单个证据资格的审查,疏于对证据的证明能力和证明力的判断,机械地理解相互印证,简单地将有其他证据印证口供即视为相互印证,无疑是具有片面性和单向性的,形成的结论难免出错。客观性证据审查模式则使证据审查运用更为精细和科学,是在对单个证据的证明能力和证明力审查判断的基础上,然后对全案证据是否充分进行的审查判断的一种工作模式,不再局限于口供与

[①] 陈卫东、谢佑平主编:《证据法学》,复旦大学出版社2005年版,第391页。

其他证据间的点对点间的印证，而是口供与其他证据间的点面结合的相互印证，并且形成相互验证，证明内容具有"你中有我，我中有你"融合性，确保印证结果真实、可靠。

（五）证明逻辑上，要实现正向线性证明向正反双重证明相结合的转变

长期以来，检察机关作为追诉机关的思维逻辑是正向线性的，证据体系的建立往往停留在完成刑事指控证据的确实、充分上，容易忽视或不深究证据间的矛盾和反向证据，以致无法及时发现证据体系漏洞，酿成冤假错案。2012年修正的刑事诉讼法规定了证据确实、充分必须"排除合理怀疑"的明确要求。这意味着，刑事案件的证明标准，既要能从正面证实的角度达到"事实清楚，证据确实、充分"，又要能从反面证伪的角度做到排除合理怀疑得出唯一结论，否则不能作出有罪的结论。客观性证据审查模式高度契合刑事诉讼法修改的证明标准要求，形成正反双重证明相结合的工作要求，在证据审查判断过程中既要证实也要证否，既要审查犯罪嫌疑人、被告人的有罪供述，更要重视其无罪辩解；既要审查不利于犯罪嫌疑人、被告人的证据，也要审查有利于犯罪嫌疑人、被告人的证据；既要形成证据确实、充分的指控体系，也要排除合理怀疑。

第二节　客观性证据审查模式的基本原则

客观性证据审查模式是一个不断实践，不断完善的过程，实践中必须坚持以下几项原则：

一、优先运用原则

客观性证据具有证据材料形成的原始性、证据内容的客观性、证据载体的可见性、证明方向的可靠性、证据解释的可重复验证性等特点，一旦查证属实，证明力可以得到充分的保障，在审查和构建定案证据体系时应当予以优先运用。例如，收集查明的案发现场的视听资料能够作为认定犯罪事实的直接证据，与收集在案的视听资料反映的情形不符合的辩解，一般不

予采信。

（一）审查优先

无论是审查全案证据还是证明案件某一事实或情节的一组证据，都要从客观性证据的收集、固定入手，先行审查客观性证据的证据能力和证明力，通过回溯证据形成、固定、解释的过程，并以此检验言词证据的真实性，进而充分挖掘在案其他证据。

（二）采信优先

美国著名法庭科学家赫伯特·麦克唐奈曾经指出："在审判过程中，被告人会说谎，证人会说谎，辩护律师和检察官会说谎，甚至法官也会说谎。唯有物证不会说谎。"[1]在确保证据能力的基础上，一般认为，对于同一事实或情节，客观性证据的证明力要优于言词证据，尤其是当主观性较强的言词证据与客观性证据出现矛盾时，应优先采信客观性证据予以证明。

（三）定罪核心事实需有客观性证据支撑

证明犯罪构成要件的核心事实一般情况下需要得到客观性证据的印证，如果核心事实或环节客观性证据缺失，必须认真查明原因，充分论证说明，准确评估对定罪量刑的影响，坚持"疑罪从无、罪疑从轻、有利被告"的事实认定规则。如故意杀人既遂案件的尸体、身份等必须确定，以防"亡者归来"；盗窃案件的财物价值必须能够得到确认；电信网络犯罪必须有相应的电子数据证实；等等。

二、充分挖掘原则

俗话说："命有伤，盗有赃，不患无据。"为达到证据确实、充分的法定证明标准，必须尽可能全面地收集客观性证据，减少因客观性证据缺失、言词证据变化所导致的疑罪案件。实践中，办案人员不能简单机械地认识和运用客观性证据，要避免孤立片面地理解证据的内涵和存在方式，不能仅关注

---

[1] ［美］刘易斯：《血痕弹道指纹探奇》，何家弘译，群众出版社1991年版，第1页。

在卷证据，更要主动挖掘在案证据。具体来说，充分挖掘客观性证据路径包括但不限于：

（一）运用现场重建挖掘客观性证据

犯罪现场重建作为利用在卷证据分析案件事实的一种方法，从证据角度来看，同样是检验在卷证据是否全面完整的重要方法。通过现场复勘、犯罪现场重建、现场照片比对等亲历性审查方式，合理推演案件发生过程要素，锚定出相应的定案证据体系，从而发现应当或可能存在的其他在案证据。如采用踹门、撬锁、爬窗等方式的盗窃现场，其出入口的痕迹、被破坏门锁等当然是认定其作案方式的主要依据，一旦没有相应证据，其作案方法的认定就会令人怀疑。

（二）从言词证据中挖掘客观性证据

言词证据中提及的何地、何人、何事、何由往往包含着大量的可以查证的客观性证据信息或线索。《办理死刑案件证据规定》第34条规定，"根据被告人的供述、指认提取到了隐蔽性很强的物证、书证，且与其他证明犯罪事实发生的证据互相印证，并排除串供、逼供、诱供等可能性的，可以认定有罪"。该条虽然是对口供补强原则的特别规定，但其中所体现的物证、书证等客观性证据对于言词证据证明力的重要性不言而喻，从言词证据中挖掘出客观性证据不仅可以验证其真实性，还能够进一步巩固证据体系。

（三）在证据解释中挖掘客观性证据

证据来源、收集固定过程均有可能产生客观性证据，既可以通过目击证人证言、搜查、勘验、检查等方式发现，也可运用经验法则、逻辑法则等拓展证据多角度的不同证明方向。如对于一份检验鉴定类客观性证据，不仅查明检验鉴定意见，还可以从中知晓检材的原始位置，检材提取、移转过程，检材基本特征等；通过人身、尸体检验的创伤分布、位置、深（长）度、角度等，可以分析创伤形成原因、力度、方向、工具等，进而推演行为特征，判断主观故意；通过电子数据、视频资料的信息解读，可以判断与案件的关联的人、物、环境特征等相互之间的关系，都可能成为发现和挖掘客观性证据的有效载体。

（四）利用现代科技挖掘客观性证据

在现代社会，高科技正迅速融入社会生活的方方面面，行为人生活轨迹、行为方式的变化带来证据存在形式和价值更迭。科学技术不仅拓展了侦查人员对于案件事实的认知能力，而且为侦查提供了科学准确的定性、定量分析数据，延展了证据证明范围。因此，加强和深化科技手段在刑事司法中的应用，不仅必须而且必要，应尽快把先进的科学技术变成审查判断证据的利器，让技术性证据成为"会说话的证据"。如寻找不易发现的痕迹物证，发现伪造的电子数据、视听资料，通讯信息分析等，突破以前技术上无法鉴定的瓶颈等，不断夯实证据的科学之基，逐步减少对有罪供述的依赖。

三、科学解释原则

客观性证据属于"哑巴证据"，本身不会作伪证，其与案件事实的关联性和证明作用都是通过办案人员的解读或刑事科学技术检验鉴定得以展现。由于司法人员个体素质能力的不同，对证据的解读或解释产生偏差也在所难免。因此，既要防止对客观性证据解释不足，削弱其证明价值和证明力，又要防止解释过度，扩大其证明事实的宽度和深度，导致错案产生。

（一）解释的方法科学

对客观性证据的解释，既可以通过检验、鉴定等科学技术增加科学性、扩大证明范围，也必须遵守经验规则和逻辑法则，防止解释出现偏差。例如现场提取的血迹，单从物质属性上看，其能够证明的案件事实是相当有限的，但通过DNA检验鉴定可以确定何人出现过案发现场；对血迹凝结程度等化学分析能够证明案发现场环境、案发时间；对血迹位置、形状、分布痕迹的物理学、力学的分析能够证明行为人在现场的行为状态、行为过程等。

（二）解释的限度合理

客观性证据大部分是间接证据，一方面，它包含着大量的案件信息，需要作出充分解释，运用中要防止限缩解释；另一方面，它主要证明案件的某一个片断事实,对该片断事实不能人为扩大解释。如在死者身体上发现含有被告人 DNA 信息的精斑、血迹等痕迹,若仅此一项只能说明两者有过接触,不能扩大解释得出被告人杀害死者的结论;现场发现被告人指纹的单一事实也只能说明被告人到过现场,不能据此证实被告人实施了犯罪。而尸体检验意见不单证实被害人死因,也可证实作案工具和犯罪手段;现场勘查笔录不单说明了犯罪地点,也能体现作案经过、现场环境等。

四、全面验证原则

客观性证据审查模式,并不否认言词证据在刑事诉讼中应有的证明作用及证据体系中的地位,只是鉴于言词证据主观性强、可靠性证明难度大等特性,而主张凸显客观性证据在证明案件事实中的基石作用,防止因言词证据易变失真而影响定案证据体系的客观性,通过证据之间的相互验证,发现证据体系中的矛盾点,及时解决或对矛盾进行合理解释,闭合证据锁链。客观性证据全面验证主要包括两个方面内容:

(一)言词证据要得到客观性证据的验证

言词证据,尤其是口供必须得到客观性证据印证,不仅可以巩固言词证据自身的证明力,而且可以进一步拓展言词证据的证明范围。一方面,稳定可靠的客观性证据有助于消除或抵御言词证据的可变性,易于据此确定案件事实的若干基本点;另一方面,言词证据提供者是案件事实的知情人,甚至是案件行为人或目击者,他们对案件事实信息的感知最直接、最全面,从这些信息中分析和寻找到蕴含的客观性证据或客观性证据的信息点,并据此予以收集和运用相关证据,进而形成互相印证的证据链,检验并保障言词证据的真实性。

(二)客观性证据之间的相互验证

客观性证据作为证据材料的形态在实践中显现多样性,这与其载体的丰富性直接相关,各客观性证据之间存在矛盾也在所难免,有的是提取时不规范所致,有的是相互之间的交叉污染,有的是司法人员的解读出现偏差。因此,必须从客观性证据的提取过程、检验、鉴定、保管、解释等各个过程予以审查，解释和排除证据间的矛盾，找出矛盾出现的原因以及与案件关键事实的关联。

第三节 客观性证据审查模式的实现进路

客观性证据审查模式的推进，不能局限于刑事诉讼某一环节的证据审查运用，而应贯穿于刑事诉讼侦查、审查起诉、审判各个阶段，目前来看，可以从理念、方法、机制等十个进路予以完善丰富。

一、理念重构，印证证明模式从简单（粗放）证明向科学验证（细节）证明模式转变

思想是行动的先导，只有思想的正确理性，才能有效指引行动。在不同理念指导之下，司法人员对于同一案件证据的审查重点、审查方式、审查方向、证据体系的建构等会表现出差异，从而得到不同的结论。以口供为中心的印证模式，往往预设了口供的真实性，再通过寻找证据来佐证口供，或仅以部分口供内容与其他证据印证，进而推断出"证据之间相互印证"的结论，对于被告人的辩解、证据间的矛盾却要求被告人自证或进行所谓的"合理解释"，否则不予认定，这种"以面找点"式的单向、简单化证明方式显然是对证据之间互相印证的误读。而客观性证据审查模式是从客观性证据出发来解读证据，验证口供等言词证据的真实性，又从言词证据中挖掘客观性证据，证据间的印证往返于口供等言词证据与客观性证据之间，排除或合理解释证据间的矛盾，不断增加细节证明节点，形成这种"以点及面"的细节印证，进而夯实案件证明体系基础。简而言之：

口供印证模式：以被告人有罪供述为基础开展审查活动，有罪供述→印证证据（言词、物证、鉴定意见等）→定案。

客观性证据审查模式：以在案客观性证据反映的案件事实为基础，在案客观性证据→证明内容→与口供等证据的验证（证据印证的可以定案）→存在问题→解决途径→案件处理。

由此可见，两种不同的审查模式的基础、思维过程、证明的方法和路径

是有差异的,这是不同的理念指导下的审查思维差异。客观性证据审查模式是以客观性证据为核心的细节验证的印证证明模式,是一种科学的方法和路径,是案件证据审查工作有效的、可靠的保证。因此,刑事案件证据审查运用,印证证明模式要从简单粗放运用,向科学验证、细节验证证明模式转变。

客观性证据审查模式下的印证证明不仅仅是面上印证,更要重视细节印证,是刑事诉讼活动追求的目标和方向。当然,由于个案自身存在的差异、侦查水平的制约,所有案件的在案客观性证据无法都能做到尽善尽美,实践中需要区分不同层次的印证内容及证明力,并以此为基础构建指控证据体系。具体包括:最佳的印证证明——全案事实得到客观性证据验证;理想的印证证明——定罪量刑核心事实有客观性证据验证;可靠的印证证明——核心事实不能获取客观性证据的,案件大部分事实要得到客观性证据验证;谨慎的印证证明——主要事实(大部分)缺少客观性证据,但通过间接证据可以连接各片段事实,形成内心确信;审慎的印证证明——除了言词证据,关键节点缺少客观性证据的。案件事实得到客观性证据印证越多,事实的稳定性、可靠性就越强,展现的案件事实细节特征也就越丰富,定案证据体系也就越巩固。如死刑案件必须坚持最高的证据标准,无论是提起公诉还是定罪量刑都应建立稳定可靠的以客观性证据为主导的证据体系,确保案件质量;而适用认罪认罚从宽程序的案件,由于被告人承认指控案件事实,不可能坚持与死刑案件同样的证据标准,对于客观性证据的要求也会相应削弱。

二、充分挖掘和运用客观性证据,构建以客观性证据为核心的审查和证明模式

充分挖掘和运用客观性证据是客观性性证据审查模式的核心,不仅要注意发现派生证据、再生证据,弥补遗漏证据以充实证据体系,还要学会运用逻辑思维、经验法则,扩充、延伸现有物证、书证等以及相关检验鉴定的证明内容。尤其是口供等言词中往往会蕴含大量的客观性证据信息,如被告人供述坐出租车去某商店购买了作案工具,那么案卷中有无乘坐出租车相关票据或行车记录、商店付款凭证、商店或出租车路口监控视频、购买的作案工具等客观性证据就应成为审查重点,这一系列的客观性证据就能够作为证明其事先准备工具、预谋作案的有力依据,即使之后被告人翻供,否认预谋作

案,现有证据也足以证实预谋作案。

客观性证据均具有相应的载体,其证明内容和证明方向客观上会受制于办案人员的解释,因此,办案中需要充分依托法庭科学、逻辑思维发现和组织新的证据材料,如根据创伤的分布、位置、深度、角度等来还原和认定行为事实,进而推断其主观故意内容;根据创伤的形态、生理变化认定作案工具、作案时间等。如韩某某贩卖毒品案,因其拒不供述参与贩卖毒品,否认与"下家"认识,造成证据不足未被批准逮捕,侦查机关也未将其移送审查起诉。案件承办人通过审查其"下家"贩卖毒品案,根据毒品犯罪特点,深入挖掘两人无法回避的巨额资金往来、频繁的通信联系等案件证据,分析交易时间、方式、数量,形成完整证据体系,对韩某某予以追诉,尽管全案"零口供",仍经法庭审理后被判处无期徒刑。

当然,充分挖掘和运用客观性证据过程中,不仅仅是正向的"证成"作用,还要注意反向的"证否"机能。换言之,有时候"没有客观性证据也是一种证据"。具体而言,如果口供叙述的案件发生、发展过程中产生客观性证据是不可避免的,而侦查机关在证据收集、固定过程中并没有疏忽但确实又没有收集到,那么基本上可以反证口供的虚假性。如陈某某故意杀人案,陈某某辩解其妻是在头部受伤流血情况下,自行走到阳台跳楼身亡的,而现场勘验表明阳台没有攀爬痕迹,尸体检验及照片表明被害人的头部没有流注状血迹,脚底洁净与现场地面肮脏状态形成明显反差,可见其辩解根本得不到客观性证据的印证,足以证实其辩解的虚假。该案的证据论证、指控说理正是基于"根据辩解没有收集到客观性证据,而收集在案客观性证据推演的事实与辩解相矛盾"展开的。

三、引入现场重建方法,充分解读现场勘查材料的证据价值,提升证据组织、甄别能力

犯罪现场重建是有效审查证据的重要方法,是一种理性认识和证明活动,不仅可以检验案件事实认定的准确性,而且可以发现案件证据的薄弱环节并及时补强。通过引导司法人员对现场形态、痕迹物证的位置、状态及其相互关系进行仔细识别,解读相关证据的信息,确定犯罪现场是否发生特定事件和行为,进而提升司法办案人员对犯罪现场证据的审查和解读能力。如

张某某故意杀人案,张某某归案后一直否认杀人故意,辩解是其与妻子二人在大坝边测量,其倒车时不小心碰到妻子致其落水,是意外造成其妻溺水死亡。由于定罪证据不足,案件承办单位拟作存疑不起诉处理。该案在上级院指导下进一步审查过程中,承办人邀请现场勘查专家,通过现场环境碰撞点、跌落痕迹,采用物理学、力学等科学原理开展现场重建。结果表明,现场痕迹特点及规律不符合被害人被过失或意外轻微碰撞而落水形成,根据现场环境特点,只有以一定角度的水平推力故意碰撞落水才可以形成。检察院对该案提起公诉后,法院以故意杀人罪判张某某无期徒刑,其未提出上诉。

现场勘查是现场重建的前提,发现痕迹、物证,解释行为和痕迹、物证的关系,是现场勘查活动的价值所在。正如埃德蒙·洛卡德博士指出,"通过识别、记录并且检验犯罪现场上微量物质的性质、范围及其转移情况,能够追查犯罪行为人的行踪,并且建立犯罪行为人与特定地点、证据物品和人员(如被害人)之间的关联。"[1]因此,司法办案人员不仅要识别、保存、记录、收集现场存在的各类痕迹、物证等证据材料,更要读懂证据材料所蕴含的案件信息,对所有信息进行解读和重构,从物证的位置、痕迹的位置及形态等方面勾画案件发生轮廓、线条,分析、判断行为人的行为细节特征,达到对案件事实准确认定。

当然,现场重建的价值不仅仅限定于现有勘验检查材料的运用,还可以通过重建事实发现证据体系存在的薄弱环节,依托现场复勘或补充勘查,在获取的痕迹物证中发现和组织未被重视的新证据。正如李昌钰博士所言:"犯罪现场重建是指通过针对犯罪现场形态、物证的位置和状态以及实验室物证检验结果的分析,确定犯罪现场是否发生特定的时间和行为的过程。犯罪现场重建不仅包括科学的现场分析、对现场形态证据和物证检验结果的解释,而且包括对相关信息的系统性的研究和特定假说的逻辑性的表述。"[2]

---

[1] [美]W. 杰瑞·奇泽姆、布伦特·E. 特维编著:《犯罪重建》,刘静坤译,中国人民公安大学出版社2010年版,第25页。

[2] [美]李昌钰:《论犯罪现场重建》,吴中华、刘增全译,中国人民公安大学出版社2002年版,第465页。

四、科学解读检验鉴定类客观性证据，防止扩大解释和限缩解释

检验鉴定类客观性证据具有较强的科学性和专业性，通常被冠以"科学证据"的美誉，在司法实践中备受重视，往往被赋予较强的证明价值。但从证据审查运用角度来说，证明价值越强，审查判断应越严格，正如美国学者约翰·霍德指出，"即便科学上有再重大的进步，我们也完全不可能解决司法上的所有疑问，因为科学是相对的，其准确率永远不可能达到100%。它所能提供的只是可能性而不是确定性"。[1]因此，对检验鉴定类客观性证据的审查判断应当特别慎重，要充分认识到其证据风险和问题更加具有专业性、隐蔽性，既要防止扩大解释，又要防止解释不足。有国内学者对50起错案的原因进行统计，发现存在"鉴定结论错误""鉴定缺陷"的分别有4起、10起，占28%。[2]司法实践中尤其是要注意的是，检验、鉴定类证据的证明作用不仅仅是鉴定结论这一部分，其检材来源、委托情况、鉴定过程、分析论证等，与其他在案证据真实性、合法性密切相关，必须予以全面审查，防止只见结论不见过程。司法实践中比较突出的是对检验鉴定意见和结论等单个证据证明力的局限性认识不足，夸大证明范围及证明力，本来它只能证实某一事实存在，案件承办人将证明的客观片断事实理解为犯罪事实。如案发现场发现被告人物品、痕迹等，只能说明该被告人与案发现场有关联，并不能据此认定其有犯罪行为；女性被害人体内检出被告人的精斑，只能说明两人之间有性行为，并不能据此认定强奸杀人行为。当然，司法实践中也存在对检验鉴定类客观性证据解释不足问题，如同样是一枚指纹，忽视其在不同载体、不同现场位置等对于案件事实证明力的差异，不对血指纹成因做分析而视同于一般指纹的证明价值。

由于检验、鉴定类证据具有较强的科学性、专业性，而案件承办人往往缺乏专业性知识，为防止盲目采信，许多司法机关建立了技术性证据审查或文证审查制度，由案件承办部门委托，指派技术人员或聘请有专门知识的人

---

[1] ［美］约翰·霍德：《刑侦实验室·犯罪现场真相揭秘》，礼宾等译，海南出版社2003年版，第182页。

[2] 何家弘、何然：《刑事错案中的证据问题》，载《政法论坛》2008年第3期。

对办案中涉及的检验、鉴定类等技术性证据的合法性、科学性、客观性、规范性等进行审查,并提出审查意见,为案件承办部门采信证据、补充证据或重新鉴定等提供意见。① 如张某某故意伤害案,审查逮捕时,承办人委托法医技术人员审查伤情,发现被害人蛛网膜下腔出血实为机器伪影,原鉴定结论错误,及时避免了错案发生。又如,包某某危险驾驶案,法医技术人员在审查人体损伤程度鉴定书后发现,该鉴定意见论证不规范,缺乏逻辑,适用条款错误,后查实该份"人体损伤程度鉴定书"书系侦查人员擅自伪造。

五、强化口供等言词证据的客观性验证,优化言词证据审查路径和方法

从口供等言词证据中挖掘客观性证据是客观性证据审查模式的重要一环,是证据体系相互印证、构建的必然要求,一方面可以补强口供等言词证据的稳定性、可靠性、可验证性,另一方面可以直接检验言词的真实性,为采信言词证据奠定基础。以口供为例,司法实践中,对于口供的可采性的判断,可以从四个维度予以审查:(1)从被告人供述心理维度审查口供内容的真实性;(2)从侦查取证过程维度审查口供获取的合法性;(3)从证据印证性维度审查口供是否得到其他证据验证;(4)从审查活动完备性维度检视审查过程可靠性。这里主要强调的是证据印证性维度,即客观性证据与口供的相互印证。

客观性证据虽然不能直接证明犯罪行为是否发生,犯罪是否为犯罪嫌疑人、被告人所为,但在某种程度上可以间接证明案件涉及的时间、地点和情节,一旦和口供结合起来就能产生强有力的证明作用。因此,必须通过多种途径和方法,从口供中发现和挖掘客观性证据:其一,根据供述和辩解的案件发生、发展的过程链条,捕捉可能存在客观性证据,时间、起因、相关人、相关事件、相关活动、相关行为、后果。如受贿案中,供述在出国期间收受被害人财物,则应查明行、受贿双方在此期间有无出国记录、受贿的地点、款物的特征等相关信息。其二,依托口供发现客观性证据,根据供述和辩解所述的事件经过,发现可以据以查证的客观性证据。如在某咖啡屋受贿

---

① 参见2018年4月3日最高人民检察院公布实施的《关于指派、聘请有专门知识的人参与办案若干问题的规定(试行)》。

的事实，供述的受贿地点因为城市道路名称、商店更换经营者与案发时完全不一样，则应查明名称、经营者变化的相关物证、书证，防止事后辩解受贿地点不存在。其三，依托证言发现客观性证据，根据事件不同阶段的证人所证，去发现可以据以查证的客观性证据。如某盗窃案，被告人始终否认实施盗窃，但被害人妻子林某某陈述被盗钱款中，有1张百元票面上用铅笔在左侧空白部位靠上位置写有"王天真"的名字，而从被告人处扣押的钱款中找到写有"王天真"的百元票面人民币，这样，该物证成为证明被告人实施了盗窃的强有力证据。

通过口供等言词证据挖掘客观性证据，本质上是一个口供的验证过程，在"客观性证据与言词证据互动校验"的模式中不断发现案件证据体系中存在的问题，进而解决问题。如在以言词证据为主要定案依据的贿赂犯罪证据体系，面对传统证据体系"主观性强，客观性不足""易变性较强，稳定性不够"的缺陷，要求建立客观性的修补机制，针对贿赂来源及其赃款赃物去向、犯罪嫌疑人及其家庭的财产反常情况、谋取利益情况、承诺受贿的基础和背景等，强化客观性证据的收集运用，避免完全依靠人证认定事实，以保障办案质量。① 司法实践中，对于口供客观性验证还要注意从口供笔录中捕捉审讯人员特别关注的内容，予以特别审查，这些节点问题的存在也许就是案件存在的疑点问题。一般而言，对于起因、过程、行为、结果、主观故意等犯罪构成要件内容属于侦查人员正常关注的问题；而对于案件细节问题的非正常关注，往往意味证据间存在一些问题，或缺证据，或存在矛盾。如未查获犯罪工具、侦查收集或发现犯罪工具的地点与口供不一致，侦查人员在讯问过程中自然会反复确认。如唐某某故意杀人案中就有无戴避孕套问题，侦查人员在提审过程中反复讯问，说明该问题与案件事实的关联性极强且重要，后证实该事实涉及是否第三人作案的问题。

六、从在卷证据审查转向在案证据的审查挖掘运用，拓展证据组织和发现路径

长期以来，我国刑事诉讼活动推进的基本流程是侦查机关将收集在案的

---

① 龙宗智：《论贿赂犯罪证据的客观化审查机制》，载《政法论坛》2017年第3期。

证据装订成册,以案卷的形式移送检察机关审查起诉,案件提起公诉后,检察机关同时将案卷移送审判机关。[①]因此习惯被认为"刑事法官对案件事实的认定过程实际上就是对公诉方案卷笔录的审查和确认过程""法官要做的无非是对侦查人员的侦查过程和事实认定进行一次重新书面审查而已,这种形式上的审查注定无法发现问题,最多只是对侦查人员认定的事实进行一次重新确认"。[②]从检察机关而言,以案卷为中心的书面审查不符合检察官客观义务的要求,容易导致审查片面,集中表现为只重视有罪、罪重证据,不重视无罪、罪轻证据;只重视在卷证据,不重视卷外证据;只重视证据真实性,不重视一个证据合法性;只重视定罪证据,不重视量刑证据;等等。客观性证据审查模式,强化检察官的客观中立和客观全面审查责任,根据侦查机关移送的案卷材料,勾画出案件发生发展的过程脉络,验证在卷客观性证据的真实性,防止侦查机关收集证据不客观全面、有供(证)不录、记录不客观准确、有证不移送等行为,发现和挖掘不在卷的证据,进而补充夯实指控证据体系。

发现和挖掘在案证据,还要注重数据资源的整合,拓展、延伸证据证明力。如是否全面收集证据,要充分认识大数据科技产品应用的广泛性,以行为人日常生活、经济活动为基点,重视住宿、交通、银行、网管、工商登记、监控视频、通信信息等证据的收集、整合运用;尤为重要的是要加强对证据证明价值的充分挖掘。如手机等通信信息的运用,应当从使用人、使用情况、通信时间、信息内容、联系频率、通信工具所处方位等信息多维度挖掘来验证案件相关情节。通过强化细节印证的可靠性,从在卷证据中挖掘隐含的细节证据,最大限度拓展在案证据的证明价值。

在案证据的挖掘,必须强化司法人员证据审查复核的亲历性,增加直观感性认识。对于审查中发现的锁定犯罪嫌疑人依据、破案过程、技术侦查措

---

① 我国案卷移送制度虽自1979年以来经历过反复,但总体不影响案卷中心主义的确立。1979年刑事诉讼法确立了庭前案卷移送制度,检察机关在起诉时将全部案卷移送法院,法院经过阅卷和庭外调查,认为"事实清楚,证据确实、充分"的,可以正式启动法庭审理程序;1996年刑事诉讼法修正时确立庭后案卷移送制度,规定检察机关起诉时只能向法院移送"证人名单""证据目录""主要证据的复印件、照片",但实践中未能切实有效地贯彻,规定法院开庭审理结束后三日内移送全部案卷材料;2012年刑事诉讼法修正时,恢复庭前案卷移送制度。

② 陈瑞华:《案卷移送制度的演变与反思》,载《政法论坛》2012年第5期。

施等侦查活动有疑问的,应当调阅侦查内卷,查明相关证据材料移送是否全面、是否有遗漏或隐匿证据等情形,充分审查侦查活动的规范性、全面性。

七、重视关联性证据规则的审查和运用,解释证据证明能力和证明力

关联性是证据的客观属性之一,既影响着证据的资格,又影响着证据的证明价值,只有证据材料与案件事实之间存在实质性的、必然的客观联系,才能被采纳作为诉讼中的证据。实践中出现的冤假错案,从证据审查角度而言,一个重要的原因就是关联性识别错误,既有将与本案有关联的证据认为没有关联而予以轻易排除,如张氏叔侄案中被害人指甲内侧检出的第三人DNA;又有将与本案没有关联的证据认为存在关联性,如杜培武案中衣服袖口上检出的火药残留物。因此,必须准确把握证据关联性规则的要求,全面收集可能与案件事实存在关联的证据材料,防止遗漏关键证据,对于已经收集在案的证据材料,要通过辨认、鉴定等方法确定其与案件事实的关联,将关联性审查贯穿于证据发现、提取、保管、检验全过程,形成环环相扣、互为证明、递进证明的证据链条。只有全面从案件证据材料中识别和筛选关联证据,才能有效审查评估现有证据是否达到确实充分的程度,避免因证据繁杂而影响证据体系质量。

关联性识别其实并没有固定的标准,通常基于人们的常识与经验,很大程度上依赖于科学技术、经验法则、逻辑解释等,有时会呈现一个动态发展的过程,尤其是科学技术的发展,极大地促进了客观性证据的关联性识别能力。2013年最高人民法院《关于建立健全防范刑事冤假错案工作机制的意见》第9条规定:"现场遗留的可能与犯罪有关的指纹、血迹、精斑、毛发等证据,未通过指纹鉴定、DNA鉴定等方式与被告人、被害人的相应样本作同一认定的,不得作为定案的根据。涉案物品、作案工具等未通过辨认、鉴定等方式确定来源的,不得作为定案的根据。对于命案,应当审查是否通过被害人近亲属辨认、指纹鉴定、DNA鉴定等方式确定被害人身份。"如随着DNA技术的发展,以前未能将犯罪嫌疑人与现场物证建立关联,现在可以重新检验鉴定建立关联,成为定案的根据。

不同的关联关系对于证据的证明作用或者证明力可能有不同的影响,既

可以证"实"，也可以证"否"，既可以证明存在某种状态，也可以证明不存在某种状态，还可使待证事实"真伪不明"。有的案件对于勘验、检查、搜查等方式收集的物证、书证等关键证据，已通过辨认、鉴定等方式确定其与案件事实存在关联，但是经审查发现，辨认、鉴定的程序和方法存在问题，导致证据的关联性认定结论存疑。有的案件通过鉴定基本上否定犯罪嫌疑人作案的可能，但人为解释鉴定意见与案件事实没有关联，从而酿成错案。如张氏叔侄案，被害人指甲内侧检出的 DNA 不属于两被告人，从正常逻辑分析，该微量物证系被害人被强奸过程中反抗形成较为合理，应当属于对被告人有利的证据，但为了定案需要，人为解释该微量物证系被害人从事理发店洗头工给人家洗头留下来。

八、坚持"两个基本"与重视细节证据并重，充分认识细节证据与细枝末节的本质区别

证据之间相互印证、证据与案件事实之间不存在矛盾，这是刑事诉讼中最为理想的证明结果。但"司法人员不是神仙，无法全知全觉，也无法穿越时空隧道，只能通过短缺证据去认识发生在过去的案件事实，于是，那事实便如水中之月、镜中之花一般而具有了模糊性"。[1]因此，"就司法证明而论，司法人员要查清案件的全部事实情况，对任何案件都是不可能的，但是对于已破案、已查清的案件事实来说，基本犯罪事实或主要犯罪事实的认定是能够达到准确无误的地步的"。[2]可见，"两个基本"（即案件的基本事实清楚，基本证据确实、充分的，可以定罪和处以刑罚）符合认识规律和司法规律，其积极意义仅仅在于提醒司法人员准确理解和把握证明标准中的"事实"和"证据"，防止纠缠细枝末节，而丝毫没有降低法定证明标准的意思。[3]实践中，准确把握"两个基本"必须严格遵循"证据之间相互印证"的证明标准，防止简单机械印证，更不能停留在表面印证，而是要在将口供等言词证

---

[1] 何家弘：《短缺证据与模糊事实》，法律出版社 2012 年版，第 127 页。
[2] 陈光中主编：《刑事诉讼法学》，中国人民公安大学出版社、人民法院出版社 2004 年版，第 199 页。
[3] 参见朱孝清：《刑事诉讼法实施中的若干问题研究》，载《中国法学》2014 年第 3 期。

据与客观性证据分别审查的基础上,将这两个不同角度所揭示的事实在面上重合前提下的多点印证,只有各细节得到印证才具有可靠性。也就是说,客观性证据揭示的案件事实与言词证据所反映的案件事实能够在多个角度重合,得到多个点位的印证,这样的证明体系才比较可靠完整。

然而,面上的相互印证并非全面印证,不能要求将案件事实百分之百都查清楚,将证据百分之百都收集起来,坚持"两个基本",就是要准确区分案件细节和细枝末节,防止纠缠于案件的细枝末节,以至于案件久拖不决。案件细节事实是待证事实构成要素,当细节事实足以影响定罪量刑要素事实是否成立时,该细节就属于必须查明的证明案件事实的组成节点;细节事实不影响定罪量刑事实认定的,该细节事实才可视为细枝末节。如作案时间,尤其涉及长期多次作案的盗窃、受贿等案件,时过境迁,一般难以精准到具体日期或小时,可以视为细枝末节,但如果被告人提出无作案时间的辩解的,该作案时间则成为事实认定至关重要的细节,必须查明。如醉酒驾驶案件,现场查获并经抽血检验鉴定的,那么案发前被告人与何人喝酒对于案件事实的认定并不重要,是案件的细枝末节;对于非现场查获的,那么必须有相应的证据证实犯罪嫌疑人不仅有喝酒而且有开车的事实,与何人喝酒就成为本案的细节。再如,一起持刀故意伤害他人的案件,对于正常人而言无论是左手持刀伤人还是右手持刀伤人,不影响本案的定罪量刑,是细枝末节;但如果被告人有一只手系残疾,存在肌无力状况,那么持刀情况就是案件细节,应当查明行为是双方位置及形态,防止事实认定时出现持刀状态与伤情状态相矛盾的情况。

九、运用经验法则和逻辑法则,排除合理怀疑

2013年实施的刑事诉讼法将"事实清楚,证据确实、充分"具化为"(一)定罪量刑的事实都有证据证明;(二)据以定案的证据均经法定程序查证属实;(三)综合全案证据,对所认定事实已排除合理怀疑",明确将"排除合理怀疑"纳入刑事诉讼的证明标准体系,将其作为"事实清楚,证据确实、充分"的判断依据,确立为"确定犯罪事实"的辅助标尺。只有对案件已经不存在合理的怀疑,形成内心确信,才能认定案件"证据确实、充分"。"排除合理怀疑"引入证明标准之中,既没有取代原有的"证据确实、充分"标准,更

没有降低我国刑事诉讼的证明标准。① "排除合理怀疑"属于一种主观性的证明标准,是指对于认定的事实,已没有符合常理的、有根据的怀疑,实际上达到确信的程度,证明方法主要是心证,达到内心确信无疑,并且是在对全案证据进行审查的基础上,根据静态的、片段的证据或证据组,结合经验法则进行逻辑推理,最终得出或还原认定案件需要的相关事实要素的内心确信。

在司法实践中,证据之间以及证据与案件事实之间存在一定的矛盾,这也是证据审查中的常态,当这些矛盾无法得到合理的解释时,我们通常将此视为产生了"合理的怀疑"。一般来说,"合理怀疑"不应该是一种任意的怀疑,不是凭空的猜测或推断,而是普通理性人凭借日常生活经验法则(包括一般的知识、经验、常识、法则等)所产生的"有根据"怀疑,是对全案证据慎重细致地分析推理后产生的理性怀疑,有具体事实依据,符合经验与逻辑,足以动摇事实认定的怀疑,其关注的核心是"被告人事实上无罪的可能性",这也是与"幽灵抗辩"的本质区别。换言之,抽象的、纯粹理论上的怀疑或缺乏事实证据、不符合逻辑与经验法则的怀疑,不能称为合理怀疑。

司法实践中,对于"排除合理怀疑"的运用应科学把握好"疑点",综合考量疑点的盖然度、具体案情与证据,看是否有其他合理解释、是否存在反证的正当理由,如果无法排除,应当作出有利于被告人的裁判。排除合理怀疑在证据审查中,体现为疑点排除法或矛盾排除法,有矛盾就有可疑之处,矛盾解决的过程就是合理怀疑消除的过程。疑点排除的一般步骤:一是发现疑点,即对证据和事实作合理怀疑检验,注意发现矛盾与可疑之处。司法实践中,案件疑点主要来自逻辑推理分析、被告人的辩解、律师的辩护观点、证据之间的矛盾等四个方面。二是进行疑点验证,即用经验和逻辑法则验证怀疑是否合理。如果存在矛盾,是何种性质,是根本性矛盾冲突还是非根本性的,能否合理解释,是否可能解决。三是进行疑点排除,通过证据综合分析,以及进一步收集运用证据,看疑点和矛盾能否消除,最终确定事实可否认定。"排除合理怀疑"标准的主要目的不仅在于查明案件事实,而且防止追诉权的滥用,以证明标准的要求保证公民权利得到切实保障。通过对合理疑点的思考与求证,可以审视认识司法过程中论证是否充分,证据有无

---

① 参见江必新主编:《〈最高人民法院关于适用中华人民共和国刑事诉讼法的解释〉理解与适用》,中国法制出版社2013年版,第46页。

欠缺。对于无法排除合理怀疑的，应当遵循无罪推定的原则，作出对被告人有利的处理。

十、坚守程序规则，依法排除非法证据

日本学者谷口安平在《程序的正义与诉讼》一书中指出："程序是实体之母，或程序法是实体法之母。"对于证据审查而言，同样适用，突出表现在证据的合法性属性，即证据能力的审查，审查它有没有作为证据的资格。证据能力是证明力的前提条件，没有证据能力的证据，就会被排除在案件证据体系之外，证明力更无从谈起。

司法实践中，对于证据能力的判断主要是对证据合法性的判断，主要包括：（1）证据必须具有合法的形式；（2）证据必须经法定人员依法定程序收集和提取；（3）证据的内容和来源必须合法。由此可见，证据能力产生于法律上的规定，它是外加于证据之上的，并不是证据本身所固有的，一个证据得不到法律上的承认，它就不具有证据能力。如在一起盗窃案中，案卷中出现了一枚指纹，经鉴定系A的，但侦查机关没有提供证据证明该指纹系从案发现场所提取，也就无法证明指纹与案件事实之间的关联性，该指纹也就不能作为指控A的证据。因此，在对物证、书证等客观性证据进行审查、判断时，应当将物证、书证与证明其来源的记录类证据组合成一个"证据群"、一个"证据单元"，从整体上一并加以审查、判断。侦查机关移送的在卷物证、书证缺乏勘验笔录、检查笔录、提取笔录、搜查笔录、扣押清单等证明来源合法性的，侦查机关又无法补正或作出合理解释的，该物证、书证不得作为定案的根据。又如，在"王朝抢劫案"中，该案本为一起普通的"入户抢劫"，之所以历经一审、二审、再审、提审，耗时五年，反复审理，并引发媒体和舆论的广泛质疑，主要原因就在于王朝本人否认到过案发现场，而该案的关键性物证——从现场一红酒瓶上提取的被告人王朝的指纹却来源不明，以致人们对该物证（指纹）的客观性、真实性产生了怀疑，进而动摇了整个案件的定案基础。

《刑事诉讼法》第56条第1款规定，"采用刑讯逼供等非法方法收集的犯罪嫌疑人、被告人供述和采用暴力、威胁等非法方法收集的证人证言、被害人陈述，应当予以排除。收集物证、书证不符合法定程序，可能严重影响

司法公正的，应当予以补正或者作出合理解释；不能补正或者作出合理解释的，对该证据应当予以排除"。由此可见，对于言词证据与实物证据在是否排除的条件把握上存在一定差异，审查的侧重点亦应有所区别：对于言词证据而言，违反程序规则的当然予以排除，其合法性审查首先是进行程序规则研判，然后再做真实性判断；对于物证、书证而言，违反程序规则的有条件地排除，其合法性审查既要进行程序规则研判，也要进行证据解释内容研判。

党的十八届四中全会通过的《中共中央关于全面推进依法治国若干重大问题的决定》要求，"推进以审判为中心的诉讼制度改革，确保侦查、审查起诉的案件事实证据经得起法律的检验。全面贯彻证据裁判规则，严格依法收集、固定、保存、审查、运用证据，完善证人、鉴定人出庭制度，保证庭审在查明事实、认定证据、保护诉权、公正裁判中发挥决定性作用"。其意味着庭审中审、诉、辩将紧紧围绕证据这个中心展开，证据程序规则的抗辩会越来越多，为此，侦、诉部门必须高度重视证据合法性的审查，认真开展非法取证行为的调查核实，坚决排除非法证据，把牢证据的收集关、审查关、认定关，夯实证据基石，才能使根据证据规则作出的司法裁判经受住法律与历史的检验，才能尽可能地减少冤假错案发生的概率，才能彰显社会的公平正义。

第四章 实物类证据的审查运用

第一节 实物类证据的特点与功能

在客观性证据分类中,我们把物品、文件、痕迹等以其物理、化学、生物信息等特征与案件事实相关联的证据统称为实物类证据,包括但不限于刑事诉讼法规定的物证、书证。刑事实务中,实物类证据可以说是最常见、最广泛、最基础的一类客观性证据,包含作案工具、赃款赃物、生物物证、痕迹物证、各类文书、犯罪行为侵犯的对象、犯罪行为涉及的物品、凶杀案中的尸体损伤、伤害案中的人体创伤等能够揭露和查明案件事实的各种实物。实物类证据在客观性证据种类以及整个证据体系中的地位和作用均举足轻重,其以自身证据特点,发挥证明案件事实、检验言词证据真伪的重要功能。

一、实物类证据的特点

作为客观性证据的典型类型之一,实物类证据在司法实践中可谓种类广泛、形态各异,但同时也表现出以下一般特点:

(一)证据形式上具有物理实在性

实物是指一切客观存在的物质,"既包括有特定形状的物品,也包括肉眼看不见、需要科学设备才能发现的微量物质;既包括有特定形状的物品,也包括没有特定形状的无形物,如空气、水、阳光、紫外线、红外线等"。[1]

---

[1] 高家伟:《证据法基本范畴研究》,中国人民公安大学出版社2018年版,第168页。

各种实物类证据不管在外部特征和物质属性上有何差异、在观察角度上肉眼是否可见、在存在形态上有形无形等,但在物体本质上均具有物理意义上的实在性,均由特定的物质组成,客观存在于物理空间,具有特定的物理或化学属性,能够被肉眼或科学设备加以观察、感知。物理实在性是实物类证据与其他客观性证据相区别的最鲜明特征,音像、电子数据类证据本质上是以模拟信号、数字信号等非物理形式存在的客观性证据,所以未将音像、电子数据类证据归为实物类证据。但需注意,音像、电子数据类证据所依附的物质载体在特定情形下也归属于实物类证据,如从犯罪嫌疑人处扣押的手机、电脑等实物。正因为物理实在性这一本质属性,使实物类证据具备了较强稳定性、可靠性以及可重复验证性的证据优势。

(二)证据内容上具有信息集合性

在客观性证据审查模式的视角下,任何一个实物类证据就是一个"信息集合体"。实物类证据是以其外部特征、物质属性、存在形式、记载内容等各类信息来发挥对案件事实的证明作用的,而外部特征又包含形状、大小、颜色、新旧和破损程度等内容,物质属性又包含重量、质量、材料、成分、结构、性能等内容,存在形式又包含证据所处的客观位置、环境、状态及其占有的时间和空间范围等内容。① 至于记载内容的信息,更是信息多样、各案均有不同。因此,对于实物类证据而言,其本身必然集合了丰富、多样的各类信息,这些信息且均可能成为反映和认定案件事实的重要依据。以伤害类案件中的作案工具为例,单单一把作案工具就是各类客观信息的集合,其种类、材质、大小、形状、锐钝、新旧、有无沾染血迹、指纹等各类信息,对于判定该工具是否为致伤工具、作案人的作案目的、作案手段、作案心理等案件事实均有重要证明作用,进而对案件定性、量刑产生影响。所以,客观性证据审查模式所要求的,不仅是关注客观性证据的证据类型,更重要的是关注客观性证据的证据信息。即使是某些反映主观思想的文书,记载内容为主要证明方式的书证,其(笔迹、打印、书写工具)书证载体的材质类型、外部特征、来源位置也是书证的重要客观信息。

---

① 廖永安、李蓉主编:《证据法学》,厦门大学出版社2012年版,第92页。

(三）证据运用上具有他证辅助性

实物类证据与其他类客观性证据之间并非割裂存在，相反，实物类证据往往要辅之以记录类证据，检验、鉴定类证据等其他证据形式，才能有效确立自身的证据资格、充分发挥自身的证明作用。从证据资格而言，实物类证据的取证来源、取证程序一般需要通过勘验、检查笔录、提取笔录、搜查笔录、物品（文件）扣押清单等记录类证据予以辅助证明，比如从犯罪嫌疑人处扣押的赃款赃物或书信文件，就需要有相对应的形式完整、记录规范、有相应人员签名的物品（文件）扣押清单予以证明证据来源。从证明作用而言，物证往往又被称为"哑巴证据"①，像血迹、指纹、毛发、体液、人体组织、药物、毒物、工具痕迹、车辆痕迹等物证，其内在属性信息需要借助生物、化学、物理等专业技术鉴定才能予以阐明和揭示，而其外部特征信息需要借助现场勘查笔录、照片、录像予以记录。可见，实物类证据在脱离其他证据的情况下，一般难以独立证明自身的合法性、客观性和关联性。某种程度上，我们可将实物类证据与记录类证据，检验鉴定类证据视为"一体两翼"的关系。在审查运用实物类证据时，要注重结合记录类证据，检验鉴定类证据予以统一审查。

（四）证明方式上具有间接证明性

实物类证据往往只能证明案件的部分性、片段性事实或某个方面的情况，一般要与其他证据结合起来，才能证明案件的主要事实，因而在证明方式上通常表现为间接证明性。这种证明方式的特性，使得我们运用实物类证据时要注意科学解释。科学解释原则是客观性证据审查模式的基本原则之一，强调对客观性证据既要充分解释，防止解释不足；又要谨慎解释，防止解释过度。为保证解释的正确性，就必须强调解释过程的科学性，要以专业知识、技术和科学检验为依托，遵守逻辑经验法则，结合在卷其他证据反映的事实，对实物类证据进行理性、严谨、准确的科学解释。如入室盗窃案中，在失窃现场的窗台提取到被告人的指纹，该指纹直接指向的是被告人有触碰过现场窗台这一客观事实，而能否以该指纹证据进一步认定被告人实施了盗窃行为，则要结合其他证据和逻辑经验法予以综合分析。

---

① 廖永安、李蓉主编：《证据法学》，厦门大学出版社2012年版，第93页。

二、实物类证据的功能

实物类证据种类广泛,在个案中所起的证明作用也各有不同,"总是在某一方面、某种程度上能够证明案件的事实情况,有的证明犯罪的手段,有的证明犯罪的后果,有的则能证明犯罪的目的"。[①] 作为客观性证据类型之一,实物类证据与音像、电子数据类证据,记录类证据,检验、鉴定类证据等其他客观性证据一样,均具有证明案件事实、检验言词证据的共通性功能。进一步而言,实物类证据在客观性证据审查模式中又具体表现出以下功能特性:

(一)实物类证据是客观性证据体系中的基础种类

实物类证据在客观性证据体系中的基础性,既体现在实物类证据的范围最广泛、种类最多样、实务中最常见等类型特征上,同时也体现在实物类证据与其他客观性证据的相互关系上。检验、记录类证据,如勘验、检查笔录、搜查笔录、提取笔录、物品(文件)扣押清单以及对特定物品的辨认笔录等,通常是侦查机关针对实物类证据的发现、收集、辨认所作的记录,而当这些记录类证据进入证据体系后,又主要围绕证明实物类证据的合法性、真实性、关联性以及展示实物类证据的来源位置、外部特征、存在形态等客观信息上发挥证明作用。检验、鉴定类证据也主要是围绕实物类证据的生物、化学、物理等特性,运用专业科学知识、技术予以检验、鉴定,从而揭示实物类证据的案情信息。还有伴随科技发展兴起且证明作用日益突出的音像、电子数据类证据,也都与手机、电脑等实物的广泛应用相关联。可见,实物类证据的存在,对于其他客观性证据的证据形成和功能发挥又能起到特定的基础功能。

(二)实物类证据是犯罪现场重建的证据基石

犯罪现场重建是客观性证据审查模式的重要路径和方法。在侦查破案环节,犯罪现场重建对侦查机关发现案情线索、推演犯罪过程、锁定可疑人员

[①] 吴高庆主编:《证据法原理与案例教程》,清华大学出版社2017年版,第79页。

具有重要作用；到了公诉、审判环节，犯罪现场重建方法对于强化客观性证据运用、还原案件事实、检验犯罪嫌疑人、被告人口供真伪也同样具有重要作用。犯罪现场重建依托于犯罪现场发现、收集的物证、痕迹展开，通过对犯罪现场的痕迹、物证的位置和状态的分析及物证的实验室检验，从而确定或者排除在犯罪现场发生的事件和行为的整个过程。① 物证、痕迹是犯罪现场重建方法运用的证据基石，在犯罪现场重建中起到不可或缺的源头性、基础性的证据功能。离开物证、痕迹等实物类证据，犯罪现场重建就如无源之水、无本之木，令人无从入手。

（三）实物类证据是客观性证据挖掘的重点对象

证据充分挖掘原则是客观性证据审查模式的一大基本原则，其强调在审查逮捕、审查起诉环节不能仅着眼于侦查机关已收集的证据，而更要注重发现、挖掘可能存在的客观性证据。作为种类最广泛、实务最常见的一类客观性证据，实物类证据是案件中客观性证据挖掘的重点对象，如犯罪现场可能遗留的血迹、精液、体液、人体组织、工具痕迹、车辆痕迹等物证、痕迹；又如作案人购买、租借作案工具的凭证、住宿记录、车船票、与犯罪活动相关的资金往来的存折、银行卡、存取款凭证、银行交易记录等书证，均可成为案件中可挖掘的客观性证据。像通信记录等电子数据的挖掘，通常也是与手机这一实物证据的挖掘情况相关联。实务中，通过犯罪现场重建方法和审查犯罪嫌疑人、被告人的口供内容，尽可能挖掘各类实物类证据，对于进一步完善证据体系、检验言词证据、查清案情事实具有重要作用。

第二节 实物类证据的审查要点

"任何证据都没有预决的证明力。"② 实物类证据由于自身的物理实在性而具有较强的客观性、稳定性，从而进入证据体系后能够发挥较强的证明力。但实物类证据的证据资格和证明力，在未经证据审查予以确认之前，

---

① ［美］李昌钰、蒂莫西·M.帕姆巴奇、玛丽莲·T.米勒：《李昌钰博士犯罪现场勘查手册》，郝宏奎等译，中国人民公安大学出版社2006年版，第259页。

② 张保生主编：《证据法学》，中国政法大学出版社2009年版，第196页。

并非天然具有。且我们在强调客观性证据的客观性时，也同样强调任何客观性证据中都含有人的因素。就实物类证据而言，其收集、保管、送检过程都有人的因素；涉案的物证、书证也有可系伪造、编造。实物类证据的审查目的，就是要通过有效审查，确证实物类证据的合法性、真实性、关联性，使实物类证据具有证据资格，从而进一步发挥其作为客观性证据的较强证明力。

一、注重审查实物类证据的取证来源

实物类证据的来源是否清楚、明晰，直接影响其能否作为定案依据。实物类证据绝不会凭空冒出，来源不明则意味证据真实性不明、与案件关联性不清、收集合法性不足。实践中，收集在卷的作案工具、赃款赃物、生物物证、痕迹物证、微量物证、书信文件等各类实物证据，若无法说明来源于"何人""何地""何时"，则该实物证据的真实性、合法性、关联性必将受到质疑。且在某一实物作为鉴定检材的情形下，若该实物本身取证来源不明，同时也将影响相关鉴定意见的证据效力，从而对证据体系可能产生"牵一发而动全身"的严重影响。

查清实物类证据的来源，不仅影响证据采信资格，同时也影响证据证明力和证明作用。如故意杀人案中，同为被害人血迹，一处从犯罪现场提取，另一处从被告人身上提取，两处血迹所蕴含的案情信息、证明作用显然不一。因而审查实物类证据，必须注重查明实物证据的取证来源。具体而言，要注重实物类证据的取证来源地、来源人、来源时间、来源途径等四个要素的审查。

（一）审查来源地

即审查实物证据来源于"何地"。实物类证据或来源于某一场所，或来源于某一人员。对于来源于某一场所的实物类证据，不仅要审查其来源场所是否明确，同时要审查该实物类证据在该现场所处的具体位置、与现场环境的关系，以及该场所是否系作案现场、抛尸（物）现场、销赃现场等特定场所。如从涉案现场提取的血迹、毛发、体液、指纹等人体生物物证，不仅要审查其来源于何种场所，还要审查其来源于场所的何处位置，这对判断人体生物物证与案件事实的关联、运用人体生物物证认定案件事实都具有重要作用。

（二）审查来源人

即审查实物证据来源于"何人"。对于从被告人、被害人、证人等案件相关人员处提取、扣押的实物证据，要注重审查其来源人是否明晰、人员身份是否明确、与案件具有何种关联。同时要注意，从案件相关人员处扣押、提取的实物证据同样具有具体的"物理位置信息"，其可能提取于案件相关人员的人身，也可能提取于案件相关人员所在的场所，因而要注重实物类证据的"证据来源人"与"证据来源地"的结合审查。如某强奸案中，审查从被害人身上提取到的被告人精液这一重要物证时，不仅要审查在案材料能否充分证明该精液系从被害人身上提取，同时还应进一步精细审查，该精液系从被害人身上的何处具体部位予以提取。客观性证据证据审查模式所强调的，就是对这种客观性证据的"精细化审查"。

（三）审查来源时间

即审查实物类证据来源于"何时"。"来源时间要素"亦是实物类证据来源审查的必审要素，这对于判断实物类证据的客观性同样具有重要影响。如从犯罪现场提取的物证、痕迹，一般而言，其距离案发时间越接近，原始性就越强。从被告人处提取、扣押的作案工具、赃款赃物等实物类证据，其收集到案的时间信息，也可成为判断作案工具、赃款赃物是否与案件具有关联性的重要信息之一。

（四）审查来源途径

即审查实物证据来源于"何种途径"，具体包括发现途径和收集途径两方面。发现途径，是指实物类证据的取证线索是通过何种途径予以发现，系侦查人员自行侦查发现，还是由其他单位或个人主动提供，如凶杀案中的被害人尸体，在此案中系由侦查人员自主勘查发现，在另一案中系侦查人员在犯罪嫌疑人指认抛尸地点后发现，两案中尸体的发现途径不同，在认定犯罪嫌疑人作案事实的证明力上也自有不同。收集途径，是指实物类证据是通过何种调查或侦查措施予以收集。实物类证据的收集途径多种多样，包括勘验、检查、搜查、扣押、调取等各种侦查措施。收集途径的不同，意味着实物类证据要结合对应程序的记录类证据材料予以比对审查，从而明确证据来源。

二、注重审查实物类证据的取证收集

对于实物类证据的取证收集，要注重审查取证的原物性、程序性、全面性三个要点。

（一）审查实物类证据收集的原物性

在英美法系，对于文书以及记载有思想内容并以此证明案件情况的证据，证据法上要求通常必须出示原件，只有当存在可信以为真的理由的情况下，才可以作为例外不出示原件。这一规则就是著名的"最佳证据规则"。[1] 实践中，"最佳证据规则"也从最初对书证的要求，延伸到了对物证的要求，即据以定案的物证、书证应当是原物、原件。《办理死刑案件证据规定》《刑诉法解释》中都有关于"据以定案的物证、书证应当是原物、原件"的规定。[2] 之所以强调原物性，是因为实物类证据是以其原物、原件的内容，发挥对案件事实的证明作用。案件发生后，原物、原件若灭失或受到污染、破坏、变造，其证据信息的原始性、真实性也会随之受到损害。因而在审查实物证据时，要注重实物的原物性审查，如此才能继而保证实物证据的原始性、真实性。

实践中，由于不便搬运、不易保存，或者依法应当由有关部门保管、处理，或者依法应当返还等客观原因，多数实物类证据并非以实物形式而是以照片、录像、副本、复制品、复印件等形式附卷，该实践做法符合客观情况，也得到了有关规定的认可。[3] 对于以照片、录像、复制品、复印件等形式表现的实物类证据，其一方面是对原物、原件的记录、复制，另一方面其本身形式又不属于原物、原件，所以具有原物性和非原物性双重特征。对于此类非实物形式附卷的实物类证据，要注重审查是否与原物、原件核实无误；

---

[1] 王桂芳：《证据法精要》，法律出版社2015年版，第126页。
[2] 参见《办理死刑案件证据规定》第8条、《刑诉法解释》第83条、第84条。
[3] 参见《办理死刑案件证据规定》第8条、《刑诉法解释》第83条、第84条。

能否足以反映原物、原件的外形、特征、内容；是否附有拍照、摄影、复印等制作过程以及原物、原件存放于何处的文字说明等。必要时，应当亲自核查原物、原件，以求对实物类证据的真实性以及原物特征有更充分的把握。从客观性证据审查模式的视角来看，有时候原物、原件的信息会比照片、录像、复制品、复印件等反映的信息更加详细、完整。

（二）审查实物类证据收集的程序性

《刑事诉讼法》第56条规定："……收集物证、书证不符合法定程序，可能严重影响司法公正的，应当予以补正或者作出合理解释；不能补正或者作出合理解释的，对该证据应当予以排除。"非法证据排除规则下，程序性审查无疑是实物类证据审查的重点内容。事实上，实物类证据的来源性审查、原物性审查，也都与程序性审查紧密相连。在实物类证据的收集程序、方式符合法律及有关规定的情形下，物证、书证自然来源明确、原物清晰。因而要注重审查实物类证据的收集程序、方式是否符合法律及有关规定。

具体而言，要注重审查经勘验、检查、搜查提取、扣押的实物类证据，是否附有相关笔录、清单；相应的笔录、清单是否经侦查人员、物品持有人、见证人签名；没有物品持有人签名的，是否注明原因；物品的名称、特征、数量、质量等是否注明清楚等。同时注意，实物类证据的收集程序也包含了取证后的保管程序。实物类证据的保管是否周全妥当、证据流转是否链条清晰，是判断实物类证据在收集、保管、鉴定过程中有无受损、破坏、是否保持原始性、同一性的重要依据。实践中，对于发现扣押清单上没有相应人员签名、实物特征注明不详、实物照片没有注明与原件核对无异、无原物存放何处的说明等相关程序性问题时，应当要求侦查人员对相关问题予以补正或者作出合理解释，并根据补正情况和解释理由做出是否可以采信的判定。

（三）审查实物类证据收集的全面性

《办理死刑案件证据规定》《刑诉法解释》中都规定了要着重审查与案件事实有关联的物证、书证是否全面收集。①但该规定仅笼统性规定，至于

---

① 参见《办理死刑案件证据规定》第6条、《刑诉法解释》第82条。

如何审查物证、证据是否全面收集，实务中没有任何明文规定或指引。而客观性证据审查模式则为证据收集的全面性审查提供了具体性、系统性的思路。客观性证据审查模式所强调的证据挖掘原则，与审查实物类证据是否全面收集这一要点相互契合。实物类证据是客观性证据挖掘的重点对象，通过实物类证据的充分挖掘、收集，对于夯实证据体系、检验言词证据、查明案件事实起到极大作用。实物类证据有两大挖掘途径：其一，依托犯罪现场挖掘实物类证据，通过犯罪现场重建合理推演案件发生过程要素，从中发现相关场所、物品、人身等是否遗留有与犯罪相关的生物物证、微量物证、工具痕迹、车辆痕迹等。其二，从言词证据中挖掘实物类证据，通过审查被告人在有罪供述中提到的各种细节，从中挖掘能够补强有罪供述的证据，除重视作案工具和赃款赃物等关键物证的收集外，像被告人有罪供述中提到的作案前后搭乘交通工具、旅馆住宿、购物就餐或作案时的天气情况等各种细节信息，可为补充交通工具搭乘凭证、旅馆住宿登记单、购物记录、气象资料提供线索。这些细节证据的挖掘，对于分析判断有罪供述的真实性具有重要作用。

三、注重审查实物类证据的案件关联

实物类证据即使取证来源清楚明晰、取证程序规范合法，也并不因此必然与案件事实建立关联，例如从犯罪现场提取的血液、指纹、毛发、体液，并非一定为被告人或被害人所留；从被告人处扣押的物品、工具，并非一定为涉案赃物或作案工具；从被告人处扣押的字条、记事本，内容并非一定为被告人所写；等等。上述事例表明，收集到案的实物类证据，并不天然就能与案件事实建立关联。作为证据，"必须与案件事实有实质性联系，从而对案件事实有证明作用"。[①] 客观类证据即使再客观，若无法与案件事实建立关联，自然无法作为定案依据。因而，要通过特定途径来确认实物类证据与案件事实的关联。实践中，这种关联性的确定途径一般包含辨认、鉴定两种方式。注重审查实物类证据的案件关联，就是要注重审查收集到案的实物类证据有无通过辨认、鉴定等途径，与案件事实建立客观关联，绝对避免"某物

---

① 陈光中、徐静村主编：《刑事诉讼法学》，法律出版社1999年版，第163页。

定属于某人""某痕迹定由某人所留"等主观性的关联认定。

（一）辨认关联的审查

即审查收集到案的实物类证据，有无经过被告人、被害人、证人等相关人员的辨认。例如凶杀案中被告人对遗留犯罪现场的作案工具的辨认，盗窃案中被害人对从被告人处扣押的失窃物品的辨认等，通过此类辨认，有效建立实物类证据与案件事实的关联。但应注意，就辨认方式而言，需具备两个前提条件：一是物证、书证必须具备辨认条件。具体言之，物证、书证必须具备独特的外表特征，如沾染上特定痕迹的刀具、刻有姓名或特殊符号的枪支等，如果是市面上常见类型的刀具或者枪支，且无任何个体性特征的实物类证据，则只能作出种类认定，无法作出同一认定。二是辨认主体必须能够作出准确、可靠的辨认。① 为确保辨认结果的可靠，《公安机关办理刑事程序规定》对辨认程序、方式、笔录制作作了相关规定。对实物类证据的辨认关联的审查，要结合辨认笔录予以比对审查。

（二）鉴定关联的审查

即审查具备鉴定条件的实物类证据，有无通过生物、化学、物理等专业性鉴定，来建立与案件事实的关联。如对提取到案的指纹、血液、毛发、体液、人体组织等物证，需要经过指纹鉴定、DNA 鉴定的同一比对，才能确认与被告人、被害人之间的同一关系，从而与案件事实建立关联。辨认、鉴定有时可以共同开展，对于既具备辨认条件又具备鉴定条件的实物类证据，如遗留犯罪现场的沾染血迹的匕首，既应当让被告人、被害人予以辨认，又应提取匕首上的血迹予以 DNA 鉴定。实践中，审查实物类证据的鉴定关联，要与审查检验、鉴定类证据相互结合，其中要特别注意鉴定检材与提取到案的实物类证据的同一性问题。检材的原始性、可靠性、同一性，是运用鉴定意见证明实物类证据关联性的大前提。所以，对实物类证据的鉴定关联审查，又涉及证据保管链的审查。

实践中，对于既不具备辨认条件，又不具备鉴定条件的实物类证据，如

---

① 罗智勇、冯黔刚：《刑事审判中实物证据的审查判断及排除》，载《证据科学》2012 年第 2 期。

何开展关联性审查？笔者认为，对于此类实物类证据的关联性认定，要结合具体案情和其他证据情况予以具体分析。例如，从犯罪现场提取的指纹、毛发，若无法鉴定出人体来源，自然无法与案件事实建立关联，也不具备证明力。又如现金这种常见的种类物，通常既不具备辨认条件也不具备鉴定条件，但这并非代表案件中出现的现金就一律无法与案件事实建立关联。个案中我们可通过现金扣押的时间、地点、持有人等信息，以及结合在卷其他证据，来认定扣押在案的现金是否为涉案赃款。

第三节　实物类证据的运用要点

美国法庭科学家赫伯特·麦克唐纳曾指出："在审判过程中，被告人会说谎，证人会说谎，辩护律师和检察官会说谎，甚至法官也会说谎。唯有物证不说谎。"客观性证据审查模式的最大证据运用要点，就是要通过"不说谎"的客观性证据说出"真相"。作为最基础的一类客观性证据，实物类证据的运用目标在于，在审查确认证据资格的前提下，围绕自身物理实在性、信息集合性、他证辅助性、间接证明性等证据特点，借助检验、鉴定类证据与记录类证据来全面揭示、挖掘实物类证据这一"信息集合体"所蕴含的各类信息，充分发挥实物类证据在重建犯罪现场、检验言词证据、证明案件事实上的证明作用。实践中，具体把握以下运用要点：

一、注重实物类证据的"内在"信息检验

在诸多案件中，实物类证据的证据信息揭示和证明作用发挥，都与科学检验紧密相连。在常见的故意杀人、伤害、强奸、放火、爆炸、投毒、贩毒、盗窃、交通肇事等案件中，收集到案的指纹、血液、毛发、体液、毒物、毒品、工具痕迹、车辆痕迹、微量物证、尸体等实物类证据，都需要通过科学检验、鉴定，来进一步确定生物物证的来源、痕迹物证的形成原因、被害人的死因、微量物证的成分等证据内在信息，从而使实物类证据在案情事实证明上发挥关键作用。因而，对实物类证据的运用要注重是否可通过检验、鉴定途径，来进一步挖掘证据蕴含的案情信息，使实物类证据"开口说话"。

实践中要善于通过各种科学检验手段充分揭示实物类证据的内在信息：

1.善于通过DNA检验，查明生物物证的种类、种属及个体来源。对遗留现场或涉案人员处的血迹、毛发、体液、人体组织等生物物证予以物证DNA鉴定，将生物物证与被告人、被害人等作同一认定，从而确定关键生物物证的个体来源。

2.善于通过痕迹检验，查明痕迹物证的形成机理和来源。对遗留现场的指纹、足迹、工具痕迹、车辆痕迹、枪弹痕迹等予以痕迹鉴定，确定相关人体、物体形成痕迹的同一性，以及分离痕迹与原整体相关性等问题，从而对相关痕迹的形成原因和来源进行案情判断。

3.善于通过物证成分检验，查明物证的种类。对种子、花粉、土壤、木屑、纤维、油脂等微量物证，以及药物、毒物、毒品等物证的成分予以鉴定，从而确定物证的种类或确定检材和嫌疑样本是否同类、同一。

4.善于通过司法文书检验，查明文书的笔迹、文书的制作及工具、文书形成时间等问题。文书鉴定对于揭示书信、日记本、字条、文件、合同等书证的书写人、书写工具、形成时间等案情信息，发挥书证证明作用具有重要作用。

二、注重实物类证据的"外在"信息判读

实物类证据的证明作用发挥，不局限于通过科学检验、鉴定途径挖掘其内在的证据信息，实物类证据本身的外部特征、存在形态、来源位置、数量分布等外在表现形式，同样可能蕴含着重要案情信息，对分析案情、认定事实能够发挥重要证明作用。实践中，实物类证据的运用往往倾向于检验、鉴定，而忽略对实物类证据本身"外在"细节信息的关注和分析，导致实物类证据在案情事实证明上运用不充分，造成证据信息内容的浪费。因而，在证据分析、运用中需要重视和强化实物类证据"外在"细节信息的分析，通过对证据外部特征、存在形态、来源位置、数量分布等要素分析，查明案情事实。

（一）注重外部特征分析

要注重对实物类证据的材质、形状、大小、长短、锐钝等外部特征的关

注和分析,以查清和证明案件相关事实。如故意杀人、伤害类案件中,作案工具的材质、锐钝等外部特征,对于判定作案人的主观心态、加害手段和力度等案情事实就具有重要证明作用,并继而影响案件的定性、量刑;同时,作案工具的外部特征与被害人创伤特征是否相互吻合,也是认定作案事实的重要定案依据。

(二)注重存在形态分析

在犯罪现场重建理念和实践中,各类物品、痕迹的形态信息,是重建犯罪现场、查明案件事实的关键要素。物品、痕迹的不同形态,其形成机理、原因各有不同,因而通过形态分析,可挖掘重要案件信息。以血迹的形态为例,血迹可分为喷溅状血迹、滴落状血迹、抛甩状血迹、擦拭状血迹、流注状血迹、血泊等不同形态,各自形态均因不同情形形成:喷溅状血迹,系人体动脉血管破裂时瞬间形成;滴落状血迹,系血液呈自由落体运动滴落于载体上形成;抛甩状血迹,系沾血的物体运动时血液被甩出而形成;擦拭状血迹,系带有血液的载体通过碰撞、触摸、擦蹭等方式,在接触面上留下所形成;流注状血迹,系血液受重力影响,沿物体表面向下运动所形成;血泊,系具有一定体积的血迹凝聚形成。通过血迹的上述形态分析,对于分析判断血迹形成原因、作案工具、作案行为等案情事实具有重要证明作用。又如工具痕迹,其形态又可分为撬压痕迹、打击痕迹、擦划痕迹、钳剪痕迹、刺切痕迹、割削痕迹等不同形态,通过工具痕迹的形态分析,也对分析判断相关作案工具、作案行为具有重要证明作用。

(三)注重来源位置分析

在上文所述实物类证据的来源性审查中,特别强调要关注审查物品、痕迹、书证等实物类证据来源于何地、何人,这不仅是为确证实物类证据的原始性、真实性,同时也是为了强化实物类证据的证据运用。需注意,来源位置的分析,并非粗略关注实物类证据来源于何地、何人,而是要落脚于实物类证据最原始、最具体的来源位置。例如,从犯罪现场提取到了被告人的指纹,不能仅粗略关注指纹来源于犯罪现场,而是要关注该指纹系来源于现场的哪一处具体位置、哪一件具体物品,从而进一步分析被告人接触了现场的何处位置或何种物品。例如入室盗窃案中,被告人的指纹来源于室外还是室内、来源于窗台还是房门、来源于室内一般物品还是钱款失窃的保险柜等不同位置，所指向的显然是不同的案件事实，起到的证明作用也各不相同。从犯罪现场提取的指纹、血迹、毛发、体液、毒物、毒品、工具痕迹、车辆痕迹、微量物证等实物类证据，其证据运用都要与其原始来源位置相结合，要善于通过来源位置的具体分析，有效挖掘证据蕴含的案情信息。

（四）注重数量分布分析

对于涉案现场提取的物品、痕迹、书证等实物类证据，在关注外部特征、存在形态、来源位置的同时，也要关注相关物品、痕迹、书证的现场数量和空间分布。如爆炸案中，爆炸后现场遗留有炸药残留物，这种残留物既包括炸药本身的成分遗留，也包括炸药的外包装物遗留。在注重炸药成分的提取、鉴定以及炸药外包装物的残片形态、材料质地分析的同时，此类炸药残留物的现场数量和分布情况，同样系判断爆炸物、爆炸区域、爆炸冲击波作用等案情的重要依据。又如，在现场留有作案人足迹的案件中，通过足迹的现场分布可分析判断作案人在现场的行动轨迹、活动范围等案情信息。可见，实物类证据的种类数量、空间分布等细节信息也是证据运用的重要依据。

三、注重实物类证据的信息整体分析

实物类证据的运用是"内""外"证据信息相互结合、整体分析的过程。无论是内在检验分析，还是外部特征、存在形态、来源位置、数量分布等外在信息分析，在单一分析情形下，都仅能反映实物类证据整体信息的某一局部、某一细节，只有加以信息整合，才能形成实物类证据的证据信息全貌。而且，也只有将各种证据信息予以汇聚、结合，才能最大化、最充分地发挥实物类证据对于案情事实的证明作用。如凶杀案中，现场血迹、指纹的证据运用，就既需要通过DNA、指纹鉴定与被告人、被害人等做同一认定，又需要整合分析血迹、指纹的现场形态、位置等细节信息，判断案情信息。

例如，包某某强奸一案，现场勘查及手印鉴定表明包某某在被害人卧室窗台框外侧留有左手掌纹、在窗台内侧下沿留有左手环指指纹。但包某辩称系从卧室房门进入并与被害人自愿发生性关系，同时解释窗台掌印、指纹系从室内打开窗户查看被害人丈夫有无躲在阳台上时所留。但通过现场勘查笔录、现场照片所展示的窗台掌印、指纹的具体形态，可发现该掌印系朝向卧室内、指纹系指尖朝下，该特征不符合由内而外打开窗户的情形，而与被害人陈述被告人从阳台爬窗入室的情况相符，从而成为认定被告人强奸事实的一大关键细节。

四、注重实物类证据的证据组合

在注重单个实物类证据"内""外"证据信息整合分析的同时，也要注重多个实物类证据之间的组合分析。故意杀人、伤害、强奸、放火、爆炸、投毒、盗窃、交通肇事等案件中，犯罪现场并非总是仅遗留下单一的物证、痕迹，而是有可能遗留下多个物证、痕迹，而犯罪行为的连续性和整体性，决定了犯罪现场的客观性证据之间也具有相应的关联性。实践中，现场某一痕迹、物证反映的证据信息通常都是有限的、片段的，需要通过与其他痕迹、物证的证据信息加以组合，才能作出对某一犯罪行为的完整分析。

同时需注意，不管是单个实物类证据的内外信息组合，还是多个实物类证据的证据组合，都是与鉴定意见、现场勘查笔录、提取笔录、扣押清单等其他证据相联系。如实物类证据的内在信息检验结论需要鉴定意见予以揭示，实物类证据的外在信息需要现场勘查笔录、照片、录像等记录类证据予以展示。因而，实物类证据的组合运用，在某种程度上就是客观性证据的组合运用。并且，在证据信息的组合分析过程中，要注意遵守逻辑、经验法则，"从逻辑学来讲，司法人员进行证明的过程，是运用概念、判断、推理、证明等逻辑手段，从已知（证据事实）到未知（案件事实）的逻辑思维过程，在这一过程中，司法人员不能违背逻辑思维的规则和规律"。[①]

实践中，要善于结合鉴定意见、现场勘查笔录等证据，将犯罪现场具有案件关联的物证、痕迹的证据信息予以充分组合，以逻辑、经验法则为遵循，运用现场重建方法，查明案件事实，检验言词证据真伪。

例如，陈某某故意杀妻一案，被害人被发现从高楼房间坠楼死亡，头部有遭钝物击打痕迹，陈某某辩称夫妻吵架后虽有用砖块砸打被害人的行为，但

[①] 宋英辉、汤维建主编：《证据法学研究述评》，中国人民公安大学出版社2006年版，第102页。

其妻系自行跳楼坠亡。根据现场勘查材料反映，房间枕头、席子上留有明显血迹，阳台门框距离地面约1米处有擦拭血迹，阳台地面不干净，死者身高1.5米，坠楼时赤足，且足底干净，同时身上无竖直流淌状血迹、掌上亦无擦拭血迹。通过上述现场信息分析，可研读出以下事实：其一，枕头、席子上的血迹表明被害人头部被砸后有大量出血事实；其二，被害人掌上无血迹，证明其被砸后没有抚摸伤口的本能反应，说明此时其双手已不能自主行动；其三，被害人身上无竖直流淌状血迹，说明身体没有直立过，否则流出的血受重力作用会垂直下流；其四，干净足底亦证实未在房间和阳台行走的事实；其五，阳台门框距离地面约1米处的擦拭血迹，表明头部受伤的死者经过阳台时，距离地面约为1米。将上述一连串的证据信息予以整合、汇总，同时结合坠楼状态的专家分析，便可完整重建出被害人头部遭受钝物击打昏迷后被抱至阳台予以抛出的事实，从而有效查清案件事实，揭露陈某某的不实辩解。

第四节　常见实物类证据的审查运用

一、人体生物物证的审查运用

　　人体生物物证，是指来源于人体的可通过DNA鉴定予以同一认定的各类生物物质，包括血液、精液、唾液、汗液、软组织、骨骼、牙齿、指甲、毛发、排泄物等。随着科技取证技术和DNA检验技术的发展，人体生物物证已逐渐作为常见物证，在案件事实认定中发挥重要作用，因而有人将DNA称为"上帝赋予人类独一无二的身份证"。[①] 在凶杀、抢劫、强奸、盗窃、放火、爆炸等各类案件中，常常可以发现并提取到人体生物物证，并成为案件中指证被告人作案行为、查明犯罪事实的关键物证。

　　办案中，一方面要重视对遗留现场的人体生物物证的提取，另一方面要对提取到案的人体生物物证予以充分审查运用。首先，要注重对人体生物证的提取、保管、送检方法、程序的审查，一旦提取、保管不当，对生物检材的证明价值损害有时可谓是"毁灭性"的，只有生物检材具有可靠性，生

---

① 朱科军：《论刑事诉讼中DNA证据的审查与认定》，西南政法大学2016年硕士学位论文。

物物证的检验结论才具有可靠性。其次,在确保人体生物物证收集程序到位的前提下,要围绕物证的提取位置、原始形态、检验结果等证据信息,充分发挥和挖掘人体生物物证的证明作用。

实践中,对人体生物物证的运用要注意以下内容:

1. 通过提取被告人生物样本与遗留现场或被害人身上的生物物证予以DNA检验、比对,或是通过提取被害人生物样本与从犯罪嫌疑人处提取的人体生物物证予以DNA检验、比对,判断DNA分型是否同一,从而确证生物物证的人体来源,建立被告人与犯罪现场、被害人的客观联系。

2. 对生物物证的运用,不能局限于检验结果的运用,而应将检验结果与生物物证的形态、数量、分布等证据信息予以综合分析。如对血迹的运用,除关注血迹的DNA检验外,还要关注血迹的喷溅状、滴落状、抛甩状、擦拭状、血泊等不同形态判断血迹以及现场数量、分布等细节信息,从而为分析判断血迹形成原因、辨别血迹来源的现场性质、重建犯罪现场、佐证伤情(死因)以及作案工具等提供客观依据。例如,暴力性杀人案件中,初始现场的血迹一般而言数量大、形态多、范围广,尸体上的血迹能与其周边血迹连接一体;移尸现场或无血迹或虽有血迹但数量和分布范围较为有限,形态表现较为单一,地面有时可见移尸形成的血拖痕等。又如,命案中尸检报告表明被害人系颈部遭锐器砍切致颈动脉离断大出血死亡,而现场勘查材料显示现场血迹呈发散性分布的喷溅式状态,两者相互吻合,更加确证被害人死因及作案工具系砍切类锐器这一事实。[①]

3. 根据生物物证的来源位置和载体,结合DNA检验结果,可分析判断被告人与犯罪现场、被害人之间的接触状态、接触的具体部位等案情信息。例如,从被害人阴道内提取到被告人精液、从被告人所穿衣物或所持有工具上提取到被害人血液等,对于判断被告人与被害人有无发生接触、接触部位、接触方式均有重要证明作用。

4. 根据生物物证的现场位置、分布,结合DNA检验结果,可分析判断被告人、被害人等在现场的活动路线、活动过程。如通过与被告人有关的毛发、唾液、汗渍等生物物证的具体位置、载体的分析,可判断被告人在现场

---

① 应建廷、翁寒屏:《血迹的审查与运用》,载《刑事司法指南》2015年第2集(总第62集)。

的行动轨迹、路线，为现场重建提供重要依据。

5.实践中，会出现犯罪现场除遗留有被告人、被害人生物物证外，亦遗留有第三人生物物证的情形。对此，应重视第三人生物物证遗留现场的原因、与案件是否具有关联、该第三人身份能否查清等情况的分析、核查，以求查明案件事实、排除合理怀疑。

二、人体痕迹物证的审查运用

人体痕迹物证，是指人体与其他物质性实体接触后所遗留下的人体痕迹，包括指纹、手印、足迹、唇纹、耳廓痕迹和牙齿痕迹等。实践中，应用最广泛的人体痕迹物证便是指纹。由于指纹具有"人各不同"和"终身不变"的显著特征，其作为传统的人身识别方法，长期以来享有"证据之首"的美誉。[①] 随着科技发展，获取现场指纹的手段也在不断发展，"从碘熏法、硝酸银法进步到粉末法、胶显法、DFO技术、小微粒悬浮液、物理显影液及各种荧光粉末、染指显现指纹技术等"。[②] 指纹物证与同样具有稳定性和唯一性的DNA物证，构成刑事案件中识别涉案人员身份、指证作案事实的两大类具有个体指向作用的重要物证，在证据体系构建中承担举足轻重的作用。

以指纹为代表的人体痕迹物证，其审查运用要点与人体生物物证的审查运用具有相同之处。在审查中，要注意人体痕迹物证提取、保存、送检方式、检验方法是否程序正当、符合有关规范，同时要结合人体痕迹物证的具体来源位置、形态、数量、分布等细节，充分运用证据信息，分析判读案情事实。实践中，对人体痕迹物证的运用要注意以下内容：

1.通过对现场提取的指纹、手印等人体痕迹物证的同一性检验、鉴定，可分析判断人体痕迹物证的个体来源，建立被告人与犯罪现场的关联。同时，与现场提取到他人的生物物证的情形一样，对于现场提取到被告人、被害人以外的人体痕迹物证，也应核查、分析他人人体痕迹物证的遗留原因、与案件是否具有关联。

2.根据现场指纹、手印、足迹等人体痕迹物证的分布情况，可分析判断

---

① 郑筱春：《论指纹证据价值》，载《公安学刊（浙江警察学院学报）》2010年第6期。
② 李静：《证据裁判原则初论——以刑事诉讼为视角》，中国人民公安大学出版社2008年版，第307页。

被告人接触过现场何种物品以及如何选择进出口、行进路线等信息。例如，在窗台、门板上发现有被告人的手印（指纹），分析判断犯罪嫌疑人进出现场有可能采用了爬窗、推门等方式；通过对被告人足迹的串联，可分析判断被告人从何处入室、入室后的行动顺序以及最后从何处离开。

3. 根据指纹、手印等人体痕迹的形态、分布、与接触物、作案工具痕迹之间的位置关系以及在作案工具上的分布情况等信息，可分析判断被告人在现场使用了何种作案工具、力的作用方式以及为了达到犯罪目的所采取的作案手段等。例如，持刀具实施故意杀人、伤害类的案件中，刀柄上的手印（指纹）不仅能证明被告人使用了该刀具，同时通过手印（指纹）在刀柄上的具体位置、指位分布，可进一步分析被告人使用该刀具时系直握还是反握、系双手握还是单手握等，继而可进一步判读被告人行凶时的方位、力度等重要信息，这为分析、判断案件性质、量刑提供重要依据。

4. 根据指纹、手印、足迹等人体痕迹物证的位置、载体，可分析判断被告人的动机和目的。例如，盗窃案中在隐蔽的重要财物存放处，发现有被告人手印（指纹），可印证其获取他人财物的动机和目的；现场某凳子上遗留有被告人的足迹，可客观证实其在现场具有踩上凳子的行为，结合凳子所处的位置，并可进一步分析其踩凳子的动机和目的。

5. 实践中要注意，人体痕迹物证有时会同时兼有人体生物物证的属性，即人体痕迹物证和人体生物物证在某些情形下具有混合性。如现场遗留的血指纹，就既属于人体痕迹物证，又属于人体生物物证，可通过指纹鉴定和 DNA 鉴定，分别查明指纹的来源个体和指纹所沾染的血迹的来源个体，依托两者的鉴定意见，可揭示出重大案件信息。因而，实践中在审查运用指纹、手印、足迹、唇纹、耳廓痕迹和牙齿痕迹等人体痕迹物证时，要注意该人体痕迹物证是否同时具有生物物证鉴定条件，将人体物证的证据信息充分挖掘。

三、工具痕迹、车辆痕迹的审查运用

工具痕迹是作案人在使用作案工具进行破坏、侵害客体时，在客体与工具相接触的部位所留下的痕迹；车辆痕迹是使用或事故中，车辆的轮胎、车体附加部件或车体形成的痕迹。工具痕迹和车辆痕迹是刑事案件中常见的两

刑事客观性证据审查运用指引

大物体类痕迹物证，通常系通过侦查机关的现场勘查活动予以收集，是重建犯罪现场、证明案情事实的重要客观性证据。实践中对工具痕迹、车辆痕迹的审查运用要注意以下内容：

1.要注重审查犯罪现场的工具痕迹、车辆痕迹的收集是否规范、有无送检。和人体痕迹物证的收集一样，工具痕迹、车辆痕迹的收集也应确保来源清晰、程序合法，在具有鉴定条件的情况下予以及时送检，对工具痕迹、车辆痕迹予以专业分析、识别，从而作为案件事实证明的科学依据。

2.要善于运用工具痕迹、车辆痕迹的科学鉴定结果，分析判断涉案工具、车辆。工具痕迹按形成痕迹的主体不同，可分为起子、锤子、刀、斧、钳、剪、锯、锉、钻等痕迹，[1]通过工具痕迹鉴定，可分析判断痕迹形成的主体工具的种类、类型，从而判断作案人所使用的作案工具种类。同样，通过车辆痕迹中的车轮痕迹，即车轮在路面上形成的印压痕迹，可直接反映车轮的外部花纹特征、轮胎的数量、车轮之间的相互位置关系、轮距、轴距、胎面宽度，进而判断涉案车辆的种类。轮胎花纹在使用过程中产生的损伤特征、车轮的非均匀磨损特征等，还能成为判定车辆的个别特征。[2]

3.要善于运用对整体分离物与原整体物的痕迹相关性的专业分析、鉴定，判断工具、车辆分离物与整体物之间的相关性。工具、车辆的整体分离物痕迹是工具、车辆受到外力作用导致分离，在分离的断端上所形成的痕迹，如棍棒敲击行为下发生的断裂，车辆发生碰撞后引起的车体部件的破碎、脱落、断裂等，其分离痕迹和遗留下的分离物与整体物之间具有对应关系。此情形下，通过痕迹鉴定和微量物质鉴定相结合，可确定分离物与来源物之间的同一关系，从而认定涉案工具、车辆。例如，交通肇事案件中，通过运用车灯被撞产生的玻璃碎片、车前后护板断裂后的分离物、车身油漆的分离片等分离物痕迹、物质的检验、鉴定，可客观建立被告人车辆与事故现场遗留的车辆分离物之间的关联。

4.要善于通过工具痕迹、车辆痕迹的检验鉴定，结合工具痕迹、车辆痕迹的位置、特征、形态，分析判断案件事实。工具痕迹按作用力的作用方式

---

[1] 余杰、唐旭、邹卫东：《工具痕迹分类的探讨》，载《公安大学学报（自然科学版）》2000年第1期。

[2] 朱涛、王际馥：《车辆痕迹在侦破盗窃案件中的应用》，载《辽宁警察专科学院学报》2005年第3期。

分类，可分为撬压痕迹、打击痕迹、擦划痕迹、钳剪痕迹、刺切痕迹、割削痕迹等不同类痕迹，对痕迹作用力、作用方式加以分析，可分析判断被告人使用作案工具时的作用力、作用方式，如现场的工具打击痕迹，证实该工具使用者在现场实施过打击行为。在车辆痕迹中，通过对轮胎痕迹、车辆碰撞痕迹等信息，分析判断事故中碰撞、刮、擦、挤、刹车等事实。例如，根据现场有无刹车、转弯痕迹，分析判断被告人在事故中有无采取制动措施、是否系故意冲撞、有无驾车拖人等，像以开车撞人方式实施故意杀人行为，车辆制动、拖痕等均是案件事实中的重要定案依据。

四、微量物证的审查运用

微量物证以"微量"为前缀，是指一切以量小体微的存在状况、外部特征及其品质、性能来证明案情的客观实在，以"量小体微"为显著特征。[①]上述人体生物物证、人体痕迹物证、工具痕迹物证、车辆痕迹物证等物证，若是以"量小体微"形式存在，同样属于微量物证。实践中，花粉、土壤、木屑、纤维、化学品、毒物、药物等物证也常以微量形式遗留现场或人体，通过对此类微量物证的审查运用，也可挖掘重要案情信息。

1. 根据花粉、土壤、木屑、纤维、化学成分等微量物证，分析判断相关人员与犯罪现场的关联。例如，被告人身上黏附有犯罪现场才存在的植物组织，分析判断被告人曾接触过现场；反之，现场存在大量某种特定物质（如花粉），而在被告人人身和物品上未检见该种物质，在排除事后清洁等情形下，即应判断被告人未到过现场。

2. 根据现场遗留的微量物证，分析判断相关人员在现场的活动。例如，根据被告人的随身携带物品、作案工具在接触物体上留下的剥离物、黏附物，分析判断被告人与现场物体的接触情况。

3. 根据现场遗留的微量物证，分析判断被告人与被害人之间的接触状态。例如，在故意杀人、抢劫、强奸等案中，被告人与被害人在现场遗留的各自微量物证交织在同一地点或连续在同一路线上，分析判断二者的接触情况及活动路线。

---

① 崔敏：《刑事证据学》，中国人民公安大学出版社2003年版，第93页。

第五章　记录类证据的审查运用

第一节　记录类证据的特点与功能

记录类证据，是指侦查机关对场所、物品、人身、尸体等进行勘验、检查、辨认、侦查实验、搜查、扣押以及证据提取过程等所做的记录材料证据的总称，包括但不限于勘验、检查笔录、辨认笔录、侦查实验笔录、搜查笔录、物品（文件）扣押清单以及证据提取笔录等。记录类证据虽然系由侦查人员的执行、记录而产生，携带有主观性的"基因"，[①]但总体而言，记录类证据系对侦查人员收集证据过程以及获取证据情况的客观记录，而且还可通过实物、照片、录像、见证人等方式佐证其客观性。即，记录类证据所记录的对象是客观的，记录的方式是客观的，对记录过程可予以重复验证的，符合客观性证据的属性特征，属于客观性证据范畴内的重要类型。

一、记录类证据的特点

与实物类证据，音像、电子数据类证据，检验、鉴定类证据等其他客观性证据比较，记录类证据在具备客观性证据一般特点的同时，也展现出以下独有特性：

（一）记录要素的特定性

勘验、检查、辨认、搜查、扣押、侦查实验等笔录不是在案件事实发生

[①] 侯东亮：《刑事证据规则》，法律出版社2015年版，第241页。

过程中形成的，而是在案件事实发生以后对相关的情况进行的客观记载。[1]因而，记录类证据在记录主体、对象、时间等记录要素上都体现出特定性。从记录主体而言，记录类证据一般应由侦查机关予以记录、制作；从记录对象而言，记录类证据是针对勘验、检查、辨认、搜查、扣押、侦查实验等侦查、取证情况所作的记录；从记录时间而言，记录性证据是伴随案件事实发生之后的侦查活动而形成。

（二）记录要求的规范性

记录类证据作为对侦查机关勘验、检查、辨认、搜查、扣押、侦查实验等情况的记录，在记录内容、形式、标准上都有统一规范，系具有规范性、标准化的记录。如《公安机关刑事案件现场勘验检查规则》就对现场勘查的文字笔录、现场图、现场照片、现场录音像、现场证据提取记录等记录材料的制作作出明确、具体、规范的要求。同样，辨认笔录、搜查笔录、物品（文件）扣押笔录、侦查实验笔录等，也都要求应规范载明相关侦查活动的时间、地点、人员、过程、结果等具体内容，且应有侦查人员、物品持有人、见证人等相关人员的签名。记录的规范性，是记录类证据材料制作的基本要求，同时也是记录类证据发挥证明作用的必然要求。

（三）记录内容的丰富性

有学者将勘验、检查笔录、辨认笔录、侦查实验笔录等记录类证据称为"过程证据"，理由在于，与物证、书证、视听资料、电子数据等能证明某一方面事实的"结果证据"相比，记录类证据所记载的都是侦查人员从事某一侦查行为的全部过程，具有对侦查过程的真实性和合法性加以印证的作用，因而称为"过程证据"。[2]但笔者认为，记录类证据不仅是"过程证据"，同时也是"结果证据"；不仅是证明侦查过程的证据，同时也是证明案件事实的证据。理由在于，记录类证据除记录下侦查过程之外，也同时记录下侦查活动所发现、查明的证据情况和案件事实，如现场勘查笔录所记录的现场物证提取情况、辨认笔录所记录的辨认结果、侦查实验笔录所记录的实验结果等，都是对案件某一部分事实的证明，也属于"结果证据"。可见，记录类

---

[1] 吴高庆主编：《证据法原理与案例教程》，清华大学出版社2017年版，第210页。
[2] 陈瑞华：《刑事证据法》（第三版），北京大学出版社2018年版，第287页。

证据涵盖了侦查程序信息和案件实体信息，其对勘验、检查、辨认、搜查、扣押、侦查实验等活动的时间、地点、人员、过程以及所获证据、所证事实等情况的具体记录，为分析判断其他证据和案件事实提供了丰富信息。

（四）记录方式的多样性

勘验、检查、辨认、侦查实验等笔录虽然是以"笔录"名义，被刑事诉讼法列为八大证据种类之一，但是这并不意味着记录类证据的记录形式就局限于文字笔录。《公安机关办理刑事案件程序规定》第211条规定："勘查现场，应当拍摄现场照片、绘制现场图，制作笔录，由参加勘查的人和见证人签名。对重大案件的现场，应当录像。"第216条、第253条又分别规定，必要时应当对侦查实验过程、辨认过程进行录音录像。同样，在《公安机关办理刑事案件程序规定》《关于办理刑事案件收集提取和审查判断电子数据若干问题的规定》等规定中，都规定有侦查机关在进行查封、扣押、调取物证、书证、视听资料、电子数据等证据时，可以或应当用拍照、录音录像对相关活动予以记录的情形。可见，文字笔录并非记录类证据的唯一记录形式，还包含了照相、绘图、录音录像等多种方式。而且，随着科学技术的发展和程序证明理念的深入，在注重文字记载的同时，也越来越多采用拍照、同步录音录像等更加客观的方式对勘验、检查、搜查、扣押、辨认、侦查实验等侦查活动予以记录。记录方式的多样性，意味着表现形式的多样性，这使得记录类证据在展现证据信息时能够更加生动、客观、全面。

二、记录类证据的功能

与实物类证据，音像、电子数据类证据，检验、鉴定类证据等其他客观性证据相比，记录类证据在证据功能发挥上的最大特点在于，其系兼具"双重证明功能"的客观性证据。即，记录性证据既和其他客观性证据一样具有案件事实证明证据，同时又独特性地具有侦查程序证明功能。

（一）侦查程序证明功能

记录类证据具有鲜明的侦查程序证明功能。一方面，记录类证据的存在可以对实物类证据，音像、电子数据类证据起到"鉴真"的作用，即对物证、书证、视听资料、电子数据等客观性证据的来源、提取、收集、保全、出示产生直接证明作用，从而证明实物证据的真实性和同一性；另一方面，记录类证据对勘验、检查、搜查、扣押、辨认、侦查实验、相关侦查活动过程予以完整记录，是证明侦查行为合法性的重要依据，"尽管在控辩双方提出异议的情况下，法庭有时也会传召侦查人员出庭作证，以便对上述侦查行为的合法性进行证明，但是，在绝大多数案件中，公诉方仅凭上述笔录证据，就足以对有关侦查活动的合法性做出证明"。① 从某种程度上来说，记录类证据是物证、书证、视听资料、电子数据进入案件证据体系的"入库证明"以及侦查行为合法性的"合格证明"。当然，记录性证据对侦查程序的合法性证明并非绝对性或不容置疑，但是，在记录性证据缺位的情况下，侦查程序的合法性质疑却是绝对性的。

（二）案件事实证明功能

记录类证据的程序证明功能显而易见，但其在案件事实证明上的功能，在证据运用实践中却易被忽略或者发挥不充分。作为客观性证据的重要类型，记录类证据蕴含了丰富的对证明案件事实起到重要作用的证据信息。如现场勘查笔录，不仅仅是记录了现场物品、痕迹的提取情况，同时也记录了涉案现场的具体方位、基本环境以及现场物品、痕迹的具体位置、分布、形态、数量、相互之间的位置关系等重要内容，这些记录内容为判断物品、痕迹信息、分析案情事实提供了重要客观依据。如果说实物类证据是犯罪现场重建的"基石"，那么现场勘查笔录就可以说就是犯罪现场重建的"图纸"，只有依托这份"图纸"，作为"基石"的实物类证据才能对应正确的现场位置。不仅是现场勘查笔录，其他记录类证据也同样在证明案件事实上发挥证明作用：人身检查笔录能够证明被告人、被害人的人身检查情况，从而为分析被告人、被害人的伤势情况、人体特征提供依据；辨认笔录能够证明辨认人能否辨认出特定场所、物品、人员，从而建立辨认对象与案件事实关联；侦查实验笔录能够证明在某种条件下某一事件或现象是否发生和后果如何，从而为判定案件特定事实是否成立提供实验结果。而且，通过文字记载、拍照、绘图、录音录像等方式，记录类证据能够使案件相关场所、物品、人

---

① 陈瑞华：《刑事证据法》（第三版），北京大学出版社2018年版，第290页。

刑事客观性证据审查运用指引

身、尸体等客观性证据的信息予以客观保存,极大地辅助相关客观性证据的证据运用。

第二节 记录类证据的审查要点

记录类证据的审查目的,在于通过审查以文字笔录、照片、录音录像、绘图等形式存在的记录类证据材料,以及记录类证据材料所对应的勘验、检查、搜查、扣押、辨认、侦查实验等侦查活动的过程和结果,确保记录类证据的材料制作规范、信息记录客观、信息内容全面、对应程序合法,为记录类证据有效运用证据信息、发挥证明功能提供前提保证。实践中,在审查记录类证据时要注意以下内容:

一、注重审查记录类证据的材料制作

记录类证据是以文字笔录、照片、录音录像、绘图等形式附卷在案,对该类证据的审查自然首先也应从记录材料本身入手。记录类证据伴随勘验、检查、搜查、扣押、辨认、侦查实验等侦查活动而形成,有上述侦查活动就必须要求形成对应记录类证据,无记录即无证明。但记录不仅要有,同时还应符合规范制作要求,做到记录要素齐备、记录内容全面、记录方式齐全。如侦查实验笔录,就应有侦查实验时间、地点、主持人、记录人、参加实验的人员、见证人、侦查实验的目的和要求、侦查实验的经过、侦查实验的结果等各要素的记录和相关人员的签名,且侦查实验的经过、结果应当记录完整、全面,必要时还应当进行侦查实验过程的同步录音录像。否则,记录材料制作不规范、不完整、不全面,对记录类证据的证据资格和证明力都会产生重要影响。

审查记录材料的制作,一般可从审查记录要素、记录内容、记录方式三方面入手:

（一）审查记录要素是否齐备

记录要素不齐备,缺少相关侦查活动的时间、地点、参加人员、经过、过程、结果等的记录,会引发对记录类证据以及对应侦查活动程序是否合法

的质疑，例如扣押笔录上没有侦查人员或物品持有人、见证人的签名，则该物品的来源、取证程序自然存疑，从而进一步影响该物品的证据资格和证明力。因而，要注重审查勘验、检查、搜查、扣押、辨认、侦查实验等笔录关于相关侦查活动的时间、地点、人员、过程、结果等要素是否记录齐备。

（二）审查记录内容是否全面

记录内容不全面，同样影响记录类证据的证据采信。例如，侦查实验笔录对于实验环境、条件、过程的描述要是非常粗略、简单，就会影响对该侦查实验结果客观性、可靠性的判断；现场勘查笔录若不详细记录现场物品、痕迹的具体位置、情况，就影响对现场物品、痕迹的来源判断和证据运用。因而，要根据勘验、检查、搜查、扣押、辨认、侦查实验等笔录的各自规范要求，审查记录性证据有无对相关侦查活动的开展、过程、结果等内容予以记录全面。

（三）审查记录方式是否齐全

记录方式是否齐全也是影响记录类证据审查判断的重要因素。例如，现场勘查记录材料只有文字笔录而缺少现场图、现场拍照或现场录音像，不仅严重影响对涉案现场具体环境、现场物证具体情况的信息审查、运用，同时也影响对文字笔录记载内容本身是否客观的认定；而且，现场图、现场拍照、现场录像本身也有相关制作要求，现场图要求包含现场方位图、现场平面示意图，并根据现场情况选择制作现场平面比例图、现场平面展开图、现场立体图和现场剖面图等，现场照相和录像要求有方位、概貌、重点部位和细目四种类型。[①] 审查记录类证据过程中，发现记录类证据存在记录要素不齐备、记录内容不全面、记录方式不齐全等情形，影响记录类证据的证据资格和证明力时，应当让侦查机关予以补正或作出合理解释，并根据侦查机关补正或解释情况作出证据采信判断。

二、注重审查记录类证据的材料整体

文字笔录、照片、录音录像、绘图等方式均属于记录类证据的重要表现

---

① 参见《公安机关刑事案件现场勘验检查规则》第47条、第48条。

形式,且均具有不同优势。照片、录音录像、绘图等在展示记录内容时较为直观、生动,而文字笔录在阐释和说明侦查活动的具体情况上更为具体、深入。侦查机关在开展勘验、检查、搜查、扣押、辨认、侦查实验等侦查活动时所形成的各类记录材料,均是该侦查活动记录类证据的重要组成部分,在审查时均应予以重视,避免仅注重笔录记载或仅注重照片、录像的片面审查,保证记录类证据材料审查的全面、细致。

记录性证据材料整体审查,具体又可分为互补审查和验证审查两方面:

(一) 互补审查

将文字笔录、照片、录音录像、绘图等各种形式的记录材料予以互补审查,充分发挥各自记录方式的信息表达优势,可以达到相互补充、相互对照,声像还原、图文并茂的审查效果,从而能够最大化地发挥记录性证据的证明优势,多层次、多角度地还原侦查活动的组织、开展、经过、结果等具体情况,便于我们更加深入掌握侦查机关勘验、检查、搜查、扣押、辨认、侦查实验等侦查行为以及取证活动的全貌和细节。

(二) 验证审查

某一侦查活动所形成的各类记录材料,均是对该侦查活动的共同客观记录,内容上理应是一致的,故笔录、照片、录音录像等不同形式的记录材料彼此之间又具有验证功能。通过不同形式记录材料之间的相互吻合、印证,可彼此证明相互的客观性,从而又得以进一步证明记录类证据材料整体的客观性。因而,审查记录性证据的材料整体,系审查记录类证据客观性的重要途径之一。实践中由于记录人员纰漏、疏忽或是其他原因,会出现某一侦查活动的文字笔录、照片、录音录像、绘图等记录材料之间不一致的情形,例如现场勘查笔录记载从现场地面提取到一把刀具,但现场照片却显示地面上并无刀具;或者现场勘查笔录记载从现场地面提取到一把菜刀,但现场照片却显示遗留在现场地面上是一把匕首。此类记录材料相互之间的不一致之处,会引发对记录类证据客观真实性的严重质疑。因而在审查过程中,若发现记录材料相互之间存在不一致,应及时查明差异产生原因,并根据侦查人员能否做出补正或合理解释,作出相应的证据采信。

三、注重审查记录类证据的对应活动

记录类证据是对侦查人员从事某一侦查活动过程、结果的记录,某一记录类证据所对应的就是某一侦查活动。现场勘查笔录对应的是侦查机关开展的现场勘查活动,人身检查笔录对应的是侦查机关采取的人身检查活动,辨认笔录对应的是侦查机关组织的辨认活动,侦查实验笔录对应的是侦查机关进行的侦查实验活动等。审查记录类证据,形式上是审查记录类证据的各种记录材料,实质上是审查记录类证据的对应侦查活动。要通过对记录类证据的有效审查,进一步开展对相关侦查活动及其成果的有效审查。

对侦查活动的审查包含对侦查活动过程的程序审查和对侦查活动结果的实体审查两方面:

(一)对侦查过程的程序审查

记录类证据具有侦查程序证明功能,因而要善于通过记录类证据材料所展示的相关侦查活动的开展时间、地点、参与人员以及各侦查活动的相关必备要素,审查勘验、检查、搜查、扣押、辨认、侦查实验等侦查活动的程序是否符合法律规定。例如,通过审查辨认笔录记载的辨认时间、地点、侦查人员、辨认人、见证人、辨认对象、辨认目的、辨认过程、辨认结果以及相关人员签名,并在有辨认录像的情况下结合辨认录像,充分审查该辨认活动是否符合相关辨认要求。

(二)对侦查结果的实体审查

记录类证据又具有案件事实证明功能,因而要善于通过审查现场勘查笔录展示的现场物证收集结果、辨认笔录展示的辨认结果、侦查实验笔录展示的侦查实验结果、扣押笔录展示的物品扣押情况等各类与案件事实证明相关的实体信息,发挥记录类证据在建立证据关联、判断案件事实、检验言词证据、重建犯罪现场上的证明作用。

刑事客观性证据审查运用指引

四、注重审查记录类证据的关联证据

记录类证据与收集到案的实物类证据、音像、数据类证据等其他客观性证据具有紧密关系,上述客观性证据的发现、收集、提取、保全等一般都有相应记录类证据予以关联。例如现场勘查发现、提取的物品、痕迹,与现场勘查笔录、提取笔录相关联;从特定单位、人员查封、扣押的各种财物、文件,与查封、扣押物品(文件)清单相关联;视听资料、电子数据的收集、检查、调取、刻录以及涉案存储介质的扣押、封存,也有相应提取笔录、检查笔录、扣押、封存笔录予以关联。因此在审查记录类证据时,要注重比对审查与记录类证据相关联的其他客观性证据,同样围绕程序审查和实体审查两方面,通过审查记录类证据强化审查其他客观性证据。

(一)关联证据收集的程序审查

通过记录类证据关于其他客观性证据的程序信息记载内容,审查其他客观性证据的来源、收集、提取、保存等是否符合法律、有关规定。如《关于办理刑事案件收集提取和审查判断电子数据若干问题的规定》中,对于如何审查收集、提取的电子数据的合法性时,就规定要求审查收集、提取电子数据是否由二名以上侦查人员进行,取证方法是否符合相关技术标准;收集、提取电子数据,是否附有笔录、清单,并经侦查人员、电子数据持有人(提供人)、见证人签名或者盖章;没有持有人(提供人)签名或者盖章的,是否注明原因;对电子数据的类别、文件格式等是否注明清楚;是否依照有关规定由符合条件的人员担任见证人,是否对相关活动进行录像等。[①]可见,电子数据的收集、提取笔录、录像等记录材料是开展对电子数据合法性审查的重要依据,物证、书证、视听资料的合法性审查同样有赖于记录类证据。要通过审查记录类证据的记载内容来分析判断其他客观性证据的取证合法性。

(二)关联证据的实体审查

记录类证据通过文字笔录、照片、录音录像等方式记录下侦查活动过程

---

① 参见《关于办理刑事案件收集提取和审查判断电子数据若干问题的规定》第24条。

的同时，也记录下侦查活动所获其他客观性证据的证据信息。如现场勘查记录材料通过笔录、录像、照片等方式，将现场物证、痕迹的位置、形态、性状、数量、分布以及相互关系等重要证据信息予以记录、保存，为运用物证、痕迹的外在信息，重建犯罪现场提供了宝贵基础信息。如前文所述，记录类证据和检验、鉴定类证据与实物类证据之间是"一体两翼"的关系。实物类证据"内在"信息的科学检验依托于检验、鉴定类证据，而其外部特征、存在形态、来源位置、数量分布等"外在"信息的运用，则与记录类证据不可脱离。若缺乏文字笔录、照片、录音录像等记录，多数实物类证据在证据审查运用上将无依无据。要善于通过审查记录类证据关于其他客观性证据的信息，强化其他客观性证据的证据运用。

第三节 记录类证据的运用要点

记录性证据的特点之一在于记录内容的丰富性，任何记录类证据都包含了程序和实体两方面的重要案情信息；而记录方式的多样性，又为记录类证据的证据信息运用提供了文字、照片、录音录像等丰富手段。因此，作为客观性证据重要类型之一，记录类证据在客观性证据审查模式中占据着重要位置、在案件事实证明中发挥着重要作用。然而实践中，记录类证据却是证明价值最容易被忽略、证据信息最容易被疏忽的一类客观性证据，或是将记录类证据仅仅视为"程序证明功能的证据"，或是对记录性证据的记录信息运用不充分、解读不全面，未能全面发挥记录类证据的证明作用。作为至关重要的一类客观性证据，记录类证据的运用目标，就是要求在审查确认记录类证据合法性、客观性的前提下，充分重视和注重运用记录类证据记录的各类信息，最大化发挥记录性证据的证据功能。

一、注重充分运用所记录的侦查活动信息

记录类证据是对勘查、检查、辨认、搜查、扣押、侦查实验笔录等侦查活动的记录，其基本内容自然便是对侦查活动过程、结果的信息记录，包括侦查活动时间、地点、参与人员、活动过程等侦查程序类信息以及取证

情况、辨认结果、实验结果等案件实体信息。侦查人员通过笔录记载、拍照、录音录像等形式固定、记录下侦查活动情况,这些记录在公诉、审判环节将承担对侦查活动程序、结果以及所获证据情况的证明责任。上文所述对记录类证据对应程序、对应他证的审查,都是基于侦查活动信息的运用。记录类证据在材料制作规范、记录要素齐备的前提下,其基本、具体的侦查活动信息,兼具程序证明和事实证明的双重功能,要充分重视和运用此类侦查活动信息的记录,对相关侦查活动的程序、涉案物证等证据的取证来源、程序和案件关联予以有效证明。此外,运用侦查活动信息记录时,应注意以下两点:

(一)侦查活动程序信息的实体运用

诸如侦查活动开展的时间、地点、参与人员、活动过程等基本程序类信息,并非仅仅具有程序证明功能而无实体证明价值,相反,某些程序性的事项记录,同样也能发挥在案情事实分析判断上的证明功能。例如侦查活动的时间记录,除了反映侦查活动开展的具体日期、时点之外,我们还可通过侦查活动开展时间与案发时间的间隔,分析判断相关证据的客观性。就现场勘查而言,一般而言,现场勘查的时间距离案发时间越短,犯罪现场的原始性就越强。人身检查也是如此,故意伤害类案件中,通常被害人接受人身检查的时间越及时,与被告人伤害行为之间的因果关系就越密切。

(二)侦查活动实体信息的程序依赖

记录类证据所反映的侦查结果实体信息,像现场勘查笔录反映的物证提取情况,辨认笔录反映的案件相关人员对涉案场所、物品、人员的辨认情况,扣押笔录反映的物品扣押情况,侦查实验笔录反映的侦查实验结果情况等,上述实体信息内容的客观性、证明力,都与侦查活动程序本身紧密相关。通常而言,现场勘查和物证提取的程序越规范,物证的真实性、客观性就越强;辨认程序越到位,辨认结果的可信性就越强;侦查实验程序越周全,侦查实验结果的证明力就越强。任何侦查活动的实体结果,都不能与侦查活动程序本身相割裂,两者互为关联、互为一体。侦查活动程序越规范,侦查活动结果就越客观,证明力就越强。

二、注重充分运用所记录的涉案场所信息

某一犯罪活动都与特定场所相联系，涉案场所同时也是获取实物类证据、音像、数据类证据的重要线索来源。因而，涉案场所的相关信息在分析判断其他证据、证明案件事实上具有重要信息价值。涉案场所信息的客观展示也有赖于记录类证据，最常见的便是侦查人员对犯罪活动有关的场所以及场所内的物品、人身、尸体、痕迹进行勘验、检查所形成的现场勘查记录材料。此外，被告人辨认特定场所、侦查机关搜查特定场所、侦查机关在特定场所实施侦查实验等所形成的辨认、搜查、侦查实验记录材料，同样也涉及对特定场所的相关信息记录。涉案场所的信息运用应注意以下两点：

（一）运用涉案场所信息分析判断案情

通过记录类证据关于涉案场所的信息记录，使涉案场所的侦查发现情况、基本环境情况、证据收集情况、侦查活动开展情况等各类信息，能予以充分保存和展示。例如最典型的现场勘查记录材料，其以文字笔录、现场照片、现场图、现场录像等形式，直观、详细地记录下涉案现场的具体方位、周围环境、基本情况以及现场物品、痕迹、尸体等的具体位置、形态等重要信息，是涉案场所的"信息大记录"。从侦查角度来说，将勘查时的犯罪现场原始状态予以具体、客观地固定和记录，其作用不仅是转化为刑事证据，也在于存储犯罪现场的原始信息资料，"初次勘验现场，有时尚不能充分认识犯罪，侦查人员需要反复研究、认识犯罪现场，需要对犯罪行为再现，以便重新把握犯罪人的特征，重新审查证据，重新寻找证据"。[①] 而到了审查起诉、审判环节，侦查人员制作的现场勘查材料也为控、辩、审三方复原现场原貌、研究现场形态提供了客观信息来源基础。通过审查现场勘查材料，可知晓侦查机关开展勘查时的犯罪现场原始状态，使我们能够进一步如同现场勘查人员一般，通过已获悉的现场遗留证据、线索，推演事实过程，进而审查侦查机关锁定被告人的依据和理由，检视侦查阶段的破案思路和过程，从而利于更全面地判断证据、分析案情和认定事实。

---

① 王大中主编：《犯罪现场勘查》，警官教育出版社2003年版，第186页。

实践中，要充分重视和善于运用与涉案场所相关的现场勘查笔录、证据提取笔录、辨认笔录、侦查实验笔录等记录类证据，掌握涉案场所的各种基本情况以及细节信息，包括被告人与犯罪现场的关联；犯罪现场方位、周围环境、现场温度、湿度、光照度、气味等现场基本情况；犯罪现场物品、痕迹的具体位置、形态、数量、分布、提取等现场证据情况；为证实犯罪现场某一具体情节的形成过程、条件和原因而开展的侦查实验情况；等等。

（二）运用涉案场所信息挖掘证据

涉案场所是挖掘证据的一个重要"阵地"。像在故意杀人、伤害、强奸、盗窃、抢劫、放火、爆炸、交通肇事等常见案件类型中，要注重挖掘涉案场所有无遗留有与犯罪相关的生物物证、微量物证、工具痕迹、车辆痕迹等。伴随科技发展、数据时代的来临，监控视频、通信记录等音像、数据类证据逐渐成为定人、定位的重要客观性证据。因而要善于根据涉案场所的地理位置信息，挖掘能与涉案场所关联的手机基站信息、通信记录、行车轨迹记录、道路监控等音像、数据类证据，通过证据挖掘来严密证据体系，强化案件事实证明。

三、注重充分运用所记录的物品、痕迹信息

现场勘查笔录、提取笔录、扣押笔录等记录类证据，不仅记录下涉案物品、痕迹的现场勘查、提取、扣押等情况，同时还以文字描述、拍照、录像等方式，记录下物品、痕迹被发现、收集到案时的初始状态，以及在犯罪现场中的具体位置、数量、形状、分布等细节信息。从所处位置到外部特征、从整体概貌到局部细节，记录类证据多层次地将物品、痕迹的详细信息予以记录、保存。

实践中，多数物品、痕迹由于不易搬运、不易保存等客观原因，不便以实物形态附卷审查。此情形下，关于涉案物品、痕迹的照片、录像、文字描述就成为我们审查运用物品、痕迹的主要途径。即使以实物形态附卷的物证，也需要辅之以记录类证据关于该物证的取证来源、方式的说明，才能予以有效运用。因而可以说，要运用好涉案物品、痕迹的证据信息，在某种程度上就相当

于要运用好记录类证据所展示的物品、痕迹信息。特别是要对物品、痕迹等实物证据予以外部特征、存在形态、来源位置、数量分布等"外在"信息分析时,往往就要借助于记录类证据关于实物证据的文字、照片、录像记录。

记录类证据与实物证据之间的这层紧密关系,表明在记录类证据的证据运用上,不能仅关注记录类证据在证物收集上的证明作用,而是应该也重视运用记录类证据所展示的物品、痕迹等证据的细节信息。例如审查运用现场勘查记录材料时,除着眼于审查犯罪现场有无提取指纹、血迹、毛发、体液、人体组织、作案工具等重要物证外,同时在上述物证提取到案的情况下,还应重视运用现场勘查笔录、照片、录像关于该物证的现场位置、形态、数量、分布以及与现场其他物证相互关系等细节信息的记录,如此,物品、痕迹等的证据信息才能得以充分运用。

四、注重充分运用所记录的涉案人身、尸体记录信息

法医学人体损伤程度鉴定意见、尸体检验鉴定意见等检验、鉴定类证据,固然是反映人身、尸体的创伤部位、创伤特征、创伤程度、死亡原因以及判断致伤工具的关键客观性证据,但是,人身检查笔录、现场勘查材料等记录类证据同样也是人身、尸体证据信息运用的重要依据。

(一)人身记录信息的运用

在伤害类案件中,案发后侦查机关对被害人受伤情况予以人身检查所形成的人身检查笔录、照片等记录材料,是证明被害人伤势情况、伤势部位、伤势表面特征的重要客观性证据。运用人身检查记录材料所反映的检查时间、检查地点、检查人员、检查时被害人的身心状态等信息,结合被害人之后的就医记录以及最后的人体损伤程度鉴定书,是证明被害人前后伤势情况是否一致、是否存在二次伤害可能性的重要依据。

实践中,人身检查不局限于伤害类案件,检查对象也不局限于被害人,检查目的也不是仅限于检查受伤情况。《刑事诉讼法》第132条规定:"为了确定被害人、犯罪嫌疑人的某些特征、伤害情况或者生理状态,可以对人身进行检查,可以提取指纹信息,采集血液、尿液等生物样本。犯罪嫌疑人如果拒绝检查,侦查人员认为必要的时候,可以强制检查。检查妇女的身

体,应当由女工作人员或者医师进行。"可见,人身检查可能存在于任何与人身相关的案件中,其不仅是对被害人的人身检查,也包含对被告人的人身检查;不仅是对伤害情况的检查,也包括对人身的某些特征、生理状态的检查;不仅包含人身检查活动,也包含对人身指纹、血液、尿液等生物样本的采集活动。因而,人身检查笔录的信息范畴非常丰富,实践中要充分运用。例如,强奸案中通过检查被告人身上是否留有咬痕、抓痕等受伤情况,对于分析判断被害人是否自愿发生性关系具有重要证据价值;又如,通过检查被告人的身高、体重、相貌、文身、口音、疤痕、胎记、痦子等人身特征,又可分析判断与其他证据反映的作案人人身信息是否相符,在某些情形下能成为锁定被告人作案行为的关键证据。同时,在程序证明价值上,将人身检查记录与入看守所检查记录等材料相互对照,是证明被告人有无遭到刑讯逼供、言词证据获取是否合法的重要依据。

(二)尸体记录信息的运用

在案件存在尸体的情形中,记录类证据所展示的尸体信息同样重要。在现场发现尸体的案件中,通过现场勘查笔录、照片、录像等记录材料,可清晰、直观反映尸体被发现的时间、地点、原始状况、具体姿态以及与周围环境、血迹、痕迹之间的相互关系,而这些信息在尸体检验鉴定意见中均无法得以体现。尸体检验鉴定意见反映的仅是尸体检验情况信息以及通过尸检分析判断死因和致伤工具,其必须结合记录类证据所反映的尸体来源、状态以及与现场周围环境、物证、痕迹的相互关系等信息,才能完整分析判断尸体与案件事实之间的关系。且现场勘查笔录关于尸体信息的具体记录,对于判断犯罪现场系第一现场还是第二现场、系遇害现场还是抛尸现场具有信息价值。同时,现场尸体情况也是重建犯罪现场、分析判断案情、认定案件性质的重要依据。

五、注重综合运用各类记录信息

在注重运用记录类证据所展示的侦查活动信息、涉案场所、物品、痕迹、人身、尸体等各类信息时,也要注重将各类信息相互结合、综合分析。如凶杀案中,一方面,现场勘查材料所记录的现场勘查时间、现场地点、现场保护情况、现场尸体、血迹的具体位置、原始状态以及相互关系等各类信息之间,具有相互联系、彼此影响的关系;另一方面,犯罪现场勘查记录材料又与现场物证的提取笔录、辨认笔录、犯罪现场某一情况的侦查实验笔录等其他记录类证据,以及与相关物证的鉴定意见、被告人关于凶案现场发生事件的供述或辩解等证据之间相互联系。可见,在记录类证据的证据运用上,要注重各种记录信息之间、各种记录类证据之间以及记录类证据与其他在案证据之间的综合运用、整体判断,充分将记录类证据所记录的各类信息有效转化为证明案件事实的证据信息。

第四节　常见记录类证据的审查运用

一、现场勘查笔录的审查运用

现场勘查笔录是实践中最常见、最典型的一类记录类证据,系对现场勘验、检查过程以及依法收集、提取证据等事项所作的记录。准确地说,现场勘查笔录与现场图、现场照片、现场录音录像、现场证据提取清单等记录材料一道构成了完整的现场勘查记录材料。犯罪现场素有"证据宝库"之称,犯罪现场勘查对于刑事侦查以及后续的刑事审判具有非常重要的作用,尤其是对于刑事侦查工作而言,"犯罪现场勘查通常决定着侦查工作的成败"。[①]作为对现场勘查活动的记录,现场勘查记录材料可谓是侦查人员对犯罪现场这一"证据宝库"开发工作的详细记录,系了解侦查机关勘查活动和现场状况的最直接依据,同时也是认定犯罪事实、架构证据体系的重要客观性证据。实践中,在审查运用中存在对现场勘查记录材料证据价值认识不深、审查不细、运用不充分等问题,以致其证明作用未能充分发挥,影响办案质量。

从证据价值而言,现场勘查记录材料具有证明现场勘查活动程序合法、说明现场证据提取来源、固定犯罪现场原始状态、展示犯罪现场及现场物证细节信息等重要功能,系重建犯罪现场、检验言词证据、证明案件事实的重要客观性证据。从证据审查而言,应特别注重程序审查与实体审查相结合,

---

[①] [美]李昌钰、蒂莫西·M.帕姆巴奇、玛丽莲·T.米勒:《李昌钰博士犯罪现场勘查手册》,郝宏奎等译,中国人民公安大学出版社2006年版,第1页。

从现场勘查人员组成、现场保护情况、现场物证发现和提取情况、见证人参与情况、现场勘查记录材料制作情况等程序事项，以及犯罪现场的场所、物品、痕迹、尸体具体信息等实体内容，全面审查现场勘查程序是否规范、合法，内容记录是否客观全面，确保现场勘查记录材料的证据资格和证明力。从证据运用而言，应特别注重充分运用现场勘查记录材料所记录的场所、物品、痕迹、尸体等各方面具体信息，有效发挥现场勘查材料在重建犯罪现场、检验言词证据、证明案件事实方面的证据作用。

实践中，在审查运用现场勘查材料时，应重点掌握以下要点：

（一）笔录审查与现场图、照片、录像审查相结合

现场勘查记录材料是记录类证据中各记录方式相互结合、共同发挥记录作用的典型表现。有现场勘查，必有现场笔录、现场图、现场照片以及必要情形下的现场录音录像。现场勘查笔录、现场图、现场照片、现场录音录像等现场勘查记录材料，在内容上均是对现场勘查活动和现场具体情况的反映，在表现形式上各有所长。通过现场勘查笔录，可以全面了解现场勘查活动开展的时间、地点、参与人员、现场保护、现场环境、现场勘查过程以及勘查所获所得等详细情况；通过现场图、照片、录音录像，可以更加直观、充分了解现场环境以及现场物品、痕迹的位置、形态、分布等具体信息。

在审查现场勘查记录材料时，要防止仅关注现场勘查笔录而忽略现场图、照片、录音录像审查的片面审查，应充分认识到，现场图、现场照片、现场录音录像以及现场证据提取清单均是现场勘查证据记录材料的重要组成部分，需要相互结合、不失偏颇地予以全面审查。在审查中，要依照记录类证据材料整体中的互补审查和验证审查方式，强化各记录方式的互补和验证作用，通过现场勘查笔录、现场图、现场照片、现场录音录像对现场情况的多维展示，全面、充分地掌握和运用犯罪现场各类信息。

（二）阅卷审查与亲历现场相结合

犯罪现场系三维性的实体存在，因而通过二维性、平面性的现场勘查材料来认识和熟悉犯罪现场，有时会产生不够直观、立体的问题。特别是对于现场勘查笔录记载的以方向、角度、距离为标准的方位信息，即使结合现场图、照片、录像，也未必能立刻、清晰地在思维中形成准确画面印象。因

而，在必要时应亲自走访、复勘犯罪现场，以阅卷审查与亲历现场相结合的方式，直观、亲历地熟悉和了解犯罪现场情况。

对于阅卷审查与亲历现场的结合，实践中要注意以下几点：

一是亲历现场应以阅卷审查为基础。现场勘查记录材料系侦查机关现场勘查过程和勘查成果的记录和总结，亲历现场既是进一步了解犯罪现场的重要方式，也是审查勘查材料内容是否客观真实的有效手段，其抛不开对现场勘查材料的前期审查。同时，阅卷审查也包括对在卷其他证据的审查。只有在充分阅卷、熟悉案情、发现问题的基础上，才能形成现场走访、复勘的思路和重点。

二是亲历现场应带有明确的目的性和重点性。亲历现场并非到现场简单"遛一圈"，而应根据阅卷审查发现的疑点、问题以及需要进一步厘清的问题，确立现场走访、复勘的目的和重点。根据案件不同情况，通过亲历现场有针对、有目的地深入了解犯罪现场具体方位、基本环境、出入口位置、物证提取位置等具体信息，以求加深对犯罪现场的了解，解决认识疑惑。

三是亲历现场应有挖掘和补强证据意识。在复勘现场过程中，注重觉察现场是否存在侦查机关勘查遗漏的重要信息。如在唐某杀人案二审环节中，检察机关在复勘现场时发现了侦查环节现场勘查时没有记载的进户门锁的特殊性及还有其他进户门，为案件正确处理获取了更多的客观性证据支撑。

（三）科学检验与专家咨询相结合

"犯罪现场勘查是对尚未确定的犯罪行为进行法庭科学调查的第一个步骤，也是最关键的一个步骤。所有法庭科学调查的基础都在于：犯罪现场勘查人员是否能识别犯罪现场上的潜在物证，能否认识到该物证所具有的重要性。"[①]现场勘查是门"技术活"，与法庭科学技术紧密相连。同样，审查运用现场勘查材料亦要善于运用科学技术，通过借助技术部门、专家的力量，对犯罪现场的证据信息做出科学地鉴定、检验和解释。

实践中要善于通过审查现场勘查材料，查找现场是否存在侦查人员现场勘查时未注意或未重视、但可用科学手段加以检验和解读的重要物证或重要

---

① [美]李昌钰、蒂莫西·M.帕姆巴奇、玛丽莲·T.米勒：《李昌钰博士犯罪现场勘查手册》，郝宏奎等译，中国人民公安大学出版社2006年版，第1页。

现象。例如，现场是否遗留有可供检验的指纹、血迹、精液、体液、毛发、工具痕迹、车辆痕迹、枪弹痕迹等物证；是否存在可通过力学、热学、光学等学科专业知识加以检验、论证的某一客观现象，如人体、物品的坠落状态、血迹的形成原因等。科学鉴定、检验是挖掘现场案情信息的有效手段，也是现场重建的重要依托。要增强利用科学手段解释和运用现场物证、现象的内在案情信息，充分运用科学技术，来加以分析论证案件事实情节。

（四）专门审查与比对分析相结合

犯罪现场勘查在多类案件中均是侦查活动的基础，这就使得犯罪现场勘查记录材料作为基础性证据，通常与其他记录类证据，实物类证据，检验、鉴定类证据，音像、数据类证据，被告人供述等言词类证据具有重要关联。因而在对现场勘查笔录、绘图、照片、录音录像等现场勘查记录材料的专门审查基础上，要注重将其与在卷其他证据进行对照审查、比对分析。

一是与实物类证据的比对分析。对于犯罪现场勘查所提取的物品、痕迹等实物类证据，要通过审查现场勘查记录材料，确定证据的现场来源、现场位置、现场状态以及现场提取等程序和实体情况。

二是与鉴定意见的比对分析。对犯罪现场的生物物证、痕迹物证等各类信息，应结合相关鉴定意见，客观分析、科学研读。同时，要注重比对鉴定意见书所列检材在现场勘查材料上有无相应记载，有无存在检材无法说明来源或者现场提取的物证、痕迹未送检的情况。

三是与被告人供述、辩解等言词证据的比对分析。与被告人供述、辩解比对分析的重点在于，一方面通过涉及犯罪现场的供述、辩解深入认识犯罪现场；另一方面运用现场勘查材料来甄别口供真伪，特别是要善于通过现场勘查材料与口供之间的证据验证、证据挖掘和证据解读，有效检验被告人有罪供述和无罪、罪轻辩解的真伪。

四是与电子数据、视听资料的比对分析。将手机基站轨迹、通信记录、行车轨迹记录、道路监控视频、现场监控视频等证据反应的动态信息与现场勘查材料的静态信息内容相结合，分析判断被告人与犯罪现场的时间关联、空间关联以及活动关联。

五是与辨认笔录、侦查实验笔录等比对分析。犯罪现场的侦查实验与犯罪现场情况不可分离，要在充分审查侦查实验是否符合相关要求的前提下，结合侦查实验结果,分析判断案发现场有无发生特定的事实、情节。

(五)全案审查与证据挖掘相结合

现场勘查材料的审查运用应坚持证据挖掘原则,在具体路径上就是要求在与其他证据比对分析、全案审查的基础上,充分捕捉其他证据反映的细节信息,通过调阅侦查内卷、现场复勘、重新或补充鉴定、电子数据检验等途径,积极挖掘和补强侦查机关未发现或未移送的相关证据,以进一步完善证据体系、查清案件事实。具体实践中可依据但不限于以下思路开展证据挖掘:

一是根据被告人供述、辩解开展证据挖掘。被告人供述、辩解反映的细节信息是证据挖掘、补强的一大途径,对于被告人口供提到的,但在现场勘查材料中未有相关记录的现场以及现场周围的细节信息,应及时核查,以进一步检验被告人口供的真伪。

例如,张某盗窃案中,张某在公诉环节推翻侦查阶段的有罪供述,辩称未曾去过被害人家中,但通过核实、补强其原先供述中提到的且侦查环节未曾核实的被害人家中窗户贴有"福"字这一现场细节,以先供后证的方式有力证明了原先有罪供述的真实性。

二是根据犯罪现场勘查及被害人、目击证人反映的作案过程开展证据挖掘。根据在卷证据反映的被告人进入现场、接触现场物品或人员、实施作案行为、离开现场等行为脉络,查找和挖掘相关场所、物品、人身等是否遗留有与犯罪相关的生物物证、微量物证、工具痕迹、车辆痕迹等。

三是根据犯罪现场时空信息开展证据挖掘。根据案发时间、地点的时空因素,挖掘与犯罪活动相关联的客观性证据,主要有以下两类:一是能与犯罪现场及周边建立时空关联的手机基站信息、通信记录、行车轨迹记录等电子数据证据;二是犯罪现场及周边的道路监控、公共场所监控、住宅监控等视听资料证据。

(六)综合分析与现场重建相结合

综合分析是证据审查运用的最终步骤,该过程中要善于运用现场重建方法来客观还原犯罪情景、认定认罪事实。事实上,现场重建本身就是一项证据综合分析活动,"需要将各种类型的物证、痕迹形态信息、分析结果、侦查信息和其他书面证据与言词证据整合成为一个有机的整体"。① 现场勘查记录材料是犯罪现场的"图纸",充分利用这张"图纸"所记录的现场证据信息,依托客观性证据的科学解释和检验,综合全案证据审查,遵从逻辑经验法则,将证据综合分析和现场重建相结合,科学重建犯罪现场,查清案件事实。

例如,杨某某故意杀害父母一案,两被害人被发现死于家中床上,死因均为口鼻部遭捂压致机械性窒息死亡。该案现场勘查材料所记录的现场基本环境、两被害人尸体状况、室内物品未翻动痕迹、门窗完好、地板上有杨某某母亲尿液、房内有煤气味等现场信息,均成为公诉环节重建当晚两被害人遭杀害后被伪造煤气中毒死亡这一事实的重要依据,且反映家庭内部人员有重大嫌疑。杨某某归案后辩称"其是在看见其父在床上杀害其母后才去杀害父亲的",但杨某某母亲当晚失禁尿液留在地板而非床上这一现场信息对该辩解予以了客观反驳。本案的现场勘查材料成为认定杨某某为变卖父母房产而杀害双亲事实的关键客观性证据。

二、辨认笔录的审查运用

辨认笔录是与侦查辨认活动相关联的记录类证据,系 2012 年修正的刑事诉讼法中被正式确认的证据种类,与勘验、检查笔录、侦查实验笔录一道规定为同一种证据类型。所谓侦查辨认,是指侦查人员为查明案情,让被害人、证人或者犯罪嫌疑人对与犯罪有关的物品、文件、尸体、场所或者犯罪嫌疑人进行辨认。② 根据辨认主体的不同,可分为被害人辨认、证人辨认、被告人辨认;根据辨认对象的不同,可分为对人(包括尸体)的辨认、对物的辨认、对场所的辨认。侦查辨认是同一认定的重要形式,"所谓同一认定,是指根据客体特征判断两次或多次出现的客体是否属于同一个客体的认识活动"。③ 侦查辨认对于建立实物证据的案件关联、确定被告人身份、查明案件事实具有重要证明作用。实践中,一些辨认结果甚至起到直接影响定罪量

---

① [美]李昌钰、蒂莫西·M.帕姆巴奇、玛丽莲·T.米勒:《李昌钰博士犯罪现场勘查手册》,郝宏奎等译,中国人民公安大学出版社 2006 年版,第 260 页。
② 参见《公安机关办理刑事案件程序规定》第 249 条。
③ 何家弘:《神证·人证·物证》,大众文艺出版社 2003 年版,第 202 页。

刑的关键作用。像在凶杀案中，目击证人对被告人的辨认，被告人对犯罪现场、犯罪凶器的辨认，对于认定被告人的作案事实影响甚大。

侦查机关对辨认经过和辨认结果情况所作的笔录，便是辨认笔录。辨认笔录在内容上，要求全面、客观地记录辨认的全过程和辨认结果，并有在场相关人员的签名；在形式上，除文字描述记载之外，还包括辨认对象的照片以及必要情形下对辨认所作的同步录音录像。不可否认，辨认过程是一个错综复杂的认识过程，在辨认过程中存在众多影响辨认结果可靠性与可信性的因素，辨认笔录中辨认结果的形成"要经过辨认人感知、记忆、回忆、再认、表达等阶段，而每一个阶段可能因受到主观和外界因素的干扰而发生错误"。[1]甚至，有学者认为辨认错误是导致冤假错案的主要原因之一。[2]但是，笔者之所以将辨认笔录也作为客观性证据之一，并非认为辨认结果具有必然的客观性，而是在于通过辨认笔录、照片、录像等客观表现形式，可对辨认过程、辨认方式予以客观还原、重复验证，并结合其他证据对辨认结果的客观性做出综合判断。具体而言，在审查运用辨认笔录中要注意以下内容：

（一）注重审查辨认是否符合程序要求

公安部规定、高检院规则都有如何进行辨认的详细规定，在审查辨认笔录时要对照有关规定，审查辨认过程是否符合以下要求：

一是主持人要求，即侦查辨认必须在不少于二名的侦查人员的主持下进行。辨认的主持人员不合规定，将导致辨认笔录不具备证据能力。要通过审查笔录上关于主持人要素的记载以及相关侦查人员的签名，核实侦查辨认是否在不少于二名的侦查人员的主持下进行。

二是辨认个别性要求，即几名辨认人对同一辨认对象进行辨认时，应当对每个辨认人的辨认活动个别进行，该规定系防止在共同辨认下多个辨认人之间的相互影响从而使辨认结果的可靠性受到影响。在几个辨认人对同一辨认对象进行辨认时，除了注意审查每份辨认笔录是否独立制作、笔录上有无注明系个别进行外，还要注意审查不同辨认人的具体辨认时间，审查是否存在同一侦查人员在同一时间主持不同辨认人的辨认活动情形。

---

[1] 宋英辉、孟军、何挺等：《死刑案件证据运用指引建议论证稿》，法律出版社2016年版，第72页。

[2] 韩旭：《辨认笔录证据能力问题研究》，载《证据科学》2012年第2期。

三是辨认对象混杂性要求,即辨认对象一般要混杂在特定数量的具有类似特征的其他对象之中,该规定系为了进一步保障辨认结果的可靠性,否则"将某一辨认对象混杂在某些不同特征对象中,就极易造成误导和暗示并直接影响辨认的真实性"。[①] 根据相关规定,辨认犯罪嫌疑人时,被辨认的人数不得少于7人;对犯罪嫌疑人照片进行辨认的,不得少于10人的照片,辨认物品时,混杂的同类物品不得少于5件;但对场所、尸体等特定辨认对象进行辨认,或者辨认人能够准确描述物品独有特征的,陪衬物不受数量的限制。

四是辨认见证要求,即辨认时应当有见证人见证,因客观原因无法找到符合条件的人员担任见证人的,应当在笔录中注明情况,并对相关活动进行录像。即使在有见证人的情形下,必要时或有条件下也应当对辨认过程进行同步录音录像。

五是辨认笔录签名要求,即辨认笔录上要有侦查人员、辨认人、见证人签名。

(二)注重审查辨认是否存在明显暗示或明显指认嫌疑

辨认活动中的暗示、指认,是实践中动摇辨认结果可靠性的最大隐患。辨认人若在辨认活动中受到明显暗示或有材料表明存在明显暗示、指认嫌疑的,辨认结果的真实性、可靠性自然失去根基,该辨认笔录也就失去作为定案依据的资格。因而,审查辨认是否存在明显暗示或明显指认嫌疑,是保障辨认结果可靠性的重要一环。实践中,单纯通过辨认笔录的文字记载是难以有效审查是否存在明显暗示或明显指认嫌疑的,一般应结合同步录音录像加以综合判断。同步录音录像的审查,要注重观察录音录像中辨认人的辨认活动是否个别进行、辨认过程是否自然、辨认中有无受到侦查人员的干扰、对辨认结果是否表示犹豫等,来分析判断辨认结果的可靠性。

(三)注重审查辨认前言词笔录与辨认过程、结果的印证性

分析判断辨认过程、结果是否客观的重要路径之一,就是要将辨认笔录的审查与辨认人于辨认前所作言词笔录的内容审查相结合。要注重审查在辨

---

① 侯东亮:《刑事证据规则论》,法律出版社2015年版,第244页。

认之前,被告人、被害人、证人有无在讯问、询问笔录中,描述过辨认对象的具体特征、周围环境以及自己能否予以辨认的可能等内容。若在辨认前言词笔录中有过对辨认对象的相关描述,就要将该描述与实际辨认过程、结果相对照,审查是否相互印证。对于实际辨认结果与辨认前言词笔录中的描述存在差异的情形,要高度重视、核查原因,对辨认是否客观予以充分审查。

(四)注重充分运用辨认结果证明案件事实

在审查确认辨认结果真实、可靠的前提下,要充分运用案件相关人员对特定物品、场所、尸体、人员的辨认结果,来建立证据的案件事实关联、确认作案人员身份、证明案件事实。实践中,要特别关注侦查机关是否系根据被告人辨认、指认,找到犯罪现场或是在犯罪现场找到隐蔽性很强的痕迹、物证等证据。例如,凶杀案中经被告人指认、辨认后,侦查人员找到被害人尸体、物品或作案工具;盗窃案中经被告人指认、辨认后,侦查人员找到涉案赃物或其他失窃被害人等情形下,辨认笔录具有证明被告人内知性、确定被告人作案事实的关键作用,在被告人翻供情况下,该辨认笔录系反驳翻供理由、证明翻供不实的强力证据。

三、侦查实验笔录的审查运用

侦查实验笔录是对侦查实验活动经过、结果的记录。与辨认笔录的证据地位确立一样,侦查实验笔录亦是于2012年修正的刑事诉讼法中被确认为法定证据种类之一。侦查实验笔录所对应的侦查实验,是指在侦查过程中,为了确定对查明案情有意义的某一事实或现象是否存在,或者在某种条件下能否发生或怎样发生,而参照案件原有条件将该事实或现象加以重演或再现的一种侦查活动。要进行侦查实验,必须经县级以上侦查机关负责人批准,并且禁止一切足以造成危险、侮辱人格或者有伤风化的行为。实践中,在审查运用侦查实验笔录时要注意以下要点:

(一)注重审查侦查实验是否符合条件要求

侦查实验最基本的功能是为了验证在某种条件下某一事件或某一现象是否发生和后果如何,因而侦查实验结果客观、科学、可靠的重要前提,就是侦查实验的条件与案件发生时的条件是否保持一致。根据案情不同，某一事件或某一现象的发生和后果所依据的时间条件、地理条件、环境条件、温度条件、工具条件、材料条件、人员条件各有不同，侦查实验的条件必须要与相应的案发条件吻合、一致，如此，实验结果才能作为分析判断案情事实的依据。例如，验证某种车辆能否在某地留下特定轮胎痕迹，就要求侦查实验的车辆类型、轮胎类型、实验地点、实验路面的情况、实验车辆的载人载物情况等各种条件与案发条件一致。

因而，在对侦查实验笔录所证明的实验结果予以运用之前，一定要先行审查笔录上关于侦查实验条件的记载内容，审查侦查实验的相关条件与案发条件是否相同，且在同一条件下，同一实验有无进行多次，结论是否同一。当审查发现侦查实验的条件与事件发生时的条件存在有明显差异，或者存在影响实验结论科学性的其他情形时，该侦查实验笔录不得作为定案的根据。

（二）注重运用侦查实验笔录证明案件事实

侦查实验本质上属于特定条件下的模拟实验，侦查实验笔录在刑事个案中也较少作为证据使用，因而侦查实验笔录的证据价值在实践中并不突出，甚至有人认为"不知立法者把侦查实验的笔录赋予其法定的证据种类用意何在"。① 侦查实验虽不常见，但是作为侦查方法的一种，其在特定个案中对于分析、研究、证明某些犯罪手段、犯罪情节，审查和判明被告人供述、被害人陈述、证人证言是否符合客观实际、是否真实具有重要意义。②

通过侦查实验，我们可确定在现场条件下能否听到某种声音或看到某种情形；在一定时间内能否完成某种行为；某种条件下能否发生某种现象；某种行为与遗留痕迹、物品状态能否吻合；某种工具能否形成某种痕迹；痕迹、物品在现场条件下的变化规律；某一情节的发生过程和原因等。这些实验结果对于分析判断案情、检验言词证据都具有重要作用。例如通过侦查实验，可进一步验证证人能否在特定时空、光线、隔音环境下看到被告人的作案行为或者听到被告人实施犯罪时的声响；通过侦查实验，可验证被告人关于在特定条件下不具有作案时间或无法实施某种特定犯罪活动的辩解是否符

---

① 侯东亮：《刑事证据规则论》，法律出版社2015年版，第245页。
② 吴高庆主编：《证据法原理与案例教程》，清华大学出版社2017年版，第209页。

合实际等。同时，在运用犯罪重建理念审查判断客观性证据时，在特定案件中，侦查实验对于分析验证特定的事实、情节的发生，也具有不可替代的作用。

　　因而实践中对于侦查机关已有的侦查实验，在审查确认侦查实验符合程序、条件的基础上，要善于结合侦查实验结果，审查判断在案证据、事实。另外，对于侦查机关未进行侦查实验、审查后认为有必要的，可要求侦查机关针对某一待验证的具体情形进行侦查实验，为特定的涉案情节分析提供实验依据。

第六章 检验、鉴定类证据的审查运用

第一节 检验、鉴定类证据的特点与功能

在客观性证据中,我们把鉴定人、专业技术人员运用现代科学技术或者专门知识对涉案的专门性问题进行鉴别和判断并提供的鉴定意见、专业技术人员意见等证据统称为检验、鉴定类证据。检验、鉴定类证据除刑事诉讼法所规定的鉴定意见外,还包括一些专业技术人员意见、科学检验报告等。检验、鉴定类证据具有十分重要的证据价值,通过正确地解读与运用,可以揭示案件的事实本质。

一、检验、鉴定类证据的特点

(一)科学性

检验、鉴定类证据的科学性源于其要解决的问题本质是专门性问题,而非纯粹的法律问题。这些专门性问题,需要解决的往往是科学领域、科学范畴的问题,不具备专门知识的办案人员无法通过侦查、审查等方式予以解决,因而向鉴定人、具备专门知识的专业技术人员求助,由这些人员通过运用科学技术设备或者本身所具有的专门知识以科学的方法进行检验、鉴定予以解决。"有的鉴定使用尖端的仪器设备,自动化程度很高;有的鉴定凭手工操作,主观经验性很强,但是,任何鉴定结论都必须以一定的科学技术为基础。"[1]检验、鉴定类证据的最大特点就是科学性,之所以其诉讼价值不断升高,与科学技术不断发展,检验、鉴定类证据的科学性不断提升息息相

---

[1] 何家弘、刘品新:《证据法学》,法律出版社2004年版,第183页。

关。当然,"鉴定意见应当具有科学性,但并不是所有鉴定意见都当然具有科学性,鉴定意见的科学性也受到鉴定人的认识水平、鉴定依据的全面和真实程度、鉴定设备的优劣等许多主客观因素的限制"。①因此,检验、鉴定类证据并非当然具备科学性,办案人员在审查运用时需要综合判断,而不能迷信盲从。

（二）主观性

科学性是检验、鉴定类证据的前提,即推导出意见的基础是依靠科学技术检验、科学专业知识,但是设备的操作、专门知识的运用均由人来完成,意见也系由鉴定人进行分析判断而形成。作为个体的鉴定人、具备专门知识的人,与形形色色的普通人群一样,有着各种方面的差异,因此,检验、鉴定类证据难免要受到鉴定人、专业技术人员"专业水平、经验、学术流派、职业道德甚至是个人情绪、偏好等非理性因素的影响"。②实务中,不同的鉴定机构、鉴定人对于同一个问题给出不同意见的情况时有发生,这就是检验、鉴定类证据主观性的重要体现。

（三）中立性

因为检验、鉴定类证据具有主观性这一特性,容易受到人为因素的干扰。因此,为保证证据的客观真实性,必须由与案件各方无任何利害关系的鉴定人、鉴定机构、专业技术人员出具意见,即检验、鉴定类证据必须具备中立性。鉴定人、专业技术人员与证人并不同,证人是亲历案件事实的特定人,具有不可替代性,因此无论证人与涉案人员之间的关系如何,其证言都可以作为证据使用,而鉴定人、专业技术人员并不具有不可替代性,如与案件有利害关系,则应当予以更换他人,由与案件无利害关系的其他鉴定人、专业技术人员出具意见。司法部《司法鉴定程序通则》明确规定了司法鉴定人的回避制度:司法鉴定人本人或者其近亲属与诉讼当事人、鉴定事项涉及的案件有利害关系,可能影响其独立、客观、公正进行

---

① 高保京、周晓燕主编:《暴力犯罪案件的证据收集、审查与认定》,中国检察出版社2015年版,第123页。

② 杨迎泽、孙锐主编:《刑事证据的收集、审查与运用》,中国检察出版社2013年版,第153页。

鉴定的,应当回避。司法鉴定人曾经参加过同一鉴定事项鉴定的,或者曾经作为专业技术人员提供过咨询意见的,或者曾被聘请为有专门知识的人参与过同一鉴定事项法庭质证的,应当回避。对于非司法鉴定人的其他鉴定人、专业技术人员,应当同样适用回避制度,以保证检验、鉴定类证据的公正、真实。

(四)可重复验证性

实验科学里,一个新的发现能否被认可,关键在于能否被其他科学家按照相同方法重复。如果实验没有得到其他科学家重复性实验的验证,无论发现多么惊人,都是没有价值的"偶然事件",要么是数据造假,要么存在未被排除的干扰因素,反正肯定哪里出了问题。鉴定类证据解决的是专门性问题,检验或鉴定的过程与科学实验并无二异,为保证检验、鉴定的真实性,必须具有可重复验证性。通常情况下,对检验、鉴定类证据内容有质疑,可以重新鉴定、检验。为保证检验、鉴定类证据可以被重复验证,办案人员必须加强对相关检材的保管,避免发生检材灭失的现象。

(五)多样性

检验、鉴定类证据的多样性体现在以下三个方面:一是检验、鉴定类证据中的鉴定意见本身所涉及的方面就十分宽广,常见的有法医学鉴定、精神病鉴定、物证与痕迹鉴定、毒物鉴定、图像鉴定、声纹鉴定、会计鉴定等,而上述的每一类鉴定又可以细分成多个不同内容的鉴定意见。二是因现代犯罪涉及的领域、手段更加多样化、复杂化、无边界化,而鉴定机构、鉴定人的能力却是有限的,很多涉案的专门性问题仅通过鉴定机构、鉴定人是无法解决的,因此常见的鉴定意见之外的其他鉴定类证据种类也十分多样,且涉及科学技术的方方面面。三是随着科学技术的不断发展,案件的事实会以更多形式予以呈现,涉案人员与案件事实的关联也可以通过更多领域的科学技术予以判断,专门性问题的解决方式也会越来越多,检验、鉴定类证据的种类也随之不断增加。

二、检验、鉴定类证据的诉讼价值功能

(一)有力查明案件事实,揭示案件真相

当然,任何具备合法性、客观性、关联性的证据都可以证明案件事实,但基于检验、鉴定类证据所具有的科学性等独特特性,在查明案件事实、揭示案件真相方面具有其他证据不可比拟的优势。

1.通过检验、鉴定类证据本身内容查明案件事实。"在侦查活动中,刑事技术鉴定可以查明和确定案件的人、事、物之间的关联性质,为分析案情、确定侦查方向、缩小侦查范围、正确选定案件的突破口服务,甚至可以直接通过刑事鉴定认定犯罪嫌疑人。"[①] 通过科学技术的帮助,如将现场痕迹、物品进行 DNA 鉴定、指纹鉴定,可以有效建立起犯罪嫌疑人与案件之间的关联,从而可以证实犯罪嫌疑人曾出现在某处、触摸过某物、实施过某行为等,在某些特定条件、时空环境下,通过相关的检验、鉴定甚至可以直接认定犯罪嫌疑人实施了犯罪,如在他人家中失窃的保险柜内提取到与被害人素不相识犯罪嫌疑人的指纹,即使没有其他证据,仅凭上述证据也足以认定犯罪嫌疑人实施了盗窃行为。

2.通过检验、鉴定类证据证实在案其他证据真实性。检验、鉴定类证据不仅具有直接证实案件事实的功能,还有辅助其他证据证实案件事实的功能,在其他证据内容对于案件事实的认定具有重大作用,但这些证据真实性通过一般审查方式难以查明时,则需要通过鉴定或检验,此时检验、鉴定类证据所证实的并非案件事实本身,而是案件中其他证据本身的真实与否,从而间接起到查明案件事实、揭示案件真相的作用。如视听资料、电子数据、书证等证据,从证据内容本身看,可以证实犯罪嫌疑人实施了犯罪,但是证据本身是真实的还是伪造的或被篡改过、剪辑过的,通过一般审查方式却难以查明,这时就需要对视听资料、电子数据、书证等进行技术检验或鉴定,从而确定证据本身的真实性。

3.通过检验、鉴定类证据检验言词证据真实性。客观性证据具有检验言词证据真实性的功能,检验、鉴定类证据也是如此。检验、鉴定类证据基于

---

① 杜志淳主编:《司法鉴定论丛》,北京大学出版社 2009 年版,第 392 页。

其独特的科学性,在确保其本身内容真实有效前提下,对于检验言词证据真伪的作用极为显著,在实务中,这也是办案人员常用的一种审查判断证据方式。如通过尸体检验鉴定书中关于被害人创口数量、部位、形态的描述,可以检验犯罪嫌疑人对于行凶时的打击数量、部位、力度及所用凶器等供述内容是否真实;通过指纹鉴定,可以检验犯罪嫌疑人对于是否到过犯罪现场的供述内容是否真实。在检验、鉴定类证据合法性、关联性、客观性得到保障的前提下,如果稳定性较弱的言词证据与检验、鉴定类证据及其他在案客观性证据存在矛盾时,应当不予采信言词证据。当然,这并不意味着检验、鉴定类证据具有当然的证明力,对于检验、鉴定类证据,与其他类证据同样都需要审查判断确定真实性。

(二)破解陈年积案,纠正冤错案件

检验、鉴定类证据在破解陈年积案,纠正冤错案件上面具有其他证据不可比拟的优势,许多陈年积案的侦破及冤错案件的纠正,都离不开检验、鉴定类证据,检验、鉴定类证据在其中起到了决定性作用。

1.通过检验、鉴定类证据破解陈年积案。陈年积案因距离事发时间久远,很多在案证据灭失后不可再生,加之受制于当年的科技发展水平不高、刑事侦查技术手段较为缺乏,当年的侦查活动更多情况下获取的是稳定性较弱的言词证据和"不会说话"的物证、痕迹、现场勘查笔录,而没有其他有力的、指向性明确的客观性证据。随着科学技术与刑事侦查技术的不断发展,当年那些"不会说话"的证据,现在通过检验、鉴定能够让他们"开口说话",从而侦破案件,抓获犯罪嫌疑人。如通过DNA鉴定技术与DNA库的建立,对多年前提取的相应物证、痕迹进行鉴定比对,比中犯罪嫌疑人的DNA;通过指纹比对技术与指纹库的建立,对多年前提取的指纹进行比对,比中犯罪嫌疑人的指纹。如果没有鉴定意见等检验、鉴定类证据的作用发挥,这些陈年积案是难以破解的。

2.通过检验、鉴定类证据纠正冤错案件。与破解陈年积案同理,检验、鉴定类证据在发现、纠正冤错案件方面也具有独特的作用,为冤错案件的发现和纠正提供科学依据和支持。综观近几年纠正的冤错案件,绝大多数案件中会发现司法鉴定意见的身影。检验、鉴定类证据在纠正冤错案件过程中起到巨大作用,不仅在我们国家,在世界上的其他国家,"DNA技术的运用同样证明了许多根本没有从事重罪行为的无辜者被定罪入狱服刑"。①

(三)促进科学技术与社会科学的有机结合、共同发展

法学是社会科学学科中的重要组成部分,其所要解决的法律问题其实质上就是人文社会问题,而检验、鉴定类证据形成所依据的是自然科学技术与方法。检验、鉴定类证据在诉讼中的运用无疑是人类在社会科学认知领域内的突破性实践,当然这也是社会进步发展的必然选择。在这个实践过程中,自然科学的严谨性、精确性会对办案人员的法律思维产生积极影响,而检验、鉴定类证据的法律性要求同时会影响到鉴定人员、专业技术人员的自然科学思维。"司法鉴定过程中大量运用了自然科学方法,既有利于将自然科学活动的实践性目的用于解决社会纠纷,增强自然科学的社会性特征,又将自然科学的理论知识注入到社会科学之中,从而推动了社会科学的进步和发展。"②

第二节 检验、鉴定类证据的审查要点

因检验、鉴定类证据本身所具有的科学性,其内容多是对于专业性问题的判断,不具备专业知识的办案人员在审查检验、鉴定类证据时总会有种内容看不懂、不知道如何审查的困惑。作为司法办案人员,要求其具备专业法律知识的同时还要具备各类的专业知识显然是过度苛求,同时也不现实。如何对检验、鉴定类证据进行有效的审查,可以说是司法办案人员面临的一个难题。实践中,应当从以下几个方面入手对检验、鉴定类证据进行有效审查:

一、程序性审查

(一)审查检验、鉴定类证据的委托程序

鉴定意见或检验报告等检验、鉴定类证据不会由鉴定人、专业技术人员

---

① [美]吉姆·佩特罗、南希·佩特罗:《冤案何以发生——导致冤假错案的八大司法迷信》,苑宁宁、陈效等译,北京大学出版社2012年版,第1页。
② 拜荣静:《鉴定意见的证明路径和限度》,载《证据科学》2015年第6期。

自发作出，之所以鉴定人、专业技术人员会介入刑事案件办理中，系受到办案部门、办案人员的委托。因而对检验、鉴定类证据进行审查时，第一步应当审查委托程序是否合法、合规。

一是审查委托事项是否明确、清楚、具体。"有的案件，办案机关委托鉴定时仅提出笼统的鉴定要求，或者仅提出部分鉴定请求，导致鉴定机构在处理鉴定事项时面临相应的局限。"[①]委托事项的过于笼统或片面，对于检验、鉴定类证据的内容会产生很大影响，可能导致意见不明确、不全面，从而影响到检验、鉴定类证据在诉讼中的有效运用。在遇到委托事项不明确的检验、鉴定类证据时，需要及时与委托人沟通、积极采取补救措施，如果无法补救，则需要进行重新鉴定或检验。

二是审查委托事项表述是否妥当。委托人对委托事项的表述应当明确且客观，不应使用具有诱导性的文字或者过多地透露案件信息情况，以免影响到鉴定人、检验人对委托事项的判断。检验、鉴定类证据虽然具有科学性，但同时也具有主观性这一特征，很多时候作出判断的是人，而人很容易受到一些外在信息的影响，产生先入为主的思维误区。"送检材料中，一般都会有一个要求鉴定人进行鉴定所达到的目的，而这里面看似细微之处，却能容下对鉴定人极具诱导性的信息，足以颠覆鉴定人的客观科学的鉴定结论公正性。"[②]鉴定人、检验人应该仅对案件中的专门性问题作出判断，其无须对案件事实进行判断，因而其所需要掌握的案情信息仅限于检材及委托事项的相关信息，其他的案情信息对于鉴定人、检验人而言均系无用信息，不但不利于鉴定、检验，反而会伤害到鉴定、检验的科学性。

（二）审查检验、鉴定类证据的鉴定、检验主体

鉴定、检验主体包括鉴定机构与鉴定人两个层面，对两个层面的审查均要进行，不可遗漏。

1. 对鉴定机构的审查

一是审查鉴定机构的鉴定资质与业务范围。我国对鉴定机构实施的是登

---

① 刘静坤：《证据审查规则与分析方法——原理·规范·实例》，法律出版社2018年版，第166页。

② 高保京、周晓燕主编：《暴力犯罪案件的证据收集、审查与认定》，中国检察出版社2015年版，第136页。

记管理制度，未经过登记管理、不具备法定资质的机构以及超出业务范围所作出的鉴定意见等证据不能成为定案的根据。

二是审查鉴定机构是否具备相应的硬件条件。有法定的资格并不意味着必然具备鉴定、检验的能力，因为很多专门性问题的解决，其所依赖的不仅仅是人，还需要科学技术设备、实验室等硬件的支持。鉴定机构设备的先进、精准程度会直接影响到鉴定意见的科学性、准确性。对鉴定机构的技术条件进行审查，因为专业知识的缺乏，普通办案人员往往无法开展，此时需要依靠技术人员的帮助，对鉴定、检验机构的设备、能力等技术条件进行审查判断。

2. 对鉴定人、检验人的审查

一是审查鉴定、检验人的资格。可以结合附卷的资质证明材料予以进行，审查时注意审查鉴定、检验人的专业范围、资质的有效期等信息。对于检验人的资格审查，可以适当参考对鉴定人的审查内容，但应当有所区别，因检验人并非专门的鉴定人，对于检验人的审查重心系对其业务水平的审查。

二是审查鉴定、检验人的业务水平。鉴定、检验人的业务能力对于鉴定意见等证据的真实性具有极其重要的影响，尤其在一些存在多份鉴定意见的案件中，采信哪一份鉴定意见，鉴定、检验人的业务水平甚至会对办案人员产生决定性影响。当然，鉴定、检验人的业务水平并不是鉴定意见是否真实的唯一因素，在审查判断时还要结合其他多方面的因素进行判断。"鉴定人是否具有解决某一专门性问题的知识技能和经验，可以通过考察期从事同类鉴定案例的数量，所作同类鉴定意见被法庭采信的情况，就相关问题发表的专业论文、论著数量或相关科研成果的情况，以及对其专业技能在同行专业技术人员中的评价等方面综合考量。"[1] 与对鉴定机构的技术条件审查相同，对鉴定、检验人业务水平高低的审查，办案人员在无法通过自身进行审查时，需要借助于技术人员的帮忙。

三是审查鉴定、检验人的中立性。"中立性是鉴定人客观实施鉴定的基础，也是鉴定意见可靠性的保障。"[2] 检验、鉴定类证据的形成机制决定了鉴

---

[1] 冯宗美、陈玉林：《鉴定意见审查问题探究》，载《鉴定论坛》2013年第3期。

[2] 沈臻懿：《〈死刑案件证据规定〉第23条的诠释与解读——以鉴定意见审查判断为视角》，载《犯罪研究》2011年第2期。

定、检验人在鉴定、检验中的地位与作用，鉴定、检验人与涉案人员具有利害关系的，其所作出的鉴定意见等证据的真实性难以得到保证。刑事诉讼法对于鉴定人的回避作出了相应规定，司法部颁布的《司法鉴定程序通则》也对司法鉴定人的回避制度作出了明确规定，其意义在于保证鉴定人、检验人的中立性与鉴定意见的客观真实性。鉴定人违反回避规定的，鉴定意见不能作为定案的根据。

（三）审查检验、鉴定类证据的检材信息

检验、鉴定类证据检材的来源、取得、保管、送检是否符合法律有关规定，直接影响着检验、鉴定类证据的可靠性与可采性。

在进行审查时，需要将检验、鉴定类证据与在案的现场勘查笔录、检查笔录、提取笔录、扣押、移送清单等证据材料进行比对，查明检材的来源。检材来源如无法查清，检验、鉴定类证据则变成了无源之水、无本之木，无法与案件事实建立有效关联。如某盗窃案中，手印鉴定书证实一枚指纹系犯罪嫌疑人所留，但通过审查现场勘验检查笔录等证据材料却未发现此枚指纹的相关提取记录，该枚指纹是否系在案发现场所发现并提取的这一基础事实存疑，最终导致手印鉴定书无法作为证据使用。

在进行审查时，还要注意审查在案的现场勘查笔录、检查笔录、提取笔录、扣押、移送清单及相关涉案检材照片等证据材料的具体内容，如物品的特征、数量、质量等，再对比检验、鉴定类证据中的检材，审查两者是否吻合，查明检材的取得、保管、送检是否合法、妥当，整个流转过程是否保证了检材的同一与不被污染。检材的处理在很大程度上也会影响到检验、鉴定类证据的可采性，如美国著名的辛普森案件，就是因警方在检材收集过程中操作不当而导致的 DNA 证据遭到怀疑。

（四）审查检验、鉴定类证据的文书形式

《死刑案件证据规定》第 23 条第 6 项规定，鉴定意见的形式要件是否完备，是否注明提起鉴定的事由、鉴定委托人、鉴定机构、鉴定要求、鉴定过程、检验方法、鉴定文书的日期等相关内容，是否由鉴定机构加盖鉴定专用章并由鉴定人签名盖章。检验、鉴定类证据的内容与形式具有法定性，如果文书部分内容缺失，无疑是不符合法定要求的。"鉴定意见的形式要件不仅关乎自身的合法性,还影响到鉴定意见的真实性。"① 对检验、鉴定类证据形式的审查,主要是审查相应的意见文书材料内容是否完整,鉴定机构是否盖章,是否有两个以上鉴定人签名或盖章,数页的意见书是否盖有骑缝章,有无附鉴定机构、鉴定人的资质证明或其他证明文件等。

(五)审查检验、鉴定类证据的鉴定程序

一是审查鉴定程序是否合法。主要是审查鉴定人有无遵守《公安机关鉴定规则》《人民检察院鉴定规则(试行)》《关于司法鉴定管理问题的决定》《司法鉴定程序通则》等相关程序性规定。如在实践中经常碰到的重新鉴定问题,应当重点审查是否由原鉴定机构之外的其他鉴定机构进行,或者虽然有特殊情况仍由原鉴定机构进行,但是有无指定原鉴定人以外的其他鉴定人进行;接受重新鉴定的鉴定机构资质条件是否不低于原鉴定机构等;重新鉴定的鉴定人中是否至少有一名具有相关专业高级专业技术职称等内容。

二是审查告知程序是否合法。"由于鉴定意见存在错误的可能性,因此,应当赋予当事人提出异议的权利。考虑到当事人提出异议后,可能需要进行补充鉴定或重新鉴定,故法律规定了鉴定意见的告知程序。"② 侦查机关在取得鉴定意见后,应当将鉴定意见的内容告知犯罪嫌疑人、被害人,如果在侦查阶段未告知犯罪嫌疑人、被害人,犯罪嫌疑人、被害人在收到起诉书后甚至在庭审时才知晓鉴定意见内容,这时提出异议申请重新鉴定,无疑会影响诉讼效率、浪费司法资源。

二、实质性审查

(一)审查鉴定技术标准、规范与方法是否科学

为保证检验、鉴定类证据的科学性,鉴定、检验的科学原理与鉴定方法要成熟可靠。鉴定的技术标准、规范与方法对于鉴定、检验结果的真实、准确起着至关重要的作用,不同的鉴定方法所形成的鉴定类证据,证明力上具

---

① 刘静坤:《证据审查规则与分析方法——原理、规范、实例》,法律出版社2018年版,第174页。

② 张军:《刑事证据规则理解与适用》,法律出版社2010年版,第200页。

有强弱之分。如通过 DNA 技术而形成的鉴定意见与通过笔迹鉴别而形成的鉴定意见，因所依据的科学原理、鉴定方法有所不同，其准确性程度也是有所区别的，在诉讼中的证明价值也有高低之分。对于鉴定的技术标准、规范、方法如何把握，《司法鉴定程序通则》第 23 条作出了明确规定："司法鉴定人进行鉴定，应当依下列顺序遵守和采用该专业领域的技术标准、技术规范和技术方法：（一）国家标准；（二）行业标准和技术规范；（三）该专业领域多数专家认可的技术方法。"在审查检验、鉴定类证据的技术标准、规范、方法时，一般可通过查询比对的方式进行整体判断，通过查找、问询等方式明确相关鉴定的技术标准、技术方法，然后对照审查在案检验、鉴定类证据所使用的技术标准、技术方法是否恰当。这种审查通常需要一定的专业知识与实践经验，在必要时可以借助向技术人员、专业技术人员咨询的方式进行。对于不符合技术标准、规范或者鉴定方法不符合标准的检验、鉴定类证据，因缺乏科学性与可靠性，不能作为证据使用。

（二）审查鉴定过程是否科学

在明确了技术标准、规范与鉴定方法之后，还需要审查鉴定人在具体鉴定过程中是否妥当运用了鉴定方法，严格遵守了技术标准与规范，以辨明鉴定过程是否科学。纳入登记管理的常见鉴定业务，均已建立起一整套成熟的检验鉴定规程。在审查时，应当重点审查鉴定意见中关于鉴定流程、分析过程、适用标准、机器设备的文字说明，对检材、样本的选取，机器设备的运行、使用，实验得出的数据等内容均予以审查，从而确定鉴定的流程、分析过程是否符合相关专业的检验鉴定规程。检验、鉴定类证据的科学性建立在科学的鉴定分析过程之上，"鉴定意见之所以被视为科学证据，就在于鉴定过程需要立足于先进的科学仪器设备，遵守严格规范的检验鉴定规程，并使用相关领域的技术方法。"[①] 鉴定过程不科学，可能导致的后果是鉴定意见无法作为证据使用。如常见毒品犯罪中查获多包疑似毒品进行毒品成分鉴定的问题，实务中，有鉴定人在鉴定过程中将数包疑似毒品先混合在一起称重，之后进行毒品成分鉴定，虽然所使用的毒品成分鉴定方法是正确的，但是其鉴定过程明显存在重大遗漏，导致鉴定意见在诉讼中无法发挥应有的价值。

---

① 张军：《刑事证据规则理解与适用》，法律出版社 2010 年版，第 196 页。

（三）审查论证过程是否科学

鉴定、检验人在形成检验、鉴定类证据时，必然存在一个分析论证的过程，这个过程系鉴定、检验人在着手鉴定、检验之时就存在于头脑中的，通过文字将这个过程外化，就形成了检验、鉴定类证据的论证部分。论证是检验、鉴定类证据的重要组成部分，是对鉴定、检验过程进行的总结性分析说明，叙述全面、完整的论证部分可以将整个检验、鉴定过程展示在审查人面前，也是整个检验、鉴定类证据文书的精华所在。要注重对鉴定意见材料中关于分析论证部分的审查，审查是否运用相关科学理论、技术原理对鉴定过程、结果进行专业分析；分析论证内容是否充分阐述、释明，因果关系是否明确；论据与论点之间有无矛盾，推论是否合理，逻辑是否严密。在充分审查分析论证部分的基础上，进一步审查鉴定意见结论是否明确、全面，有无遗漏、超出委托鉴定事项范围，与案件待证事实是否具有关联等。

（四）审查鉴定意见是否明确

检验、鉴定类证据之所以能够在诉讼中以证据形式出现，是因为其能够解决专门性问题，而明确性是检验、鉴定类证据具备证据能力的基本要素，如果缺乏明确的结论，得出模棱两可、似是而非的结果，在诉讼中是无法发挥证明作用的。实践中，因鉴定对象不同、鉴定机构不同，对鉴定意见的表述也存在很大差别，即使是同一种类的鉴定，不同的鉴定机构、鉴定人对结论的描述也可能存在较大差异，在审查时需要重点关注，判明意见是否明确。如对 DNA 鉴定意见的描述，实践中就具有多种描述方法"枕头上的血迹与死者血样的 Profiler plus 基因型相同，似然比率（LR）为：$4.677E+11$""由死者所留的似然比率为 763 296 889 747.433 398""血迹为 ××× 所留的可能性均为 99.999 999 999 9%""DNA 分型与 ××× 的 DNA 分型一致""是 ××× 所留的似然比率为 $7.51*10^{12}$"[①]"血迹支持为 ××× 所留"等多种表述方式，在审查时需要运用专业知识或向鉴定人咨询、向技术人员求助等方式确定检验、鉴定类证据的意见是否明确。

值得注意的是，在同一认定、种属认定的鉴定、检验中，通常会出现两

[①] 张军：《中国司法鉴定制度改革与完善研究》，中国政法大学出版社 2008 年版，序言第 13 页。

种意见,肯定性结论与否定性结论,不论是肯定还是否定,这两种结论均属明确意见,在诉讼中均可以发挥重要的证明作用。不可错误地认为只有肯定结论才是明确性意见,而否定结论不是,运用得当的情况下,否定性结论同样可以发挥相应的作用。当鉴定、检验得出的是倾向性的结论意见时,因为明确性的欠缺,只能为判断其他证据提供参考,增强其他证据可信度或增加内心确信,而不能作为定案的主要依据。

三、专业性审查

通过程序性审查、实质性审查,检验、鉴定类证据的真伪可能仍无法确定,还需要对检验、鉴定类证据进行专业性审查。专业性审查仅通过司法办案人员的能力显然无法完成,"由于现代科学、技术的发展,许多学科的理论、技术应用在诉讼之中,由于法官缺乏科学知识之专业素养,其对应用在诉讼的其他学科的知识、技术的判断不可避免地会感到困难。面对这种窘境,专业技术人员型法官当然是最理想的,但是从社会分工的角度看,这也是最不现实的。"①因此对检验、鉴定类证据进行专业性审查时,要高度重视法律审查与专业审查的相结合,对涉及需要专门技术进行解释的证据,在办案人员审查基础上,交由技术人员专门审查复核,确保证据审查的专业性和解读的准确性。

实务中,办案人员要充分运用省市级院技术部门已经建立的网络远程技术性证据审查平台、全省鉴定机构、人员名册,开展检验、鉴定类证据专业审查工作,主动加强与技术部门的沟通联系,通过文证审查复核证据、解读证据,充分挖掘客观性证据中蕴含的案件信息,弥补公诉人员专业知识不足,有效夯实证据体系,查明案件事实。同时还应积极借助专业领域专业技术人员的力量,通过咨询鉴定人员、有专门知识的人以及指派、聘请有专门知识的人参与办案等方式,对检验、鉴定类证据开展有效的专业审查,从而确保证据的科学性与准确性。当然,我们提出司法办案人员应当借助技术人员、专业技术人员对检验、鉴定类证据进行审查,但在审查时也不能走进另外一个误区:将检验、鉴定类证据完全交给技术人员、专业技术人员审查判

---

① 杨海云、李景民:《对法官审查与认证鉴定意见规则的探讨》,载青海省高级人民法院官网,2015 年 11 月 9 日。

断,"由于法官欠缺专业知识,所以不能对技术鉴定意见进行完全审查,但是如果法官完全放弃审查就犹如将婴儿和盆里的水一起倒掉,解决的办法只能是折中方式"。①

值得注意的是,指派、聘请技术人员或专业技术人员对检验、鉴定类证据进行审查后形成的意见并非新的证据,而是辅助办案人员对检验、鉴定类证据进行审查的依据,不能将其作为起诉与审判的证据。"司法机关和学术界比较一致的意见是:两院对鉴定意见的技术审查活动应属于鉴定咨询活动性质。因为技审主体的条件、技审适用范围、技审任务、技审过程与方式、技审结果要求与作用,均与鉴定咨询的规定相同或相似。无论是司法机关内部审查还是聘请外部专业技术人员审查都同属这一性质。"②

四、综合性审查

刑事案件的证据纷繁复杂,证据之间具有普遍的联系,从来都不是孤立的存在。在对检验、鉴定类证据进行审查时,不能孤立进行,而是要与其他在案证据进行对比审查、综合判断,查明证据之间有无矛盾,从而判断证据的真伪。

在细致审查单个检验、鉴定类证据的基础上,要将该类证据与在案的现场勘验检查笔录、检查笔录、相关照片、犯罪嫌疑人供述、证人证言、物证、书证以及其他鉴定类证据进行全面审查、综合分析,审查该类证据与其他证据之间是否相互印证、有无存在矛盾,如果证据之间存在矛盾,应当分析造成矛盾的原因,看矛盾是否能够排除,如果矛盾无法排除,那么该鉴定类证据不能作为定案的根据。案件中有多个同类鉴定意见而意见结论不同的,要重点比较多份鉴定意见的鉴定人员、鉴定材料、鉴定方法、鉴定依据以及与其他证据是否印证等方面的区别,求助于技术人员、专业技术人员辅助人对不同鉴定意见的内容进行科学分析判断。

---

① [日]中野贞一:《科学裁判与鉴定》,日本评论社1988年版,第30页。
② 邹明理:《论非典型鉴定意见的法律效力——"鉴定咨询意见"、"鉴定检验报告"、"技术证据审核意见"的证据能力问题亟需依法统一认识》,载《证据科学》2013年第4期。

第三节　检验、鉴定类证据的运用要点

一、检验、识别实物类证据蕴含的信息

实物类证据在诉讼中如果予以单独运用，通常情况下证明价值不会很高，因为其本身所蕴含的许多关键案情信息，仅通过实物类证据本身无法传达给办案人。通过对实物类证据进行科学的检验鉴定，可以将实物类证据本身所蕴含的、无法通过外在表现形式显示的信息揭示出来，可以让不会说话的实物类证据开口"说话"。如留在杀人现场的一把带血尖刀，仅通过物证本身所能证实的内容极其有限，尖刀是否系本案的杀人工具无法确定，而通过对尖刀上的血迹进行 DNA 鉴定可以辨明血迹是由谁所留；对尖刀刀柄上提取的手印进行鉴定可以查明是否由被告人所留；结合被害人的尸体检验鉴定意见中对于创口的检验，可以判断尖刀是否系作案工具、被告人与尖刀以及案件之间是否具有客观联系等内容。

检验、鉴定类证据的检材是什么、怎么形成、位置形态等信息，通过全面解读鉴定意见，运用经验法则与逻辑法则综合分析，挖掘检验、鉴定类证据多角度的不同证明作用，可以全面、深入地揭示案情。在认识检验、鉴定类证据本体意义上对案件事实的证明作用的同时，还要研读其潜在的证明案件事实其他方面的作用，全面分析、判断该类证据在事实证明中的作用。如在现场较为隐秘部位的保险箱上提取到被告人血指纹（检出被害人 DNA），不仅仅证明了被告人到过现场，而且可以证明被告人是在被害人被侵害后接触的保险箱；此外，通过指纹遗留部位还可以证明被告人有获取财物的目的和行为。通过血指纹的位置、形态结合鉴定意见，全面、准确揭示血指纹的证明价值和信息，本案的行为才能得到准确认定。对检验、鉴定类证据的审查与解读不仅要依靠办案人员的力量，还要借助专业技术力量对检验和解释过程进行验证，防止片面解读、过度解读或解读错误，在审查遇到困境时，应当善于与专业技术人员沟通、交流。

二、检验音像、电子数据类证据的真实性

音像、电子数据类证据在案件中的作用十分重要,其所具有的直观性、动态性等特征,往往可以全面还原事发过程,对于案件事实的证明有着其他证据难以比拟的优势。但是音像、电子数据类证据同样存在命门,极其容易被伪造、篡改、剪接,对技术设备存在很强的依赖性,且通过常规审查方式难以察觉或发现。《办理死刑案件证据规定》与《刑诉法解释》都规定了对视听资料、电子数据有疑问的,应当进行鉴定或者检验。在音像、电子数据类证据本身真伪存疑,通过常规审查已经无法作出判断时,此时应当也必须通过专业的科学鉴定进行分析判断。如对视听资料的真伪存疑进行审查时,在穷尽了一般审查方法仍然无法判断真伪时,就需要借助于专业人员的能力,对视听资料进行声像资料真实性鉴定,或者对声像器材进行鉴定以便判断视听资料的真伪。

三、专业判断案情所涉的专门性问题

专门性问题,是指在案件处理过程中遇到的必须运用专门知识和经验作出科学判断的问题,对这些专门性问题的精确判断是办案人员准确认定犯罪事实的重要基础。

作为办案人员的个体,同时也是社会生活中的一员,均具备一定的社会经验、生活常识等背景知识,在此背景下对案件事实中的绝大多数生活性事实都可以准确认知,但是一些涉案专门性事实仅依靠上述背景知识无法准确判断,此时需要借助于具有专门知识的鉴定人或专业技术人员进行鉴定或检验,以助于办案人员准确认定事实。随着社会的不断发展,犯罪出现在越来越多的领域,很多案件的事实本身就是专业性很强的专门问题,鉴定或检验在这些案件中起到至关重要的作用。从常见的法医类鉴定、物证类鉴定、声像鉴定等,到会计鉴定、涉及工业、交通、建筑等方面的科学技术问题鉴定等,检验、鉴定类证据解决专门性问题的领域也有扩大的趋势。实务中,对于案件事实认定涉及其他学科专业问题时,有法定司法鉴定机构的,按照法律规定指派、聘请法定司法鉴定机构的具有资质的专业人员予以检验、鉴

定；对于需要鉴定但没有法定司法鉴定机构的，要寻求相关领域的专业技术人员力量支持，指派、聘请有专门知识的人进行分析、检验，提供专业分析意见，为案情专门性问题的判断、认定提供专业辅助。

第四节　常见检验、鉴定类证据的审查运用

一、法医学类鉴定意见的审查运用

（一）法医学类鉴定意见的审查要点

法医学类鉴定意见在实务中较为常见，根据被害人伤亡情况分为法医学人身损伤程度鉴定书与法医学尸体检验鉴定书，具有很强的专业性。对法医学类鉴定意见进行审查时可以通过以下三个方面进行：

1.对法医学鉴定意见进行全面审查

实践中，部分办案人员对于法医学鉴定意见往往只关注最终的鉴定结果，而忽视对鉴定程序、论证依据等内容的全面审查判断，这就导致不能及时发现证据的漏洞而造成出庭时的被动。

一是审查鉴定过程是否科学。在人体损伤程度鉴定中，鉴定所依据的是伤势照片还是病历材料抑或其他，不同的伤情鉴定，所依据的基础不同，如疤痕伤系根据照片或被害人实际伤情确定，而骨折、内脏破裂等伤情则主要依据病历材料与CT片等。对于尸体检验鉴定，有无遵循《法医学尸体解剖规范》（SF/Z JD0101002—2015）的技术规范，是否遵循了由外而内的顺序，首先是衣着，其次是尸表，再次是解剖，最后是分析论证、结论意见等，鉴定内容与照片材料是否一致，分析论证说理是否科学等。

二是审查鉴定结果是否明确。实务中，因部分被害人伤情短期内无法作出最终评判，一些法医可能对伤情进行初步检查后形成人体损伤程度初步检验意见书，这样的初检意见书仅系初步检验的意见，结论意见并不明确，伤势结论可能会发生变化，应等待最终的伤势检验结果形成后再做处理。对于尸体检验鉴定，死亡原因、致害工具是否有明确结果，对于案件的处理有着不同的作用和影响。如死因明确的鉴定意见，可以印证犯罪嫌疑人所供述的杀人手段，而死因不明确的鉴定意见则不具备这样的印证功能。

2. 对法医学鉴定意见与在案证据进行对比审查

一是将鉴定意见与原始的就医记录、病历材料、影像资料、伤势照片进行对比审查。通过对比，确定伤势内容是否一致，存在矛盾的，要特别注意对矛盾的原因以剖析，对于矛盾能够排除的，鉴定意见本身客观真实的可以采信；对于矛盾无法排除的，不能采信。在有条件的情况下尽量调取原始病历资料进行审查：部分病历资料上的身份信息可能与被害人实际信息有一定出入，如姓名错误，要结合其他证据验证病历资料确系被害人就诊所留；根据病历的来源、制作是否规范等情况来判断病历的客观性、真实性，尤其注重涂改处，审查是否存在伪造、变造；审查病历中的诊断结果与伤者的症状、体征及辅助检查结果是否一致，病历本身有无自相矛盾，有无逻辑错误，伤情的演变是否符合病理、生理发生发展的客观规律，审查是否存在医疗事故；治疗过程中的 CT、B 超、X 光等影像资料，注意审查片上有无被害人姓名、编号等信息，拍片所反映情况与其他就诊材料是否一致，确定影像资料系被害人所拍。缺乏原始就医病历及最初伤势照片等材料的，应当着重注意审查人体损伤程度鉴定书所认定的伤势结果与伤害行为之间的因果关系。

二是将鉴定意见与作案工具进行比对审查。创口是否可由在案的作案工具形成，要根据损伤的具体形态、特征、创口、创角、创缘等，与工具的类型、大小、重量、质地、锐利程度等进行比对，分析判断两者间是否基本相符，如创口一锐一钝，则创口系由单刃刀形成，如果在案工具系双刃刀，则存在矛盾，基本确定作案工具另有他物。

三是将鉴定意见与言词证据对比审查。与被害人陈述对比，看损伤部位、程度、后果与鉴定意见是否符合，可以验证鉴定意见是否科学、被害人陈述是否客观；与被告人口供使用的工具、致伤的行为进行对比，看损伤的部位、数量、形态是否符合，尤其是被告人供述使用不常用手段或不常用工具或构造特殊的工具且工具未能提取在案的案件，对于损伤的形态进行分析判断，可以验证口供真实性。

四是将鉴定意见与被害人实际伤势进行比对审查。对于伤势结果有一定疑问的，必要时应当联系被害人，与技术人员一起对被害人伤势情况进行实际查看，以此验证人体损伤程度鉴定书结论是否科学。当然，对于伤势鉴定是根据看片判断的，如是否存在骨折等情况，被害人到场与否对鉴定结果并无实质性意义，采用文证审查的方式即可，无须再通知被害人到场。

3.对法医学鉴定意见进行专业审查

遇到难以解决的专业问题时及时寻求技术性支持。对于鉴定意见存在难以解决的疑问时，应当主动寻求技术人员支持，如本院无技术人员或技术人员无法解决问题，及时向上级部门技术人员寻求帮助，进行文证审查或技术支持。

对于存在多份意见不一的鉴定文书案件，不能简单采信多数意见，也不可贸然采信更高级别鉴定机构的意见，需要协同技术人员对鉴定文书进行仔细调查研究，结合在案其他证据进行综合判断，提出采信意见。必要时应当安排相关鉴定人员或专业技术人员出席法庭作证，让鉴定人员就鉴定的过程、方法等情况进行说明，并对自己的分析、判断及推论阐明原因和理由，增强庭审效果。

（二）法医学鉴定意见的运用要点

运用法医学鉴定意见证明人体损伤程度、死因外，亦要注意以下证据信息的分析、解读：

1.根据鉴定检验中检见的创口、创缘、骨折、脏器损伤情况等损伤形态特点，结合鉴定意见中的致伤原因分析，分析判断致伤物的种类、形状、大小、长度等特征，以此进一步分析收集在案的或是言词证据描述的工具能否形成以上伤势，是否明确认定为作案工具。如某故意杀人案中，被害人身体致命伤为胸腹部一创口，长约5.6厘米，深入腹腔，造成肺、心包、右心室、肝脏均为2.5厘米至8厘米不等的创口，创道行程较长，而被告人供述称作案工具系一把刀刃长约20厘米、宽约9厘米、呈长方形的菜刀，经过对创口形态与菜刀特征的对比认为：创口长度小于菜刀刃宽，菜刀进入体内的刀尖较短，难以形成该创口，当然也并不能完全排除由菜刀形成的可能，由此明确了菜刀是否为本案作案工具的事实存疑。

2.根据人体（尸体）创口的位置、数量、大小、深度、走向等，分析判断犯罪嫌疑人的打击方式、打击力度、打击强度，为准确认定犯罪嫌疑人行为、主观故意、主观恶性等定罪、量刑情节提供客观依据。如罗某故意杀人案中，罗某始终辩解其只是要教训被害人，而没有杀人的故意。如何有效地对类似辩解予以回应，有效利用尸体检验鉴定书的内容是实践中最为常见也是最有效的方法。尸体检验鉴定书证实被害人头面部存在 28 处开放性裂创，可见颅骨骨折、牙齿折断，肢体部 30 余处开放性裂创伴双上肢多处骨折，可以反映出罗某行凶时的主观心态是故意杀人，而非故意伤害。

3.根据创口部位、特征等，结合在案其他证据，还原受伤过程，判断分析是自伤（杀）还是他伤（杀），行为人故意加害还是误伤等事实。如某故意杀人案中，被告人辩称自己拿着尖刀与被害人对峙，被害人突然冲过来撞上了其手中尖刀，最终被刺破肝脏大出血而死亡，鉴定意见显示"创道自左下部进入腹腔，斜线刺入肝脏"，根据常理分析被害人冲上前撞上尖刀，是一个水平的力量与刀尖接触并进入体内，通常而言创道应当是平行或者略往上斜，但本案中往上斜的角度却相当大，该创道的形成符合用刀从下往上捅入下腹部后斜线上刺到肝脏的情形，结合在案其他证据，可以确定被告人的辩解是虚假的，从而有效地指控了犯罪。

4.命案中，根据尸斑的分布与发现尸体时的位置是否一致，尸僵是否异常，尸体上的附着物与现场环境是否一致，尸体的衣着和鞋子是否完整，现场的血迹分布是否符合被害时的尸体状况等情况，分析判断尸体被发现场所系第一作案现场还是移尸、抛尸现场。通过尸体现象查明死者身体伤痕是生前形成还是死后形成，以及根据尸表现象、尸温、衣着、胃内容物等情况分析判断作案时间。

二、DNA 鉴定意见的审查运用

（一）DNA 鉴定意见的审查要点

DNA 鉴定技术因具备高度的科学性、客观性，在刑事诉讼中被广泛用于排查与锁定犯罪嫌疑人、确定被害人身份、串并案件等方面。实务中，DNA 鉴定意见常常作为定案的关键证据，但是 DNA 鉴定也并非绝对准确，也可能会出错。对 DNA 鉴定意见进行审查要注意以下几个方面问题：

1.审查检材来源以及提取、保管、检验程序。"由于 DNA 本身并不具备自动成为客观证据的能力，必须通过主观的人为收集、检验和分析，因此其来源的正当性是保证其证据效力的核心问题。"[1]DNA鉴定意见中出现的每一份检材都要有明确出处，且与提取、扣押笔录的内容相符，以确保DNA鉴定检材的真实性与可靠性。实务中，DNA鉴定所依据的检材、样本大多来自案发现场，侦查人员通过现场勘查发现，之后进行提取并保存。在审查DNA鉴定意见时，需要就意见书中列明的相关检材、样本与现场勘验笔录、提取笔录等一一比对，查明检材、样本的具体来源、出处。如果检材、样本的来源无法查清，那么该份鉴定意见与本案的关联性则可能存在问题，不能成为定案的根据。

在辨明DNA检材、样本来源后，还需要审查侦查机关提取、保存、检验过程是否规范，检材、样本有无被污染。DNA检材、样本具有高度的灵敏性，在提取、保存、检验过程中容易受到外界因素的污染，从而影响到DNA鉴定的结论的准确性。在审查时，首先需要查明检材、样本的提取方法，看提取方法是否科学、有效、全面。如对血迹的提取，针对不同类型的血迹提取的方法也应当有所不同，对于新鲜血泊、血迹可以采取棉签擦拭的方法予以提取，而对于已经干涸的疑似血迹采取棉签擦拭则不妥，可在固定证据后，用刀片将疑似血迹残留刮取或将相应血迹附着物剪取后送检鉴定。其次要审查检材的保管、移交手续，辨明检材、样本是否始终同一、未被污染。审查相关的移交清单、照片等证据材料，看检材在保管、移交过程中是否做到妥善保管，所移交、送检的检材、样本是否与提取的检材、样本同一。每一份检材、样本的包装、保管都应当分别进行，以避免互相接触而造成检材、样本被污染。

2. 审查结论与鉴定过程相结合。因为DNA鉴定的高度专业性，一些办案人员在审查时往往只关注结论部分，而忽视了对鉴定过程的审查，这对于有效利用DNA鉴定意见办理案件是十分不利的。虽然办案人员对于DNA鉴定技术可能存在知识盲点，但对于DNA鉴定的一般原理应当有着清楚的认知。在审查时，除要审查鉴定结论外，还需要审查DNA鉴定所依据的方法与标准，尤其是要对检材序号及基因座进行比对审查，不能只看结论意见。目前实务中最为常见的DNA检验方法是采用荧光标记的短串联重复扩增技

---

[1] 天津市人民检察院第一分院公诉处：《审查起诉案件常见证据问题集述》，中国检察出版社2016年版，第113页。

术，通过此技术可以检验16个甚至更多STR基因位点，鉴定人员对于检验的结果一般会制作成表格，通过表格对比可以清晰看出不同检材之间的基因位点数值是否相同、多少个位点数值相同。办案人员在审查时，对于检材序号与基因位点数值应当进行逐一对比，看有无基因位点与鉴定结论不一致的情况，如果有此情况，则需要补正或重新鉴定。

3. 科学解读DNA鉴定意见。DNA鉴定意见中，对于同一认定，鉴定人员通常使用"似然率比"这一概念进行判断。"似然率比"通常又被称为LR，英文全称为Likelihood Rate，是两种假设情况出现概率的比值。同一认定中，LR是假设检材上DNA是犯罪嫌疑人留下的概率与假设检材上DNA是其他无关随机个体所留出现概率的比值。当该数值大于1时，则支持检材上DNA来源于犯罪嫌疑人的假设；当该数值小于1时，则支持检材上DNA来源于其他无关个体的假设，数值越大越支持DNA来源于犯罪嫌疑人的假设，通常情况下当该数值大于全球人口总数时，支持检材上DNA为犯罪嫌疑人所留。亲子鉴定中，鉴定人员通常使用"亲权指数"或"父权指数"（通常被称为PI，英文全称为Paternity Index）这一概念进行判断，PI是假设被测试人员是孩子生物学父亲的概率与其他随机人员是孩子生物学父亲的概率比值。该比值大于1则支持被测试人员是孩子生父的假设，小于1则支持随机男子是孩子生父的假设。目前通行的判断标准是：累积亲权指数大于10000，支持存在血缘关系；如果小于0.0001，就排除存在血缘关系。

实务中，在同一认定时，也有些鉴定意见未标明概率比值，而是给出支持检材上DNA为犯罪嫌疑人所留或不排除系犯罪嫌疑人所留；对于存在混合DNA的，可能表述为可由犯罪嫌疑人与被害人STR分型混合而成或STR分型中检出犯罪嫌疑人与被害人的DNA。对于上述四种表述，能够得出肯定同一认定结论的只有第一种，后面三种均无法得出肯定同一认定的结论。实务中，对于鉴定结论的审查需要予以重视，必要时需要借助检查技术部门的力量。

（二）DNA鉴定意见的运用要点

DNA鉴定意见在刑事诉讼中主要运用于两个方面：一是分析对比犯罪现场的痕迹物证与犯罪嫌疑人具有同一性；二是证明人的身份。运用DNA鉴定意见证明生物体来源，从而确定相关人员与犯罪的关联外，亦要注意以下证据信息的分析、解读：

1. DNA 可提取于血液、精液、汗液、唾液、毛发等不同生物检材，要进一步依据血液、精液等鉴定确定 DNA 物证来源，并根据 DNA 物证的来源种类、形态进一步分析判断案情。如 DNA 提取于血液，则可结合现场勘查笔录，根据血液的喷溅状、滴落状、抛甩状、流注状等不同形态，进一步分析案件相关人员的血迹形成原因。在陈某故意杀人案中，陈某辩称被害人系自己走到租房阳台跳楼身亡，通过 DNA 鉴定发现房间通往阳台的移门门框上留有被害人的血迹，且血迹有明显的自上而下的流淌痕迹和自内而外的擦拭痕迹，说明与门框接触的部位血量比较多，门框上的血迹主要集中在离地高度为 1.1 米至 1.3 米区域，结合被害人尸长 1.5 米，双手并没有沾染血迹等情况，可以排除被害人直立体位与门框接触的可能，而是由陈某将被害人抱出房间时头部触碰到门框留下血迹，同时这一点可以印证陈某曾作的将被害人抱出房间的供述。

2. 根据 DNA 物证的来源位置、分布，分析判断相关人员的活动路线。通过血液、精液、唾液、汗液、毛发等生物物证的具体位置、载体的分析，可分析判断犯罪嫌疑人、被害人在犯罪现场的活动情况。如某故意杀人案件中，作案地点系一辆汽车内，在驾驶员座椅皮套下方和左侧方边缘的海绵垫上有较大面积的血迹，经过 DNA 鉴定确定为被害人所留，通过对血迹的面积及座椅特征分析，可以判断被害人受伤或死亡后在该驾驶员座椅上有一定时间停留。

3. 根据 DNA 物证的来源位置，分析判断案件相关人员的接触状态、接触的具体部位。如在被害人阴道内提取到犯罪嫌疑人精液可以证实犯罪嫌疑人与被害人发生过性关系的事实；在犯罪嫌疑人耳朵内上留有被害人的点状血液，则可以证实被害人被害时与犯罪嫌疑人有过较为近距离的接触。

三、手印、足迹鉴定意见的审查运用

手印、足迹等痕迹鉴定在实务中较为常见，但基于 DNA 鉴定技术的进步，同样具有同一认定功能的手印、足迹等痕迹鉴定意见在实务中的地位有所下降，办案人员对于指纹、手印、足迹等鉴定意见的审查与运用也存在一定的困惑。

（一）手印、足迹鉴定意见的审查要点

1. 审查原始痕迹来源是否清楚。审查指纹、手印、足迹有无来源说明，是否来自案发现场，有无相关其他材料予以证实。如果来源无法查明，显然之后的鉴定变成了无源之水、无本之木，即使鉴定结果认定同一，也无法作为证据使用。同时要注意审查原始痕迹在现场出现的部位、方向、新旧程度、压力大小以及与周围物体的关系，犯罪嫌疑人与现场之间的关联，有无可能平时接触留下相关痕迹等，综合判断现场痕迹是否为犯罪活动之时所留。

2. 审查鉴定意见是否科学。一是看对指纹、手印、足迹的鉴定是否采用了世界公认的同一认定理论方法，所利用的技术手段是否科学可靠。二是对认定同一的依据进行分析。看痕迹细节特征的数量以及细节特征的质量，高质量的特征包括：清晰、明显、稀有的细节特征，互相接近的细节特征，伤疤附近的细节特征。目前对于可以认定同一的特征并无具体标准，一般情况下，具备6~8个以上高质量细节特征可以作出结论。三是审查有无差异点以及对差异点的解释是否科学。对于差异点无法给出合理、科学解释的鉴定意见，其真实性无法得到保证，无法作为定案的根据。

3. 审查鉴定意见与在案证据有无矛盾。与其他鉴定类证据同样，在审查时，要将手印、足迹鉴定意见放置于整个案件的证据体系中进行判断，如果手印、足迹鉴定意见内容与在案的其他证据内容之间具有矛盾，那么需要查明矛盾的性质，矛盾产生的缘由，进一步对矛盾产生的原因进行解释或者将矛盾予以排除。

（二）手印、足迹鉴定意见的运用要点

在运用手印、足迹鉴定意见证明指纹（手印、足迹）鉴定的来源人外，亦要注意以下证据信息的分析、解读：

1. 根据现场手印、足迹的分布情况，分析判断犯罪嫌疑人接触过现场何种物品以及如何选择进出口、行进路线等信息。如在窗台、门板上发现有犯罪嫌疑人的手印，分析判断犯罪嫌疑人进出现场有可能采用了爬窗、推门等方式；在室内发现犯罪嫌疑人的足迹分布，可以分析判断犯罪嫌疑人从何处入室，入室后行动的顺序及从何处离开等信息。

2. 根据手印、足迹的位置、载体，分析判断犯罪嫌疑人的动机和目的。如盗窃案中，在隐蔽的重要财物存放处发现有犯罪嫌疑人手印，可印证其获取他人财物的动机和目的；在故意杀人（伤害）案中，作案工具上发现有犯罪嫌疑人手印，可以印证其伤害或杀人的动机和目的。

3. 根据现场手印、足迹的分布规律、用力大小、用力方向，与接触物、作案工具痕迹之间的位置关系以及在作案工具上的分布情况等信息，分析判断犯罪嫌疑人在现场使用了何种作案工具、力的作用方式，以及为了达到犯罪目的所采取的作案手段等。如故意杀人（伤害）案中，刀柄上的手印不仅能证明犯罪嫌疑人使用了该刀具，同时通过手印在刀柄上的具体位置、指位分布，可进一步分析犯罪嫌疑人使用该刀具时系直握还是反握、系双手握还是单手握等，继而可进一步判读犯罪嫌疑人行凶时的方位、力度等重要信息。

4. 根据现场手印的位置、角度、方向，左右手手印的相互位置关系、手印与足迹、工具痕迹等的位置关系，分析判断犯罪嫌疑人在遗留手印时的行为动作、位置和姿势。如从室外爬窗入内与从室内握窗外望，两种情形所留下的手印的具体方向通常不会一致，在某强奸案中，被告人提出被害人主动约其到家里而非强奸的辩解，但从被害人家中窗台上提取到的指纹的方向来看，更符合从外向内爬窗入室的指纹方向特征，而与从室内触摸窗台所形成的指纹方向恰恰相反，据此有力驳斥了被告人的无理辩解。

四、司法精神病鉴定意见的审查运用

司法精神病鉴定在杀人、伤害类案件中较为常见，尤其在一些重特大犯罪案件中出现频率较高，司法精神病鉴定意见可以直接影响到对被告人的定罪量刑，因而对司法精神病鉴定意见的审查判断在刑事诉讼中具有极其重要的地位与作用，同时也对社会舆论有着深远的影响。对司法精神病鉴定意见的审查如此重要，实践中，对司法精神病鉴定意见的审查可以从以下几个方面入手：

（一）对鉴定意见进行单独审查

对于司法精神病鉴定意见文书内容进行审查，看鉴定过程是否科学，如

有无对被鉴定人进行精神状况检查，检查过程是否翔实全面，鉴定人有无对其他就医、治疗、发病的相关材料以及证据进行分析，有无就之前所作供述内容进行全面分析，说理是否科学、充分等。如在金某某故意杀人案中，金某某在案发前3个多月已因精神异常住院治疗，而司法鉴定所却对金某某精神障碍住院史的客观事实未予充分关注，对其作出的人格障碍的结论与其既往病史反映的"急性精神分裂症样性精神病性障碍"的差异未分析说明理由，导致该份鉴定意见遭受质疑，而最终未被采信。

（二）结合在案其他证据进行审查

对司法精神病鉴定意见单独审查往往无法深入实质，因而还需要对比其他证据材料进行审查，尤其是被鉴定人的供述与辩解、同步录音录像、相关证人证言及就医记录等证据。一要注意审查被鉴定人的口供。尤其要重视到案最初的笔录内容，因为最初的审讯记录所保留的作案信息最为原生态，人为造假的可能性相对较低，且距离案发时间较短，审讯记录内容所反映的被鉴定人的精神状态与案发时更为贴近。通过审查口供的一些具体细节，可以判断出其作案时的内心想法、精神状态。同时需要直面被鉴定人，在对其讯问时，可以提前准备一些具有逻辑关系的问题，同时仔细观察其在被讯问时的神情、眼神等重要信息。二要重视审查同步录音录像。录音录像是一个动态连续的过程，通过观看可以查明被鉴定人在接受讯问时的言谈举止、神情形态，看其是否具有答非所问、自说自话、行为异常等表现。三要注意审查与鉴别证人证言等证据内容。要掌握证人与被鉴定人之间的关系，继而分析判断证人证言内容是否客观真实。在必要时可以通过走访被鉴定人住所、工作地，到相关部门调取相关书证材料等方式，了解其日常生活工作的表现，对于关押在看守所的犯罪嫌疑人，可以向管教民警、同监室人员了解相关情况。四要注意审查鉴定意见所依据的基础材料是否全面、客观。部分被鉴定人在案发前可能存在就医情况或者家族病史，要审查鉴定机构对于这些就诊的相关材料是否全面掌握；同时考虑到实践中就诊材料提供者多为被鉴定人亲友，出于各自利益考量，可能会提交伪造的病史材料，因而对于病史材料的客观性也要进行审查。

（三）对鉴定主体进行实质性审查

司法实践表明司法精神病鉴定意见具有很大的主观性，"我自己至少经历过几十件有司法精神病鉴定的案件讨论，有一半以上的案件做过两次以上的鉴定。从我经历的这些鉴定结论看，没有一例是两次鉴定结论完全一致的。只要有两次鉴定，最后的结论肯定是不一样的"。① 相同的被鉴定人，不同的鉴定人，作出不同的意见，哪一份意见更为科学、客观，很大程度上取决于鉴定人的业务水平、工作态度和职业操守，因此对鉴定人进行实质性地审查对于鉴定意见的判断具有重大作用。实务中，除了要审查鉴定人是否具备执业资格外，还要着重审查鉴定人的实际业务能力，如职称、学历、工作、学习经历、工作业绩、工作经验、专长特点、研发能力和同行中的影响力、职业道德等多个方面，此项审查工作可以借助于技术人员的力量予以进行。

（四）对"多头鉴定"的审查

司法精神病鉴定具有极强的专业性，容易受到鉴定材料客观性、充分性以及鉴定人专业能力的影响，不同的鉴定机构对同一被鉴定人出具不同的甚至相互矛盾的鉴定意见在司法实践中并不鲜见。因鉴定机构并无等级高低之分，通过鉴定机构的层级无法确立哪份鉴定意见更权威、更可信，这给司法办案中的证据采信工作带来了较大考验。

对于存在两份以上精神病鉴定意见的案件，实践中可从以下几个方面审查：

1. 围绕鉴定意见之间的分歧点，分析争议原因。通过审查明确多份鉴定意见之间的具体分歧内容，看多份鉴定意见所依据的基础材料是否相同，如所依据的基础材料并不相同，则要看哪份鉴定意见所依据的基础材料更加全面，差别的基础材料是否严重影响到鉴定结果的认定，基础材料更全面的那份鉴定意见有无充分考虑到这一影响等，看是否系因基础材料的原因导致的鉴定结果不同。如所依据的基础材料相同，则需要进一步分析产生不同鉴定结果的具体原因，明确下一步审查的重点。

2. 对争议问题进行有针对性的补证与审查。就不同鉴定意见之间存在的争议分歧，如果存在补证的空间，可以进行针对性的补证，以便于对争议

---

① 张军主编：《刑事证据规则理解与适用》，法律出版社2010年版，第17页。

问题认识得更加全面。同时可以就争议分歧，进行专业知识的初步学习与研究，要求办案人员对于精神病鉴定进行全面学习并不现实，但对于其中的一个方面进行学习、研究则是可以实现的，经过专业知识的学习、研究，增强审查判断鉴定意见的能力。此外还应当充分借助专家力量，寻求专业支持，如委托省一级的精神病鉴定委员会进行专家咨询，可以大大提高办案人员对于鉴定意见的理解与认识。

　　3. 依据在案证据，分析论证精神病鉴定意见的采信问题。结合在案证据以及专家咨询内容，依托查证事实与精神病医学知识等，对精神病鉴定意见展开进一步的分析、论证，确定应当采信的鉴定意见。精神病鉴定意见与其他的鉴定意见同样，与在案证据之间具有着千丝万缕的联系，其结论不能与其他在案证据证实的内容相矛盾。

第七章 音像、电子数据类证据的审查运用

第一节 音像、电子数据类证据的特点与功能

在客观性证据分类中,我们把在犯罪活动进行中通过智能设备记录、生成、制作的证据统称为音像、电子数据类证据,包括但不限于视听资料、电子数据。近年来,随着电脑网络、智能手机、监控设备的迅猛发展与广泛使用,音像、电子数据类证据在办案中也越来越常见。

一、音像、电子数据类证据的特点

在具备客观性证据所共有的客观性、真实性较高的特点之外,音像、电子数据类证据还具备自己独有的一些特点:

(一)科学技术依赖性

首先,音像、电子数据类证据系通过科学技术手段记录、生成、制作而成,其产生过程依赖于电脑、手机、摄像头等技术设备以及通信、网络、数据等科学技术。"电子证据对运行环境的依赖性很高,其整个运行过程都必须借助一定的硬件设备和软件平台。"① "视听资料是科技发展的产物,它的形成是借助录音机、录像机、电脑等设备。"② 其次,音像、电子数据类证据的科学技术依赖性不仅仅体现在产生的过程,对音像、电子数据类证据的提

---

① 刘显鹏:《电子证据认证规则研究——以三大诉讼法修改为背景》,中国社会科学出版社2016年版,第29页。
② 杨迎泽、孙锐:《刑事证据的收集、审查与运用》,中国检察出版社2013年版,第250页。

取、保存、移送、审查、展示等过程,也均需要依托相应的科学技术设备与技术手段,并且需要专业技术人员进行操作、处理。最后,随着科学技术的不断发展,音像、电子数据类证据的种类名目也在不断增加,其种类的变化依赖于科学技术的不断发展。

（二）内容信息丰富性

传统的物证、书证等客观性证据,其本身蕴含的内容信息较为简单,如作为作案工具的物证,往往只能反映行为人使用该物证实施犯罪,除此之外其他内容信息无法得以体现。音像、电子数据类证据不同于传统的客观性证据,其内容信息往往十分丰富,该类证据蕴含的内容信息可能囊括犯罪动机、案发起因、预谋实施、案发后表现等诸多内容,如通过网络虚拟空间实施的犯罪行为,通过审查电子数据甚至可以知晓犯罪的全过程。

（三）证明方式直接性

物证、书证等客观性证据,一般只能证明案件的部分性、片段性事实或某个方面的情况,需要与其他证据结合起来才能证明案件的主要事实。但音像、电子数据类证据并非完全的"哑巴证据",如视听资料,能够再现与案件相关的图像与声音,对于案件事实的证明与揭露具有直接性。如在杀人、伤害等犯罪中,监控视频清晰、完整记录下犯罪嫌疑人的行凶行为,可以直接证明犯罪嫌疑人实施了犯罪;在毒品类犯罪案件中,通话录音可以直接证明犯罪嫌疑人具有贩卖毒品的故意。

（四）内容易被更改性

电子证据的储存形式及介质的特殊性决定了在有人为因素或者技术障碍介入时,容易因截取、剪接、篡改、伪造、删除而引起数据失真,容易因停电、病毒等故障引发的错误对电子证据造成不可恢复的损害,并且该伪造、篡改不通过专业知识很难察觉和识别。[①] 手机、电脑等数据,犯罪嫌疑人甚至可以通过远程操作,修改、删除相应的数据内容。其他的音像、电子数据类证据同样具有这一特点,如视听资料的剪辑、删改也是十分容易的,甚至

---

① 参见周晓燕:《电子证据检察实务研究》,载《中国刑事法杂志》2011年第1期。

可以在几分钟之内剪辑、删改完成。

（五）证据生成隐蔽性

电子数据类证据的生成依赖于科学技术设备，因设备本身并不说话，犯罪嫌疑人往往未意识到设备本身的存在，在设备的"注视"下实施犯罪，相关的音像、电子数据类证据在犯罪嫌疑人毫无察觉、毫不知晓的情况下生成。如有些视听资料是隐蔽条件下拍摄、录制的，犯罪嫌疑人并没有意识到自己的行为或语言已经被设备所记录；在电脑、手机上的操作都会留下相应的痕迹，即使予以刻意删除或修改，仍然可以通过数据恢复、系统日志查询等方法予以查明，电子数据的生成同样具有隐蔽性。

二、音像、电子数据类证据的独特功能

（一）全面揭示案情

音像、电子数据类证据本身所蕴含的丰富信息内容，加之其内容形式更加直观动态、形象立体，在一些案件中，通过对该类证据的展示与科学解读，可以完整再现案发前、中、后的真实场景，全面揭示案情。通过通信记录、网络聊天记录、网络购物记录、监控视频等音像、电子数据类证据的审查，可以查明案件的起因、案发的动机、预谋准备的过程；通过审查监控视频、手机运行轨迹等，可以清晰明了地知晓犯罪地、犯罪时间、犯罪行为过程；通过审查微信朋友圈、通信记录、手机运行轨迹等，可以判断犯罪嫌疑人案发后的心态、逃跑情况。在一些案件中，通过一系列音像、电子数据类证据的展示，整个案件的全貌都会被揭示，这是其他的客观性证据难以做到的。

（二）有效检验言词证据

所有的客观性证据都存在检验言词证据真伪的功能，而音像、电子数据类证据在检验言词证据真伪方面尤为突出，尤其是视听资料，因为其本身具有形象立体、反复再现案发真实场景的特点，对于检验言词证据真伪有着其他客观性证据无可比拟的作用。音像、电子数据类证据内容信息丰富，通过

全面、细致审查，可以知晓犯罪事实的各处细节，与言词证据进行对比，检验言词证据真伪。值得注意的是，在检验言词证据时，首先要确保音像、电子数据类证据本身的真实性以及与案件事实、相关行为人的关联，否则检验言词证据则成了无源之水、无本之木。

（三）强化庭审效果

实务中，公诉人在法庭上出示证据的最主要方式是宣读证据内容，法官与被告人、辩护人、旁听人员用听的方式获取证据内容。根据美国哈佛商学院有关研究人员的分析资料表明，人的大脑每天通过五种感官接收外部信息的比例分别为：味觉1%，触觉1.5%，嗅觉3.5%，听觉11%，以及视觉83%，[①]听觉接收的外部信息远远低于视觉。同理，法庭上通过听获取证据内容信息的方式也远远不如看证据的内容信息。一般的客观性证据如书证、鉴定意见等，即使以一定的方式呈现给庭审人员观看，庭审人员还需要通过阅读大量文字获取信息，显然这些客观性证据的内容呈现效果并不会比宣读好太多。音像、电子数据类证据则不同，此类证据本身的内容特点决定了其在法庭上可以更为鲜活、直观的方式予以出示，如通过多媒体播放视听资料或进行电子数据演示等方式，让庭审人员通过视觉更有效、全面地获取证据内容信息，同时针对被告人与辩护人的无罪辩解、辩护，通过证据内容的展示直接予以回应，为之后的说理做好扎实铺垫，从而有效强化庭审出示证据的效果。

第二节　音像、电子数据类证据的审查要点

音像、电子数据类证据本身的特点决定了其在诉讼中的地位极其重要，对其审查的方法与其他种类证据的审查方法有所不同。本节从合法性、客观性、关联性、全面性等方面予以切入，就音像、电子数据类证据的审查方法展开论述，希望对办案人员审查该类证据有些许启发。

[①]　https://www.zhihu.com/question/40083364.

一、合法性审查

合法性是一切证据被采纳的必备条件，音像、电子数据类证据也不例外。电子数据类证据的合法性审查多数情况下可从以下几方面入手：一是收集证据的主体是否合法；二是收集证据的方法与过程是否合法；三是证据形式要件是否完善；四是证据的流转与保存是否妥善。

（一）音像类证据的审查重点

1.音像类证据的来源是否合法。音像类证据来源不明，就不具备合法性。对于采取技术侦查、搜查、扣押等方式获取的音像类证据，还要审查是否具有完备的审批手续。

2.音像类证据的收集、制作主体是否合法。《刑事诉讼法》第54条规定，人民法院、人民检察院和公安机关有权向有关单位和个人收集、调取证据。有关单位和个人应当如实提供证据。行政机关在行政执法和查办案件过程中收集的物证、书证、视听资料、电子数据等证据材料，在刑事诉讼中可以作为证据使用。第43条规定，辩护律师经证人或者其他有关单位和个人同意，可以向他们收集与本案有关的材料，也可以申请人民检察院、人民法院收集、调取证据，或者申请人民法院通知证人出庭作证。辩护律师经人民检察院或者人民法院许可，并且经被害人或者其近亲属、被害人提供的证人同意，可以向他们收集与本案有关的材料。因此，在我国公诉案件办理中，音像类证据的收集、制作主体主要系行政执法、司法机关（国家安全机关、军队、监狱在办理刑事案件时也当然具备相应的权力）及辩护律师等。不具备收集、制作音像类证据权力的主体所收集、制作的音像类证据不具备合法性。

3.音像类证据的收集、制作过程和方法是否符合规范要求。由何人、何时、何地、何种条件下以何种方法收集或制作，收集、制作过程是否有据可查，有无收集、制作过程的相关证明材料；制作人和原音像类证据持有人有无在相关文书上予以签名或者盖章；提取的音像类证据系原件还是复制件，如调取的系原件，有无复制及复制份数，如调取的系复制件的，是否对无法调取原件的原因、复制过程和原件存放地点进行说明；制作过程是否真实，内容是否经过剪辑、增加、删改、编辑等伪造、变造情况。

4.流转是否合法。对于上述提取、制作的过程等相关信息是否记载清楚，是否以合适的载体予以制作、保管、移交，流转的过程中能否保证证据材料不被篡改或编辑。

（二）电子数据类证据的审查重点

1.收集、提取主体是否合法。电子数据类证据收集、提取的主体范围与音像类证据相同（见上文），具体到司法机关的收集、提取主体，根据最高人民法院、最高人民检察院、公安部《关于办理刑事案件收集提取和审查判断电子数据若干问题的规定》（以下简称《电子数据规定》）第7条明确规定，在审查电子数据类证据时，严格对照该条进行。

2.取证的程序与方法是否合法。第一，审查取证的手续是否完备；第二，审查取证的方法是否符合相关技术标准；第三，审查移送的方式是否齐备、妥当。取证的程序与方法是否合法是电子数据类证据合法性审查的重点，实务中质疑电子数据类证据合法性的绝大多数情形是针对取证程序与方法的。《电子数据规定》等程序性解释对取证程序、方法作出明确，审查时需要严格依照相关规则进行审查。

3.形式要件是否齐备。收集、提取电子数据类证据，有无附有笔录、清单，并经侦查人员、电子数据类证据持有人（提供人）、见证人签名或盖章；电子数据类证据类别、文件格式是否注明清楚；移送电子数据类证据的载体是否安全等。如果证据存在形式上的缺陷，属于证据瑕疵，需要办案机关合理解释，对证据进行补强后才能使用；如果办案机关不能提供合理解释，影响到对证据真实性判断的，则应当予以排除。

二、真实性审查

基于音像、电子数据类证据本身存在的脆弱性特征，容易被伪造或者篡改，因此在审查判断此类证据的真实性时需要十分慎重和细致。对音像、电子数据类证据真实性的审查可从如下几个方面着手：审查证据的来源；审查证据的完整性；提取、收集、保管、移送过程有无更改、删减、编辑、伪造等情况，有无相关证明材料证实收集、提取的过程，收集、提取过程是否可以重现；真实性存疑时有无鉴定。审查的方式可以分为一般性审查和专业性审查，前者指并不具备专业知识的办案人依照各种审查规则对音像、电子数据类证据进行的真实性审查；后者指具备专业知识的技术人员或者鉴定人员，对音像、电子数据类证据的真实性进行检验或鉴定。

（一）音像类证据的审查重点

1. 审查音像类证据的来源。实务中，音像类证据的来源具有多样性，常见的有公安机关专用监控系统记录的音像类证据，公共组织、单位及个人视频监控系统记录的音像类证据，办案机关基于技术侦查等措施所记录的音像类证据，相关涉案人员用手机、相机、录音机等影音设备记录的音像类证据等。

在审查音像类证据时，需要明确音像类证据的来源，然后根据音像类证据的不同来源进行不同方式的审查，如系公安机关专用监控系统记录的音像类证据，一般情况下可以就提取、制作音像类证据的程序是否合法、有无剪辑、增加、删改、编辑等方面进行常规审查；而对于相关涉案人员所提供的音像类证据，则还要考虑提供人在诉讼中的不同身份、地位等因素，看其与本案的利害关系如何，所提供的音像类证据对于案件处理的作用如何，进行综合审查判断。

2. 审查音像类证据是否为原件。音像类证据与物证、书证、电子数据等证据相同，在能够提取原件的情况下应当尽量提取原件，在有特殊情况无法提取原件时提取复制件。音像类证据是原件还是复制件，审查时的重点会有所不同。如系原件，需要重点审查提取的过程是否规范，音像类证据是否被完整提取，之后对音像类证据内容进行审查。如系复制件，则要看复制的过程是否规范、有据可查，对音像类证据原件的存放地点是否描述清楚，复制过程是否完整、全面地复制了原件内容，如有剪切、处理等情况存在，有无说明原因，处理后的音像类证据与原件或完整的复制件内容是否核对无异。

3. 审查提取、制作音像类证据过程的真实性。在没有人为因素存在的情况下，音像类证据的记录设备是忠实的记录者，相关影音画面会被客观、真实地记录下来，只要提取、制作音像类证据的过程真实，音像类证据的真实性就可以得到保证。审查提取、制作过程是否真实，可以从以下几个方面入手：制作时间、制作人员、制作方法是否有据可查，有无录音录像或者相关其他证明材料予以证实，制作人员有无签名，有无相关见证人员予以见证制作情况。

4.审查音像类证据内容的真实性。首先，通过播放音像类证据内容，对音像类证据的背景声音或图像进行比对，对音像类证据的显示时间进行观察，检验核实音像类证据是否连贯流畅，看是否存在剪辑、篡改等情况。其次，通过对音像类证据的内容与其他在案证据所证实的内容进行比对，看音像类证据内容是否真实，如其他在案证据证实的内容与音像类证据所证实内容并不一致，音像类证据的内容则可能存在不真实情况。电影《全民目击》中就设置了这样的故事情节，音像类证据是人为制造的，内容虚假，与其他在案证据证实的内容并不一致，最终被发现系伪造。

5.审查记录设备运行状态。通过审查设备的运行状态，如对摄像头的安装位置、角度、设置时间等情况与监控录像的画面、时间进行比对，可以判断监控视频内容是否真实；再如遇到音像类证据不连贯、存在跳帧或遗漏以及声音、画面不同步等情况时，可以对设备进行检查，看设备是否存在故障，以此判断音像类证据是经过人为加工过，还是因设备故障问题所造成的天然缺陷，以便对视频材料准确地解读与运用。

6.通过技术支持进行专业审查。音像类证据并非自然形成，形成音像类证据的设备是由人来操作和控制的，这些特点决定了它也容易被伪造或篡改，但无论制造者的伪造技术多么高超，也不可能面面俱到、不留下任何痕迹，更不可能逃得过利用技术设备进行的技术鉴定或检验。因此，在通过一般审查，难以确定音像类证据真假时，应当主动寻求技术支持或帮助，借助具备专业知识的人员通过专业的技术设备判断音像类证据真伪。

（二）电子数据类证据的审查重点

1.审查电子数据类证据的来源。此处的来源审查与合法性审查中的来源审查具有不同的意义，后者主要审查电子数据类证据的来源是否明确、合法，而前者则系通过审查电子数据类证据的不同来源，判断电子数据类证据的真实性程度。如电子数据类证据存在于犯罪嫌疑人的电脑、手机等载体中，或者犯罪嫌疑人主动提供给办案机关的电子数据类证据，存在犯罪嫌疑人故意隐匿、修改相关数据的可能，在有迹象显示存在这种可能的时候，电子数据类证据的真实性则无法确定；而存在于政府部门、网络公司等公共电

刑事客观性证据审查运用指引

脑、服务器中的电子数据类证据，一般而言只要提取、保存流程不出现问题，真实性程度就较高。

当前很多案件中存在侦查机关向网络通信公司调取的音像、电子数据类证据，常见的如通话记录、支付宝交易记录、微信交易记录等。这类证据本身都记录在网络通信公司的电脑数据中，从证据本身所表现出来的特征看与电子数据类证据没有大的区别，但从取证主体、取证方式来看，与电子数据类证据的区别较大。这类证据的提取通常是由网络通信公司内部人员完成，且所提供的证据通常也是整理后的数据，侦查人员无法参与到提取过程。基于此，有人质疑这类证据的真实性，尤其是在网络通信公司作为被害人或者其他利害关系人的案件中。严格意义上看，这类证据仅有电子数据类证据的形，而并没有电子数据类证据的神，其并非由侦查人员严格按照程序进行取证，取证主体、取证方式与电子数据类证据都有很大不同，本质上并不属于电子数据类证据，因而并不天然地具有电子数据类证据的客观性、真实性较高等证据优势。实践中，对于此类证据进行审查判断时要区别于电子数据类证据的审查判断，不能当然地认为其证据内容较为客观，真实性就必然较高，而要结合在案其他证据进行综合判断。

2. 审查提取、储存、流转过程。"某项电子证据自形成后一直到进入诉讼调查程序，如果其在记载、存储和传输等整个过程中均保持了信息和数据的初始性状，同时收集电子证据的过程中没有任何客观或主观因素的不当影响，则一般可认为该电子证据是有效的。"① 对电子数据类证据的审查可以分阶段进行，就提取过程与储存、流转过程两个阶段进行审查。首先看电子数据类证据的提取方法是否符合技术规范。提取电子数据类证据时是否采取必要措施避免损害数据，电子数据类证据原始介质是否完好封存以备查验，如有复制件有无采取哈希值校验原复件一致性，电子数据类证据是否完整，是否具有数字签名、数字证书等特殊标识（当然并非所有的电子数据类证据都有数字签名或者数字证书），电子数据类证据有无增加、删除、修改等情形的，是否附有说明，在此值得注意的是并非有增加、删除、修改情况就必然导致电子数据类证据不真实，而是应当进一步查明原因和具体情节，以判断是否出于善意，从而区别对待。

---

① 刘显鹏：《电子证据认证规则研究——以三大诉讼法修改为背景》，中国社会科学出版社2016年版，第233页。

"如果是基于善意的目的，为了顺利展示或者分析电子数据而作上述操作，对电子数据证明的事实没有影响，可以认为其是真实的；如果是基于非善意的目的，特别是故意篡改电子数据的，则应当认定其是不真实的。"[①] 电子数据类证据往往内容十分庞杂，不经过相应的梳理分析，办案人员很难进行有效性审查，实务中，在不影响电子数据类证据内容或证明的事实情况下，侦查机关为便于审查对电子数据类证据进行必要的加工处理，也是正常且必要的。其次看储存、移交电子数据类证据的过程中，有无采取必要的措施或手段避免电子数据类证据不被干扰、污染，装载电子数据类证据备份的介质是否完整无损，是否可以正常读取以便审查，移交的电子数据类证据证据与原始数据是否存在一致性等。虽然《电子数据规定》对于电子数据的取证确立了"以扣押原始存储介质为原则，以直接提取电子数据为例外，以打印、拍照、录像等方式固定为补充"的原则，但基于各种原因，实践中原则、例外发生了换位，以致引来了各方的质疑，实际上在保证提取、储存、流转过程规范的前提下，电子数据类证据复制件具有准确性较高的技术特性，一般都可以保证电子数据类证据的真实性。因此在实践中，要十分注重对电子数据类证据提取、储存、流转程序的审查，以确保电子数据类证据真实可靠。

3. 审查电子数据类证据内容与在案证据有无矛盾。电子数据类证据作为案件中的一类证据，其真实性与否，仅通过对其本身的审查判断是远远不够的，要将其纳入案件的整个证据体系中，结合其他在案证据进行全面比对判断。如果电子数据类证据内容与其他在案证据所证实的内容一致，电子数据类证据的真实性则可以保证。如果存在矛盾，则需要判断矛盾本身大小并且就矛盾产生的原因进行查证，看能否排除证据间的矛盾；如果矛盾不可排除，则需要对电子数据类证据和其他在案证据的真实性进行更深一步地审查。

4. 通过技术支持进行专业审查。通过一般性审查无法确定电子数据类证据的真实性，则应当求助于专业技术人员对电子数据类证据进行鉴定或检验，经过鉴定或检验真实性仍然无法确定的电子数据类证据不能作为定案的依据。鉴定或检验需要专业技术人员使用特定的技术设备进行，因此办案人

---

① 喻海松：《电子数据的规制、提取、展示与审查》，载《环球法律评论》2019年第1期。

员在遇到此类情况时，要及时寻求帮助。电子数据类证据的移交手续要规范，相应关键环节要有据可查，鉴定或检验要依照行业标准、国家标准，采取规范的方法进行，鉴定或检验结果应当附卷。

三、关联性审查

对于证实行为人实施了什么样的行为，被害人陈述、证人证言、被告人供述与辩解等言词证据具有明确的指向性，这是因为提供证据的主体系人，人不仅具有记录过程的能力，还具备分析判断的能力；而音像、电子数据类证据的提供主体系机器设备，其只有记录过程的能力，却不具备分析判断的能力，因此其证据本身并不存在指向性。音像、电子数据类证据的内容与涉案人员、涉案事实是否具有关联，需要办案人员审查判断。如果无法建立音像、电子数据类证据与案件事实之间的关联，那么此类证据本身多么真实，对于待证事实都毫无益处。

（一）音像类证据的审查重点

1.通过图像、声音比对建立关联。看图像中的人物与涉案人员是否同一，地点与案件发生地是否同一，声音与涉案人员声音是否同一，可以判断音像类证据与案件是否存在关联性。在审查时，可以通过快放、慢放、逐帧比对、多个音像类证据综合比对等方式进行；通过人物的外貌、着装、配饰、动作等细节特征进行比对人物是否同一，对图像中出现的地点，通过门牌号、商店名称、道路交通标示等细节特征进行比对；通过声调、语言习惯、称谓等对声音进行比对。在图像模糊，无法通过肉眼作出明确判断时，应将音像类证据交给具备专业知识的人，对图像进行鉴定；声音则可以通过声纹鉴定等技术提供支持，以便更准确地审查判断。

2.通过与在案其他证据比对建立关联。音像类证据在调取后，应当充分结合其他在案证据予以使用，以此建立起音像类证据与案件之间的关联性。如可以通过证人、被害人、被告人的辨认，确定音像类证据中的人物与案件是否关联；还可以通过音像类证据的细节特征与言词证据所证实的内容进行比对，建立起视听资料与案件的关联性；通过现场勘验检查工作记录的内容，判断音像类证据与案件的关联性等。

（二）电子数据类证据的审查重点

1.审查电子数据类证据与案件事实的关联性。电子数据类证据与案件事实的关联，相对于电子数据类证据与行为人之间的关联认定较为容易。在审查时可以从三个方面着手："一是所提出的电子数据欲证明什么样的待证事实；二是该事实是否系案件中的实质问题；三是所提出的电子数据对解决案件中的争议问题有多大实质意义。"[①]电子数据类证据证实的事实系案件事实的一部分或全部，对于证实案件的争议事实具有较大实际作用，那么无疑该电子数据类证据系具备关联性的。

2.审查电子数据类证据与涉案人员的关联性。电子数据类证据与涉案人员尤其是犯罪嫌疑人之间的关联认定是办案时常见的难点，基于犯罪嫌疑人趋利避害的心理，即使电子数据类证据记载了大量犯罪痕迹，犯罪嫌疑人也可能会否认电子数据类证据指向的行为人系自己，如何将电子数据类证据内容与犯罪嫌疑人关联起来确实是一个难题，可以通过以下两个方面的审查建立二者之间的关联：

（1）审查原始介质、网络账户、手机号码等与行为人的关联。电子数据类证据并不会凭空存在，必然依附于一定的载体，如提取于电脑、手机等原始介质，或者从某人电子邮箱、微信号等账户中提取，或者来源于某手机号码的通信记录。电子数据类证据指向的行为人，在绝大多数情况下都是原始介质、相关账户的所有人或使用人，因此建立电子数据类证据与行为人的关联，第一步要判断原始介质、网络账户等所有人或使用人是否系行为人。

（2）审查电子数据类证据生成、制作过程与行为人的关联。建立起电子数据类证据原始介质、网络账户与行为人之间的关联只是第一步，依据证明规则，此时还无法确定电子数据类证据指向的行为人就是原始介质、网络账户所有人或使用人，只有进一步确定生成、制作电子数据类证据的人员也系行为人，才能建立起周严的证明体系。此时需要审查电子数据类证据本身的内容，看是否有具体指向，还需要结合犯罪嫌疑人及同案犯供述、证人证言、被害人陈述、监控录像等证据综合判断，甚至还可以提取必要的指纹、DNA等痕迹物证进行综合判断。

---

① 杨迎泽、孙锐：《刑事证据的收集、审查与运用》，中国检察出版社2013年版，第275页。

四、全面性审查和挖掘

对音像、电子数据类证据全面性的审查应当从犯罪构成要件事实体系的证明要求出发,以挖掘并运用此类证据证明案件事实的审查工作理念为指导,立足但不盲目满足于侦查人员收集的现有类证据,回溯收集证据的整个过程,对照审查犯罪嫌疑人、被告人供述、证人证言、被害人陈述等言词证据细节,从现场重建和言词证据、其他客观性证据多个途径来确定证据收集工作的全面性,进一步发现和挖掘潜在的音像、电子数据类证据,以补强完善证据体系。

(一)依托犯罪现场重建的方法发现和挖掘潜在的音像、电子数据类证据

犯罪现场重建就是通过现场形态以及物证、书证、痕迹、轨迹等的位置和状态,通过科学检验、鉴定分析,结合现场勘验检查、视听资料、电子数据等其他证据来确定犯罪现场是否发生特定的事件和行为的过程。通过犯罪现场重建,使得办案人员对犯罪现场、犯罪过程有更加全面、清晰的认识,有助于发现案件证据的薄弱环节并加以补强。通过犯罪现场重建合理推演案件发生过程要素,从中发现应当或可能留下的音像、电子数据类证据而未收集到案的情况,从而挖掘潜在的证据,以补强案件的证据体系。如通过重建犯罪现场的客观条件,可以判断是否遗漏不同角度拍摄的监控视频;通过重建犯罪现场行为的过程,可以判断是否遗漏相关的通信记录、网络聊天记录等电子数据类证据。

(二)通过审查言词证据从中挖掘隐藏的音像、电子数据类证据

虽然言词证据由于受人主观意识影响而存在可信程度低的可能,可靠性较客观性证据弱,但作为案件行为人、见证人,他们对案件事实信息的感知是最直接和全面的,因此,应当充分重视言词证据中所蕴含的信息,从这些信息中去分析和寻找可能蕴含的音像、电子数据类证据或音像、电子数据类证据信息点,并以此来发现和挖掘新的音像、电子数据类证据。被告人供述和被害人陈述、证人证言等言词证据是法定证据,在有罪供述和指证的情况下,要积极从言词证据中发现和挖掘可以收集的音像、电子数据类证据,印

证其供述的真实性。根据被告人供述的活动路线寻找和提取不同角度下拍摄的视频监控录像、行车记录仪录像等；根据被害人陈述、证人证言的内容，挖掘潜在的聊天记录、微信朋友圈等电子数据类证据。

（三）通过审查其他客观性证据挖掘音像、电子数据类证据

客观性证据本身中也蕴含着丰富信息，其中可能就隐藏着音像、电子数据类证据信息，在审查时需要注意深入挖掘隐藏信息，以发现和挖掘在案的更多音像、电子数据类证据。如被列为物证的手机，其蕴含的信息量巨大，而未对其内在的信息进行分析提取的，则可能遗漏重要的电子数据类证据、音像类证据等证据。

通过对音像、电子数据类证据本身进行审查，通过技术手段等也可以挖掘出潜在的其他电子数据类证据。如手机通信记录显示犯罪嫌疑人之间具有短消息记录，但对手机进行检查却未发现相关短消息内容，则说明短消息可能与犯罪事实有关联，犯罪嫌疑人系有意删除，此时可以通过技术手段对手机数据进行恢复，从而挖掘出短消息的具体内容这一电子数据。如杨某等人故意伤害案，杨某到案后对犯罪事实予以否认，手机通信记录显示杨某与多名同案犯在案发前后有过多次短信、电话联系，但对其与同案犯手机进行检查时却没有发现短信、通话记录，怀疑系杨某等人故意所为，通过手机数据恢复，果然提取到杨某指使他人行凶的手机短信内容。

第三节　常见音像、电子数据类证据的运用要点

一、辨"人"，识别案件相关人员

通过识别音像、电子数据的身份认证信息以及数据载体的设备信息，前者如手机号码、网络平台用户注册信息等，后者如手机的电子串号，计算机网络的 IP 地址等，进一步识别音像、电子数据的创建者或发布者以及电子设备的持有者或使用者。要通过核查通信号码使用、计算机 IP 地址、网络活动记录、上网终端归属等，并结合相关证据，准确辨别终端使用者、网络身份登录者等案件相关人员身份。如在各类网络犯罪案件中，运用电子数据查找、识别犯罪嫌疑人、被害人等案件相关人员，通过研判 QQ、微信等聊天

记录内容，可以识别QQ、微信的真实使用人；通过手机串号、通信记录等内容，可以识别手机号码的真实使用人；通过计算机IP地址可以识别计算机的使用人（当然很多情况下，还需要其他在案证据共同予以印证）。

通过视听资料观察行为人的衣着、长相、行为、声音等细节特征，对比犯罪嫌疑人、被害人的相关特征，可以确定视听资料中的人物是否为犯罪嫌疑人、被害人等在案人员。在对比人物是否同一时要注意细节特征的印证，不可模糊认定，在有条件的情况下，可以让相关人员自己或者其他具备辨认条件的人员对视听资料中相关人员进行确认，以增强内心确信。在无法通过感官有效识别犯罪嫌疑人、被害人等相关人员时，要借助技术手段对视听资料中的人物进行检验，如利用图像资料司法鉴定、声纹鉴定等技术，对视听资料中出现的人物、声音进行鉴定。通过细致分析监控设备的位置、方向等信息，结合监控视频的具体细节，也可以识别相关人员。如林某某放火案中，林某某到案后表示记不起来，定案的关键证据系监控视频，本案中有两个关键监控视频，但最关键的视频中只有行为人放火时的背影，并未拍到正脸，另一视频中记录了行为人进入现场的情况，正脸清晰可辨，后一视频中的行为人经过图像鉴定确定为林某某，林某某也予以了确认，现场放火的人是否就是进入现场的人成为本案的关键焦点。通过对记录两段视频的监控探头位置进行分析发现，两个探头分别安装在现场大门上方的墙上，只是一个在外墙，另一个在内墙，且两者之间具有少许重合部分，后通过观察画面重合部分，结合现场声控灯的亮灭等细节，确定两个视频中的人员同一。

在对视听资料图像比对时，还要注意环境、设备本身对于图像的影响，必要时需要通过侦查实验的方式帮助审查判断。如上述的林某某放火案中，在不同的视频中，行为人所穿的裤子颜色有一定差异，公安机关通过侦查实验确定了这一差异的存在系因为光线和设备的原因，有效提升了图像同一认定的可靠性。

二、辨"时"，识别案件相关时间

在犯罪行为被监控录像完整记录下来的案件中，可以直接通过审查监控录像的时间知悉犯罪活动的相关时间节点；在犯罪行为未被完整记录，但是相关行为人在作案现场附近出入情况被记录的监控录像,可以通过综合分析在案的多个监控录像,确定犯罪活动的起止时间。值得注意的是,因为设备设置的原因,有些监控录像的时间与标准时间存在一定的偏差,需要在校准后予以确定。通过审查道路卡口照片能够直接确定相关车辆及人员经过某地的时间。

利用手机、基站、计算机、服务器等电子设备的计时系统,可以确定犯罪嫌疑人、被害人等案件相关人员的特定活动时间,以音像、电子数据来客观建立犯罪嫌疑人与犯罪活动、被害人之间的时间关联。如通过手机通信信息、基站记录等信令数据分析,可分析判断犯罪嫌疑人、同案犯或被害人出现在犯罪现场的时间;再如通过手机、计算机的聊天记录、微博、朋友圈、搜索记录、文档制作记录等电子数据可以确定犯罪嫌疑人准备犯罪、着手犯罪、犯罪完成等时间节点。如莫某某放火案中,通过对其手机电子数据的提取发现,莫某某在案发前通过手机浏览器搜索如何放火、放火后如何不被发现等内容,由此判断其预谋放火的具体时间。

三、辨"地",识别案件相关地点

利用手机、基站、计算机、服务器等电子设备的定位系统、IP地址等,可以确定犯罪嫌疑人及相关涉案人员的活动地点。如通过移动电话的基站记录可以确定犯罪嫌疑人、被害人的活动轨迹,结合移动电话经过各个基站的具体时间,可以判断犯罪嫌疑人与被害人的活动轨迹是否重合,以此可以建立起犯罪嫌疑人与被害人之间的空间关联;再如通过智能手机的App、照片、视频所隐含的定位信息可以确定犯罪嫌疑人的行踪与轨迹。如张某故意杀人案中,张某对于犯罪事实予以否认,否认与被害人有过接触,通过张某与被害人的手机信号运行轨迹进行分析,发现张某的手机信号运行轨迹与被害人的基本相同,由此确定了张某与被害人之间的客观联系。

四、辨"言",识别与案情相关的言谈内容

在辨"人"的基础之上,视听资料还可以非常直观地展示相关人员在犯罪之时的言语,从而验证相关人员的言词证据是否真实。手机短信、QQ、微

信等聊天记录内容与微博、QQ空间、朋友圈、博客等电子数据内容可能系犯罪嫌疑人及相关涉案人员在犯罪之前、之中、之后与被害人或其他人员的言语交流、内心世界的外在表露等内容,通过审查上述内容,可能会从中发现案件起因、犯罪动机、犯罪预谋、犯罪方式、犯罪过程、犯罪结果等重要案情信息。如段某某故意杀人案,段某某到案后对于杀人行为予以否认,只承认是要教训被害人,且表示系被害人言语激怒其临时起意犯罪,通过对其手机电子数据的提取发现,其在之前与被害人聊天记录中就已经多次威胁要杀人,案发前一天还曾发威胁短信给被害人丈夫,结合在案其他证据,确定了段某某并非临时起意犯罪,而是预谋杀人。

五、辨"行",识别与案情相关的行为

运用音像、电子数据类证据可以识别犯罪嫌疑人的相关行为。通过运用犯罪嫌疑人的相关网络购物记录,可以识别犯罪嫌疑人购买作案工具的相关行为;通过运用犯罪嫌疑人电脑、手机的浏览器搜索记录,可以识别犯罪嫌疑人事先搜索作案手法及事后搜索毁灭证据方式的相关行为;通过运用监控录像等视听资料,可以识别犯罪嫌疑人事先跟踪被害人等行为。如张某某故意杀人案中,微信聊天记录与淘宝购物记录证实其在杀人之前曾购买过迷药、匕首等作案工具这一行为,确定其系有预谋地实施犯罪。

六、辨"事",识别与案情相关的事件

网络领域内发生的侵犯公民个人信息、非法侵入计算机系统、非法利用网络信息以及利用网络实施诈骗、赌博、诽谤、非法集资等犯罪中,相关的案件事实均发生在虚拟世界中,此时电子数据、视听资料等音像、电子数据类证据就成为该类案件中辨别事实、分析案情的关键证据。通过运用音像、电子数据类证据,可以还原事情的原貌和整个过程。

七、辨"心",识别行为人的内心动态

运用审查音像、电子数据类证据,可以识别犯罪嫌疑人犯罪的动机、主观故意等内心动态。如通过审查故意杀人案中的监控视频,可以明确犯罪嫌

疑人打击的部位、打击的次数、打击的强度，以此判断犯罪嫌疑人当时是直接故意还是间接故意；通过审查网络聊天记录、微信朋友圈等电子数据，可以了解犯罪嫌疑人案发前后的内心动态，有助于判断犯罪嫌疑人的犯罪动机、犯罪故意及有无悔罪表现等。如段某某故意杀人案，监控视频拍摄下了段某某持刀砍切被害人的全过程，整个过程持续时间近1分钟，段某某连续不断地砍切被害人的身体，至被害人倒地不动后才停手，虽然段某某到案后否认当时是要杀人，但是监控视频的内容已经足以反映其在行凶之时的主观心态。

第四节　常见音像、电子数据类证据的审查运用

一、通信记录的审查运用

所谓通信记录，是指使用手机、固定电话等通信设备以及QQ、微信、电子邮件等网络通信工具过程中留下的信息记录。通信记录属于电子数据，在具体的证据表现方面主要有三种形式：一是话单记录。手机等通信设备在彼此联络中会留下相应的通话记录，存储于个人手机和通信运营商的数据库中。二是轨迹记录。手机每到一个地段就会注册到最近的通信基站，通过基站的位置可以获得手机用户的大概位置。三是聊谈记录。短信、微信聊天过程中形成的聊谈记录。

（一）通信记录的审查重点

1.审查通信号码的使用者是否确定。虽然每个通信号码一般都绑定有特定的用户信息，像购买手机号的身份证，但是这些信息是捆绑、固定的申请信息，而不能直接反映该号码的使用者真实身份。通信信息的发送者与接收者究竟是谁、是否系号码用户本人、是否存在他人使用该号码的情况、该号码是否一直被特定人员单独使用等，即通信号码的真正使用者是否已有证据予以判明。

2.审查通信记录的证据来源是否明晰。一般而言，通信记录来源于以下三类途径：一是原始载体；二是通信运营商；三是技术侦查。要明晰通信记

录来源于上述何种渠道，继而针对不同渠道再进行相应的具体审查。

3. 审查通信记录的提取固定是否及时。在案件审查时，要特别留意与案情相关的通信记录是否已及时提取、固定在案，审查是否存在重要通信记录应提取而未提取、已提取但提取不全以及侦查人员运用通信技术破案却未将通信数据附卷等问题。

（二）通信记录的运用方法

1. 案件关联法。所谓案件关联法，即通过案件关联性来有意识地采集和运用通信记录。具体而言，有三种方法：一是与"人"关联。通过调取案件相关人员如犯罪嫌疑人、被害人、重要证人的相关通信记录，寻找、查证案情信息。二是与"地"关联。从与案情相关的地点如作案地、销赃地等，通过查询基站的轨迹记录，来获取相关通信号码有无进入该地的信息。三是与"时"关联。即从案发时、案发前后等与案件关联的重大时间点入手，通过查询通信联络的具体时间点，获取相关通信号码的时间信息。

2. 点面整合法。可通过"点"与"面"相结合的方式，将通信数据予以科学整理、分析，从而抽离出与案情相关的信息记录、剖析出通信记录反映的案情内容。一是"面"的梳理。即对通信记录进行整体性梳理。通过人、时、地的关联，将话单、轨迹、聊谈等通信记录加以整体性归类、整合，在"面"上梳理出涉案有关人员的通信活动、人员来往、社会关系等相关信息。二是"点"的挖掘。即注重对通信记录细节处的挖掘。案件相关人员平日可能存在大量的通信联络，而这些记录中透露案件信息的却有可能只是其中的一个电话、一条短信、一处轨迹。

3. 印证分析法。将通信记录纳入整个证据体系，与其他证据特别是被告人供述、被害人陈述、证人证言等言词证据的内容进行对照、分析，从而达到核实言词证据的真伪、查明案件事实的目的。通信记录与言词证据的印证分析，可分为"从言到证"和"从证到言"两种情况：一是从言到证。犯罪嫌疑人供述或辩解、被害人陈述、证人证言若涉及通信细节，这些细节证据应收集印证。二是从证到言。通过调取相关的通信记录，掌握犯罪嫌疑人的通信活动、行动轨迹，再去验证犯罪嫌疑人的供述与辩解内容。

二、监控录像的审查运用

监控录像系指电子监控设备记录下来的连续录像,一般只有图像,而无声音。根据来源的不同可以分为公安专用监控系统记录的监控录像和公共与私人机构安防系统记录的监控录像,前者由公安部门设置在道路、公园、广场等处的监控设备记录,后者由政府机关、企事业单位、银行、超市、商店、出租房等公共机构或者私人设置的监控设备记录。随着社会的不断发展,摄像头的设置越来越密集,监控录像在刑事案件中也越来越常见。

在审查运用监控录像时,需要注意以下几个方面:

(一)严格审查监控录像合法性

实务中,基于监控录像本身的高准确性特点,被告人、辩护人对于监控录像真实性的质疑较为少见,而对于监控录像合法性的质疑却是公诉人会经常遇到的。合法性是真实性的基础,无论监控录像内容如何真实,如果本身并不合法,失去了证据能力,最终也只能被排除。因此,在办案中,要极其注意对监控录像合法性的审查,尤其要注意审查提取、制作、流转的过程是否合法、妥善,同时要注意做好对公安侦查的引导工作,以此不断提升公安机关取证工作的规范性。

(二)严格审查同一认定准确性

基于电子监控设备技术或拍摄条件等原因,部分监控录像图像的清晰度并不高,对于图像中的行为人身份的确定,需要注重细节特征予以比对,不可模糊作出判断,对于侦查机关采信的证据不可不加判断予以轻信,需要查明采信的理由与依据,必要时要交鉴定人员对于图像进行鉴定。在实务中,因监控录像中人物认定出现错误的案件也出现过。在进行同一认定时,也不限于仅仅是图像对比,还可结合监控录像的时间、监控探头的位置以及在案的其他证据情况进行综合认定。如某贩卖毒品案件中,被告人否认自己实施贩毒行为,而通过对ATM监控录像及银行汇款具体时间、网点等信息进行综合分析,证实向毒品上家支付毒资的行为人就是本案被告人,从而有力驳斥了被告人的无理辩解。

（三）准确解读监控录像内容

监控录像是对于相关行为人行为过程的记录，而相关行为人的身份，在画面模糊情况下很难确定，需要结合其他证据予以确定。对此，在单独出示监控录像证据时不宜过度解读，将画面中人物直接表述为被告人或被害人等相关行为人，而是应当说明具备某某特征的人员，然后结合其他证据证明画面中的人物身份。

（四）通过审查挖掘隐藏证据

监控录像的信息量巨大，通过审查监控录像可以发现其他的潜在证据。如在某故意杀人案中，被告人在作案后迅速逃离现场，通过观看现场监控发现被告人在离开现场后不久，手部有一个向路边抛甩的动作，据此侦查机关对该处进行了搜索，发现了一把带血尖刀，并在尖刀上提取到了被害人与被告人的DNA，从而查获了作案工具，并据此建立起被告人与被害人死亡之间的客观联系；再如，通过审查道路监控录像发现现场附近有其他人或车辆经过，可以发现新的证人，如果经过车辆上安装有行车记录仪，还可以发现新的视听资料等。

三、手机数据的审查运用

手机数据，是指侦查机关利用一定的技术手段，从犯罪嫌疑人、被害人、证人等相关涉案人员的手机中提取或恢复的相关数据信息。随着智能手机功能的不断发展和智能手机的大量普及，手机数据在办案中的作用越来越大。

在对手机数据进行审查运用时，需要注意以下内容：

（一）谨慎审查手机数据合法性

对手机数据的合法性审查，通常而言与电子数据的合法性审查并无不同，只是需要注意在封存手机时与一般的电子数据原始介质封存有所不同，即封存时需要采取信号屏蔽、信号阻断或者切断电源等措施，防止手机数据被更改。

（二）严格审查手机数据全面性

手机数据包含的信息量巨大，包括通讯录、短信、通话记录、微信聊天记录、各种手机 App 信息、照片、视频、定位信息等，而且往往在相应证据的背后还隐藏着相应的潜在信息。如手机中提取到的图片，本身可以作为证据证明案件事实的同时，其背后往往还隐藏着拍摄照片的地点、时间信息。在审查时不能仅限于审查手机数据的通话、短信记录等内容，还要对手机数据中可能与案件有关联的其他内容进行审查，并注意挖掘相关隐藏信息。

（三）注重审查手机数据关联性

通过审查物理空间与虚拟空间上的关联，建立起相关行为人与手机数据之间的客观关联。物理空间上的关联也可谓形式上的关联，系指手机的所有人、使用人是否清楚，有无相关言词证据或其他证据予以印证，扣押时有无相关行为人签名盖章；虚拟空间上的关联也可谓系实质的关联，即手机数据的生成者、制造者、虚拟账户实际操作人系相关行为人，可以通过审查手机号码登记信息、智能手机系统账号名称及密码、手机运行轨迹、运行时间、手机数据本身内容等多方面进行综合认定。

四、海量电子数据的审查运用

随着信息化、网络化的不断发展，涉案电子数据载体数量呈爆发式增长，单个载体的数据容量亦呈爆发式增长，这两个因素导致在任何一个案件中，都可能收集到海量的电子数据。如何对海量电子数据进行审查与运用，是当前办案工作中不得不面对的重要问题，也是难点问题。对于该问题，理论与实务中均没有统一的做法与经验，本书从以下几个方面进行阐述，希望可以起到抛砖引玉的作用。

（一）加强与技术部门的协作，寻求技术支持

对于案件中的海量电子数据证据，如果纯粹依靠办案人员的肉眼进行审查分析，显然是不可能也不现实的。实践中，可以将案件中的电子数据移交给技术部门进行协助审查，同时告知技术部门对案件定罪量刑可能有影响的

电子数据类型、特征等信息，以便于技术部门更好地进行分析审查。随着电子数据在办案中的运用越来越普遍、所发挥的作用越来越大，同时电子数据的数量越来越多、审查运用的难度也越来越大，为更好地对电子数据进行审查运用，有条件的地方可以尝试建立专门的电子数据实验室，为案件的办理提供强有力的技术支持。

（二）对部分案件的电子数据进行随机抽样审查

办案中碰到的电子数据证据，有些情况下已经过侦查机关的筛选与分析，对于这些已经筛选和分析过的电子数据是否真实可信，办案人员通常也要进行再次审查，但逐条进行审查无疑会大大降低办案的效率，也十分不现实。在此种情况下，可以进行随机抽样审查，抽取的样本要有一定的科学依据，以保证电子数据的真实可靠，这一点可以借鉴《办理毒品犯罪案件毒品提取、扣押、称量、取样和送检程序若干问题的规定》中对于毒品取样的规定。当然，实践中，此种做法是否会取得各方的认可还存在障碍，但在面对海量电子数据无法做到一一审查之时，此种方法无疑是既能够在较高程度上保障证据真实而同时又能保证诉讼效率的举措。

（三）充分依托案件事实与其他在案证据

案件中出现的诸多电子数据可能与案件核心事实并不直接紧密关联，对于如何发现、链接关键电子数据，也需要从案件事实以及在案的证据出发。如在故意杀人案件中，侦查机关对被告人的手机数据进行了提取，这些数据中涵盖了通讯录、短信、通话记录、微信好友、微信聊天记录等海量信息，通常情况下要依托案件事实与在案证据，对被告人与被害人等重要关系人之间的短信、通话、聊天记录进行重点审查，对案发前后的关键时间节点的相关数据进行重点审查，对案件中出现的关键物证来源等情况进行重点审查等，以查明被告人的作案动机、案发起因、有无预谋、案发后的表现等情况。

第八章 常识常理类证据的审查运用

第一节 常识常理类证据的概述、种类与功能

一、常识常理类证据的概念

古罗马法谚有云:"显著之事实,无需证明",其意指为了提高效率、减轻当事人诉累,对于那些已知的或者没有争议的、没有必要证明的实体法事实和程序法事实,包括众所周知的事实、可以推定的事实、已经确认的事实以及当事人承认的事实等,不再需要诉讼当事人一方举证,而直接由司法者予以认定。这一法律思想是人类理性认知世界的智慧体现,是自然规律和生活经验的升华总结,是在诉讼效率和司法公正之间寻找到的理想平衡点。时至今日,无论哪个诉讼模式,抑或哪种类型案件都有其存在的一席之地。

"显著之事实"相对于诉讼认定的全案事实而言,是基础事实、片段事实,是在全案整体事实中具有前提性质的一部分事实。事实必须需要证据来证明。从这个角度来说,"显著之事实"又是认定全案事实的证据之一。如一起因债务纠纷引发的故意杀人案,载明债务纠纷责任认定的民事生效判决作为已经确认的"显著之事实",就成为证明故意杀人罪犯罪起因事实的证据。此类"显著之事实"包括但不限于众所周知的事实、自然规律和定理、生活经验事实、生效裁判及公证文书确认的事实、法律规定的推定事实、已有证据证实的确定事实、专业领域内的法律法规、规章制度及其适用。当它们成为认定某个案件事实的证据时,我们可以称之为常识常理类证据。经验常识是以特定社会生活经验为基础并经多次验证之后逐渐形成的一种确定性

知识。① 常识常理类证据反映的是客观世界各种事物之间的客观联系，是以特定社会生活经验这一客观存在为认识对象，具有非常强的客观性。常识常理类证据是人们经过长时间的反复归纳得来的、为众人所熟悉认可的知识，在一定的时间和空间里普遍存在的，不会轻易为人的意志所改变，具有稳定性特点。同时，只要条件符合，常识常理类证据随时可以重复验证其真实与否，其反映的事实可以重现，可以为不同的人所感知，具有可重复验证性。因此常识常理类证据具有可靠性、稳定性、可重复验证性的特点，这也是其可以归类为客观性证据的原因。

与常识常理类证据意义接近而又有所区别的概念有免证事实、司法认知、经验法则等。通过与相近概念的比较，可以加深对常识常理类证据的认识。

（一）免证事实是关于事实本身层面的法律概念

《人民检察院刑事诉讼规则》第401条规定，"在法庭审理中，下列事实不必提出证据进行证明：（一）为一般人共同知晓的常识性事实；（二）人民法院生效裁判所确认并且未依审判监督程序重新审理的事实；（三）法律、法规的内容以及适用等属于审判人员履行职务所应当知晓的事实；（四）在法庭审理中不存在异议的程序事实；（五）法律规定的推定事实；（六）自然规律或者定律"。最高人民法院《关于民事诉讼证据的若干规定》第9条、《关于行政诉讼证据若干问题的规定》第68条也有类似规定。学界还认为免证事由包括推定、司法认知、自认三种情形。② 笔者认为，刑事诉讼中的自认不同于民事诉讼、行政诉讼中的自认，常识常理类证据一般不包括自认，因为常识常理不需要自认即存在，这是常识常理类证据与免证事实的区别之一。常识常理类证据包括法律推定的事实，因为法律推定的表现形式是：只要有事实A存在，就可以推定事实B存在，其属于固定性推定，具有严格的强制效力，其具有高度盖然性，已经相当于常识常理。因此常识常理类证据与免证事实中的推定、司法认知的范围大致等同。

---

① 吴宏耀、魏晓娜：《诉讼证明原理》，法律出版社2002年版，第22页。
② 何家弘、刘品新：《证据法学》，法律出版社2004年版，第271页。

（二）司法认知是关于事实认定层面的学理概念

在《布莱克法律词典》中，司法认知是指法庭为了便利起见，接受众所周知并不存在争议的事实而不要求当事人对其予以证明；在《牛津法律词典》中，司法认知是指一种法庭可以不听取证据而视为事实已经得到证明的方式。在英美法系国家，司法认知通常和言词证据、实物证据一起被视为证据的三种基本形式。①学者们也从对象、范围、证明、效力或主体等不同的视角来界定概念。综观对于司法认知的各种定义，描述的是司法认知的某些特征，彼此间并不矛盾，反而是多角度共同揭示了其真实面孔。与司法认知作为证明活动的动态性、多面性相比，常识常理类证据仅仅是静态的、单一性质的证据种类。

（三）经验法则是关于法律范畴的概念

经验法则是人们个别经验积累到一定程度归纳出来的一般知识，是有关事物属性、状态以及相互关系的法则性认识，是通过归纳方法获得的不完全性知识。②经验法则属于方法论层面的认知规则，是进行逻辑三段论推理的大前提；而常识常理类证据是运用经验法则进行推定或者认定的事实存在，是三段论推理中的小前提。个案事实是经验法则（大前提）结合个案中存在的常识常理类证据（小前提）进行逻辑推理的结果。众所周知的事实为何不需要在个案中予以证明就可以直接采信证据，是因为我们根据日常生活经验提炼出了"众所周知的事实意味着当事人必然知晓"的经验法则。因此，经验法则是一种客观存在的不成文的认识准则，具备习惯法的性质和功能；而常识常理类证据是已经在案的证据，属于事实范畴。此外，常识常理类证据还可以运用自然法则、逻辑法则、科学规律等法则进行推理，从而认定案件事实，经验法则只是运用常识常理类证据的一种方法。

---

① ［美］乔恩·R. 华尔兹：《刑事证据大全》，何家弘等译，中国人民公安大学出版社2004年版，第17页。

② 张亚东：《经验法则：自由心证的尺度》，北京大学出版社2012年版，第12~18页。

二、常识常理类证据的种类

常识常理类证据具有多样性，涉及自然、科学、技术、经济、艺术、语言、行为习惯等生活的方方面面，具有数量上的无限性。借助《人民检察院刑事诉讼规则》第401条关于免证事实的规定，大致可以将常识常理类证据分为六类情形。借助学界对于免证事由的分类，也可以将常识常理类证据分为推定、显而易见的事实、众所周知的事实和没有争议的事实等四类情形。可以看出，无论是六类情形还是四类情形，都属于列举式分类，而非统一标准之下的区分界定，只能展示常识常理类证据的表象范围，难以体现其内在特征。因此，认识常识常理类证据需要通过种类区分的方法进行类型化分析，类型化可以更加清晰地把握此类证据的特性，便于在具体案件中正确适用。

（一）一般类常识常理证据与特殊类常识常理证据

如果以被知晓的范围广度来区分，常识常理类证据可以分为一般类常识常理证据和特殊类常识常理证据。前者是指为普通大众均掌握、了解的常识常理，比如一些自然现象、基础的科学规律等，属于最基本的常识常理；后者是指只为特定的人所知晓的涉及特殊行业、特别专业的知识，比如生效判决、公证事项、行业内部规章规则或者习惯、较深奥的科学知识等。有些特殊类常识常理，随着社会的发展、科技的进步，人们文化知识水平不断提高，原先一些为特殊专业人士掌握的知识逐步变成普通民众都知晓的事情。专业门槛的降低，使特殊类常识常理转变成一般类常识常理。一般来说，对于一般类常识常理证据，可以直接用以认定事实或者适用法律，而对于特殊类常识常理证据，则需要通过专业领域权威书籍、具备专门知识的人等形式予以举证证明。

（二）规律类常识常理证据与高度盖然类常识常理证据

如果以盖然性大小来区分，常识常理类证据可以分为规律类常识常理证据和高度盖然类常识常理证据。前者是指具有支配地位的、不容反驳的事实，比如自然规律、科学原理、技术操作程序等；后者是指可能具有例外、允许反驳的证据，比如有新证据出现的生效裁判、法律推定的事实。对于较低盖然性的生活经验，仅仅是个别人的自身体验，已经不足以作为推定某一事实存在的基础事实，不能归为可以信赖的证据，不属于常识常理类证据。

此外，陈忠林教授提出"常识、常理、常情"（以下简称"三常"）法治观，认为"三常"是现代法治的灵魂。"三常"是指为一个社会的普通民众长期认同，并且至今没有被证明是错误的基本的经验、基本的道理以及为该社会民众所共同享有的基本感情。[①]"常识"主要是指自然科学知识和社会科学知识。"常理"主要指大众所认同的事物之间一般的因果联系。"常情"主要指人们共同拥有或认同的情感体验、伦理道德、价值取向、风俗习惯等。[②]"三常"在证据学领域的表现就是常识常理类证据及其运用。这一分类也有利于我们全方位认识常识常理类证据。

三、常识常理类证据的功能

事实认定依靠证据，既可以依据直接证据直接证明，也可以运用间接证据推定证明。认定案件事实是证据的最基本功能。证据又有客观性证据和言词证据、主证据和补强证据、本证和反证等分类，彼此之间可以相互印证支持或者否定反驳，因此证据还具有互相验证真伪的功能。常识常理类证据属于客观性证据、间接证据，相应也具备事实认定、证据验真等基本功能。同时，常识常理类证据可以减少不必要的证明，有提高诉讼效率的功效。具体而言，常识常理类证据的功能表现为以下方面：

（一）固定基础事实

刑事诉讼中的案件事实主要是涉及犯罪成立和量刑的实体法事实，也包括部分可能影响证据效力、审判结果的程序法事实。案件事实的证明需要达到事实清楚、证据确实充分，但不意味着案件事实的全部要素都是收集、运用证据证明的重心。对于不证自明的事实，可以通过常识常理类证据直接予以固定，作为认定全案事实的基础事实。比如案发时间某年某月某日是星期几，属于众

[①] 陈忠林：《刑法散得集》，法律出版社2003年版，第37页。
[②] 陈俊康：《论民事诉讼中的经验法则》，西南政法大学2004年硕士学位论文。

所周知的事实,只需要通过日历查询即可,其作为常识常理类证据可以直接固定案发时间这一事实要素,并不需要再调取、出示其他证据予以证明。再如案发起因涉及婚外情的,相关民事判决已经确认婚外情事实存在的,该常识常理类证据就可以直接固定当事人一方存在过错的事实要素。如此可以不再纠缠于案件的细枝末节,将证明责任焦点集中在有争议的事实的证明上来。这既符合人们认知事实的基本原理,也是诉讼效率的需要。

（二）检验证据真伪

常识常理类证据作为客观性证据的一种,具备验证言词证据真伪的功能。言词证据往往反映的是一个完整的"故事",该"故事"是否可信必须以不违背常识常理为前提。比如被告人提出的难以查证的"幽灵抗辩",应当先判断该抗辩是否符合常识常理,只有抗辩具有合理性才必须去审查、答辩。如果被告人以事发巧合为由来解释事出反常,则须提供必要的证据或线索,否则该辩解不足以采信。常识常理类证据也能对其他客观性证据进行检验。这是因为常识常理类证据的客观性源于客观世界的现实存在,源于既成事实和已知公理,其客观程度要较有着侦查人员、鉴定人员参与的现场勘查笔录、鉴定意见等更高,可以作为检验客观性证据是否真正客观的标尺。比如一起二十余年前的陈年积案,尸体鉴定意见的打印书纸张较新,用印新鲜,通过调取同一时期其他案卷中侦查机关的法医鉴定书,发现在用纸、字体、格式等处有明显差异。"同一时期同一单位所作的鉴定文书在纸张、字体、格式上应当基本一致"属于经验法则,同一时期其他案卷中的法医鉴定书用纸、字体、格式,属于已有证据证实的确定事实,可以作为一个常识常理类证据,以二者为前提得出来的结论就是该陈年积案中的鉴定用纸、字体、格式应当具有的特征,再以此与现有案卷中的鉴定书用纸、字体、格式的实际特征做比较,就可以对尸体鉴定意见的制作时间、制作经过等提出疑问。

（三）提高诉讼效率

常识常理类证据的直接采信,可以使证明者把主要精力集中于关键的争议事实和证据之上,提高诉讼活动的针对性和有效性,有利于节省司法资源,提升诉讼效率。比如醉酒案件中,被告人在呼气测试后当场饮酒的,或者呼气测试后提取血样前逃跑的,往往辩解因为又饮酒或者逃跑归案后的血液酒精检测并不能准确反映其在驾车时的血液酒精含量,试图以证据不足来逃避刑事责任。常识常理则告诉我们,呼气测试是一种有着科学技术原理依据的简便测试方法,是能够证实被告人醉酒的法定证据种类,只有血检结果才是鉴定意见的观点是违背常识常理的,且之所以不能有更准确的血检结果,是因为被告人自己实施的逃避行为造成的,因此应当以呼气测试结果认定其酒精含量。如果一味地纠结缺乏血检结果没法证明被告人醉驾,实际上是忽视了"呼气测试能够科学检测被告人醉酒程度"的常识,陷入无谓的证明陷阱之中。

第二节 常识常理类证据的审查要点

一、常识常理类证据的形式审查

证据是证据形式和证据内容的统一体,证据形式是证据内容的物质载体。证据形式具有两个层面的含义:

一是证据展现出来的物质载体样式,比如书面、语言、影音视频等。证据一般都会以具体的载体样式表现在案卷之中,以可视、可听的方式为人感知。比如言词证据是以直接观看的书面材料以及可以当面听取的语音模式来体现;视听资料、电子数据多是以光盘、U盘为载体,通过电脑播放画面、声音来展示。常识常理类证据中有些是以书面的形式展示,比如生效裁判确认的事实等;但也有些是存在于我们的头脑之中,比如自然科学规律、众所周知的事实、生活经验事实等。对于后者,是否必须提交相应的教科书著作或者实物实例等形式进行展示?笔者认为,一般来说,此类证据如果需要展示在法庭之上而不单纯是运用分析时,应当有具体的载体样式。没有以文字、语言等形式表达的常识常理类证据,在诉讼过程中无法展示和质证。

二是证据的分类形式,比如书证、物证、证人证言等。尽管我国刑事诉讼法规定,可以用于证明案件事实的材料都是证据,但其一般应当以法定形式进入司法诉讼活动中。证据分类形式的演进在一定程度上反映了人类对证据认识的深化,它是司法人员正确履行收集、审查和认定证据职能的行为依据,也是健全和完善各种证据规则的客观需要和内在要求,每一种证据规则都是指向特定的证据形式的,没有特定的证据形式,证据规则就失去了存在的基础。① 常识常理类证据不是刑事诉讼法关于证据的法定分类形式,而是在司法实践过程中对于一类具有共同特性证据的经验总结,其在司法证明活动中一般也应有符合自身特性的证据分类形式。常见的常识常理类证据形式是书证,也可能是专门知识的人的证言,比如一起放火案中关于消防灭火流程、火灾现场注意事项等各种基本常识,除了相应的法律法规部门规章制度等书面材料可以证明外,还可以通过消防专家出庭作证的形式体现。

实践中,常识常理类证据最常见的形式是书面形式的书证和口头语言形式的证人证言,但此类证据的形式审查又与普通的书证、证人证言的形式审查不同。书证的形式审查适用最佳证据规则,收集、调取的书证应当是原件,只有在取得原件确有困难时,才可以是副本或复制件。法院裁判文书、公证仲裁文书等常识常理类证据等以书证的形式体现时,对其的审查重点在于是不是原件或者是否有与原件核对一致的盖章、调取人签字,更重要的是查明是不是终审、生效法律文书。书证形式的常识常理类证据还包括涉及专业领域内的法律法规部门规章等,对其的审查重点在于核实是生效还是已被废止。证人证言的形式审查适用意见证据规则和传闻证据规则,证人的猜测性、评论性、推断性证言不得作为证据使用。常识常理类证据如果以证人证言的形式体现时,可能是证人根据一般生活经验进行的推断,更多的是具有专门知识的专业人士所作的证言,对其的审查重点在于专业人士的专业权威程度,专业人士的身份、职务、从业经历以及其观点是否得到业内普遍认可等都是审查的要点。

二、常识常理类证据的实质审查

证据的内容反映的是证据的实质,对证据内容的审查就是证据的实质审查。证据的实质受制于证据的概念。关于证据概念的观点,历来有"事实说""根据说""材料说"之争。刑事诉讼法肯定了证据"材料说"。使用"材料"一词给证据定位,表明了证据可以证明事实,但其本身不等于事实,收集在案的证据不必然是真实的。真实性是证据实质审查时首要考察的问

---

① 雷建昌:《论我国刑事证据分类模式的缺陷及其完善》,载《法律科学》2004年第3期。

题，证据的内容与真实性审查息息相关。常识常理类证据作为认定案件事实的基础事实，其真实性关乎到全案事实的认定，因此常识常理类证据的实质审查关键在于如何判断此类证据的真实性。

与其他证据一般必须通过相互印证来证明真实性不同，常识常理类证据可以证实自身的真实性。这是因为它属于基础事实，它的存在不以当事人的意志为转移，在当事人做出犯罪行为之前就已经存在，因此可以独立证明自身的真实性。对于一般类常识常理证据的真实性的审查，因其符合普通大众的认知范畴，如众所周知的事实、自然规律、科学技术原理等，司法者一般也具备相应的知识，可以直接对其进行审查判断。但对于特殊类常识常理证据真实性的审查，因其具有较强的专业性，远离普通人的日常生活，只是在一部分特殊群体内做到了普遍传播或者为特定的人所知晓，所以司法者需要借助专业书籍或者具有专门知识的人进行审查。对于规律类常识常理证据真实性的审查，因其的存在是必然的，所以真实性不存在质疑的空间，司法者可以直接认定。对于高度盖然类常识常理证据真实性的审查，则需要重点审查常识常理存在的条件，结合案情看其适用的条件是否存在于本案之中。"真理向前一步就是谬误。"如果错将盖然率低的事实作为常识常理，据以认定事实就会产生偏差。

常识常理类证据真实性的审查固然可以从自身着手，但也不排斥来自其他证据的印证。在一个案件中，常识常理类证据所推定的事实理论上应该与在案其他证据认定的事实不存在矛盾之处。但常识常理类证据来自客观情况的归纳，因而完全存在小概率事件等例外情形的可能，而且归纳的过程已经有人的主观因素的介入，有人的主观因素就可能存在错误。在某些案件中，如果有充分的在案证据可以证明，有关案件事实的发生与依据常识常理类证据所推定的事实并不一致，也是可能的。出现差异情况要分析出现矛盾的原因，可能是常识常理类证据的适用有误，也可能是证据收集的不全面不充分，影响了对事实的判断。如果不能排除常识常理类证据与在案其他证据之间的矛盾，则案件事实就无法认定。

第三节 常识常理类证据的运用要点

一、常识常理类证据的运用须依靠经验法则、逻辑法则

学理上,可以将常识常理类证据分为推定和司法认知。推定主要是指法律推定,而不包括事实推定。司法认知主要指法官应当知道的特定事实,具体包括显而易见的事实、众所周知的事实和没有争议的事实。① 在国外,司法认知有着较为广泛的内容。如1972年在美国马西斯诉萨克拉曼县上级法院案中,"违禁品经常被偷偷带进监狱",被认为是可以采用的司法认知;1972年戴维斯桑案中,一提到"红色""红鬼""圣诞树"这些词就指的是巴比妥类镇静药,也被认为是可以采用的司法认知。② 但在我国的刑事司法语境下,此类生活中"常有的事"还不足以被纳入司法认知的范围,作为常识常理类证据使用。这是因为,对于事实而言,法律是透过法的三阶段论来寻求答案的。③ 经验法则、逻辑法则是三段论推理中的大前提,常识常理类证据证实的基础事实是小前提,二者共同作用得出的结论就是推定的事实。事实推定的可靠性,一方面决定于大前提——经验法则盖然性的高低;另一方面则取决于据以作出推定的基础事实的可信性。④ 比如"法院生效判决认定的事实一般是符合客观事实"是我们的日常生活经验,属于经验法则,可以作为三段论推理的大前提;已经提取在案的生效裁判文书所确认的事实是小前提;那么根据三阶段推理,自然而然得出"将该生效裁判文书确认的事实认定为犯罪起因事实正确"的结论。因此常识常理类证据的运用必须是依靠经验法则、逻辑法则作为大前提。相反,简单的生活表象的描述不能称之为日常生活经验,无法提炼出经验法则、逻辑法则,不能成为三阶段推理中的大

---

① 何家弘、刘品新:《证据法学》,法律出版社2004年版,第278页。
② [美]乔恩·R. 华尔兹:《刑事证据大全》,何家弘等译,中国人民公安大学出版社2004年版,第405~406页。
③ [日]石井一正:《日本实用刑事证据法》,台湾五南图书出版公司1990年版,第8页。
④ 张亚东:《经验法则:自由心证的尺度》,北京大学出版社2012年版,第214页。

前提，个案中出现的生活现象也就不能被认为是常识常理类证据。比如在我们司法实践中，贩毒分子常用"茶叶"来指代毒品，但茶叶在我们生活中属于常见物品，尚不足以提炼"茶叶就是指代毒品"的经验法则，即使贩毒分子交易聊天记录上谈及"茶叶"，也不能直接得出其是在贩卖毒品的结论。

二、常识常理类证据的运用须与案件其他证据相结合

常识常理类证据所能证明的事实具有前提性、片段性的特点，与证明犯罪构成要件的证据相比，其在案件证据体系中占据较小的比重，处于非核心的位置。仅有常识常理类证据几乎是不可能完成案件事实的证明的。常识常理类证据必须与在案其他证据共同作用，才能完整认定案件事实全貌。比如在一起放火案件中，深陷火场的被害人常常因燃烧的浓烟窒息死亡是众所周知的事实，该事实可以作为常识常理类证据予以采信，但证明被害人死因这一关键事实显然不能仅靠常识常理，还是要依据法医学尸检鉴定意见。在整个证据体系中，尸检鉴定意见的证据价值要重于常识常理类证据。此时，常识常理类证据可以佐证尸检鉴定意见的结论，尸检鉴定的死因论证是常识常理类证据的深化和细致展开。但如果该常识常理证据与尸检鉴定出现显著矛盾，则构成对被害人死因、案件性质和事实的严重质疑，必须深入调查矛盾产生的原因。

实践中，常识常理类证据多运用于验证或者驳斥其他证据，尤其是言词证据的真伪。比如一起故意杀人案，被告人辩解其与妻子争吵后用手套包着的砖块砸伤妻子头部致流血，妻子生气自行从五楼阳台跨过护栏跳下身亡。本案中物理学基本知识可以作为常识常理类证据采信运用。根据牛顿运动定律，在重力的作用下，人直立时头部的血迹会垂直流下，从阳台跳下时由于有水平初始速度，其自由落体过程中是抛物线运动，落点会距离跳点有一段水平距离。以这些常识常理类证据为前提，结合被告人辩解的内容，我们可以推定的事实是：被害人在颈部、上身以及上衣必然会形成垂直流注的血迹，跨越楼上阳台护栏跳楼时在下落过程中被害人身体不会与楼下阳台护栏发生直接接触甚至摩擦。然而现场勘查照片显示被害人颈部、上身以及上衣无垂直流注血迹、被害人后枕部与三楼阳台护栏发生刮擦并形成平整的一处伤口，因此可以判断常识常理类证据结合被告人辩解的内容所推定的事实是

错误的,由于物理学基本知识属于规律类常识常理类证据,不具有反驳性,只能说明被告人辩解是虚假的。

三、常识常理类证据的运用过程须公开

常识常理类证据是我们办案中所运用的重要的客观性证据之一。正因为常识常理类证据具有基础性、片段性的特点,在我们生活中每时每刻都可能运用到,反而很少有人会自觉意识到它的证据作用和证明价值。有些常识常理类证据如自然规律、众所周知的事实,和我们的生活息息相关,已经潜移默化在我们的思想之中,在我们的言谈举止、所作所为中默默起着支配的作用,应当提炼出来以证据的形式在庭审中示证质证。有些常识常理类证据,如具有特殊性、专业性的科学原理、法律法规规章制度等,普通人并不知晓,司法者也难以获悉,更需要予以明示。常识常理类证据具有隐蔽性,审查时很容易被忽略,运用时很容易被直接采信,因此,在司法过程中,常识常理类证据的审查、运用、论证的所有程序都应该公开。只有公开经过了法定的调查程序,才能成为证实案件事实的证据,这也是证据裁判规则的要求。

经验法则是一种盖然性的规定,在程序上允许反驳,而且并非所有的待证事实都可以适用经验法则。逻辑法则也不能机械化,不是简单的数学计算和数理推演,现实发生的案件是具体的、复杂的,离不开裁判者的主观分析和思维判断。① 因此法官在案件事实认定中应当允许对运用经验法则认定事实不利的一方提出异议,这是防止经验法则适用出现错误的救济性保障。② 作为三段论推理的大小前提,运用常识常理类证据的过程实质上也就是经验法则的运用过程。因此,运用常识常理类证据得出的结论应当允许质疑和反证。这就要求运用过程必须公开,只有公开才能让诉讼参与人知晓常识常理类证据的运用过程,才能有针对性地质疑和反证,防止司法专断,避免错误认定,从而使人们通过程序正当性的认可建立起对结果真实性的信赖。公开才能促进公正,正义要以看得见的方式实现,这是实现刑事诉讼法保障人权目标的需要。

---

① 李勇:《刑事证据审查三步法则》,法律出版社 2017 年版,第 302 页。
② 张亚东:《经验法则:自由心证的尺度》,北京大学出版社 2012 年版,第 239 页。

第九章 言词证据的审查运用[①]

第一节 言词证据的证明价值和诉讼地位

在人类司法实践的历史进程中,证明方法曾经有过两次重大的转化:第一次是从以神证为主的证明方法向以人证为主的证明方法的转化;第二次是从以人证为主的证明方法向以物证为主的证明方法的转化。[②]我们所推行的客观性证据审查模式就是以物证为主的证明方法的集中体现。但是否意味着言词证据在司法证明中的地位削弱了呢?从表象来看,确实如此。实践中,每当有冤假错案曝光,刑讯逼供往往是被认定为首当其冲的原因。理论界也对此进行批判,称之为"口供中心主义、办案人员有口供情结"等。言词证据的证明价值和诉讼地位较之以往有明显的下降。笔者认为,很多时候"重证据不轻信口供"被异化为"重实物证据而忽视言词证据",这种现象一定程度上是混淆了言词证据的真实性和言词证据合法性两个问题。之所以出现问题言词证据,是证据取得方式违法,而非言词证据自身的价值和作用被错误定位。如果从我们所处的时代背景出发,从人们认知事实的方式方法出发,客观看待言词证据,就会发现言词证据在司法证明活动中仍然有着重要的证明价值和诉讼地位。

[①] 本章侧重从言词证据与客观性证据之间相互印证补强的角度进行论证,内容主要涉及言词证据真实性的审查和运用。言词证据的合法性必须优先审查,对于违法言词证据,应当直接排除,不需要再考虑客观性证据与言词证据相互验真问题。关于言词证据合法性审查,应当严格依据法律条文进行核实,本章不再赘述。

[②] 何家弘:《神证·人证·物证——试论司法证明方法的进化》,载《中国刑事法杂志》1999年第4期。

一、"以审判为中心"重视言词证据的直接证明作用

"以审判为中心"是党的十八届四中全会通过的《中共中央关于全面推进依法治国若干重大问题的决定》推进严格司法的具体措施,要求"推进以审判为中心的诉讼制度改革,确保侦查、审查起诉的案件事实证据经得起法律的检验"。笔者认为,"以审判为中心"的内涵应当是:审判是依照法律检验侦查、起诉案件事实证据的程序,庭审实质化是方法,证据裁判原则是关键,公开和监督是保障。如果将侦查、起诉案件事实当作产品,那么审判是检测流程,要公开透明;庭审是检测车间,要实效运转;法律是检测标准,要科学明确;证据是检测工具,要客观充分。"以审判为中心"的诉讼制度改革,主要围绕着庭审实质化和证据裁判原则的落实展开。庭审实质化,是指在审判中庭审是决定性环节,关键要落实直接言词原则,做到"事实调查在法庭、证据展示在法庭、控诉辩护在法庭、裁判说理在法庭",从而"保证庭审在查明事实、认定证据、保护诉权、公正裁判中发挥决定性作用"。①证据裁判原则要求审查证据形式,规范证据能力,完善证据规则体系,严格把握证明标准。②

庭审实质化尤其是直接言词原则的落实过程中,言词证据的诉讼地位重要性不言而喻。直接原则意味着司法者要亲自接触诉讼参与者,当面听取诉讼参与者的意见;言词原则意味着诉讼活动要以言词的形式进行,诉讼参与者的意见要口头表达。侦查、审查起诉阶段形成的被告人供述、被害人陈述、证人证言等讯问、询问笔录,是庭审中对各项言词证据进行质证的基础。控辩双方只有事先仔细研究该类言词证据笔录内容,才能在庭审过程中提出有价值的支持指控或者质疑、反驳的意见,最终为审判者采纳证据、认定事实提供依据。在庭审的过程中,被告人、被害人、证人作为案件事实的经历者,通过对他所感知的案件事实的复述,在经过交叉询问、辩论等环节,全面反映案件争议的起因、经过、结果,进而揭示案件的事实真相。一

---

① 张吉喜:《论以审判为中心的诉讼制度》,载《法律科学(西北政法大学学报)》2015年第3期。

② 闵春雷:《以审判为中心:内涵解读及实现路径》,载《法律科学(西北政法大学学报)》2015年第3期。

切事实都是人们在直接感知的基础上对事物的实际情况所做的一种陈述。①人的感知具有直接性、被动性,当言词证据能够直接、全面向审判者展示事实全貌时,其所具有的高效证明作用和对审判者内心确信的影响力是不容被忽视的。

在证据裁判原则的落实过程中,言词证据的证明价值应当得到理性肯定。人类社会解决纠纷的裁判根据,先后经历了神明裁判、口供裁判和证据裁判三个阶段的演变过程,体现了人类认知案件事实从非理性到理性的过程。证据裁判原则要求以证据作为裁判的根据,没有证据不得认定事实。证据之所以能够成为认定案件事实的唯一根据,是由于真实的证据必定由案件的本源事实所派生,与它有内在的联系。②案件事实发生在特定的时空,改变的是特定的人之间的关系,它必然会在客观世界留下各种痕迹,比如物品、血迹、指纹等,也可能会被人所感知、认知,在人的主观世界留下印象。言词证据的形成,就是案件事实在当事人主观世界留下的痕迹与印象,经过记忆和表述的阶段,再现到客观世界为其他人所认知的结果。因此理解证据裁判原则,一方面要将神意、长官意志、民愤等非理性因素排除在认定事实的基础之外;另一方面则是对证明案件事实的材料持一种开放态度,只要是符合规范的证据材料都可以进入司法者的视野,成为裁判的基础。从本质而言,诉讼证明是一种回溯性证明,只能"从历史的碎片中拼凑事实",司法裁判是去粗取精、排除矛盾、认定唯一的过程。证据的分类只是根据形式进行的区分,并不意味着各类证据之间在可靠性或者证明力上有着天然的高低之分,不能因为言词证据具有易变性的特点,就忽略其证明直接性的优势。理性看待言词证据的优缺点,不以口供为中心,也不轻视口供等言词证据,真正做到重证据不轻信口供,才是落实证据裁判原则的表现。

二、客观性证据审查模式重视言词证据的补强印证作用

客观性证据审查模式,并非忽视、摒弃言词证据,而是一方面通过充分挖掘和运用客观性证据并以此验证言词证据;另一方面通过言词证据解读,

---

① 彭漪涟:《事实论》,上海社会科学院出版社1996年版,第75页。
② 陈光中:《刑事证据制度改革若干理论与实践问题之探讨》,载《中国法学》2010年第6期。

去挖掘和解释客观性证据的证明价值和功能，从而提升证据审查效果，其根本理念是"客观验证"，指的是运用客观性证据验证的方法和路径审查判断言词证据，强调的是言词证据与客观性证据之间的彼此验证真伪、揭示证明价值的关系。客观性证据具有可靠的稳定性和关联性的，是最佳证据，能够确认案件基础事实脉络，并以此为基础对言词证据予以审查和检验。言词证据具有丰富的内涵，蕴含着案件情节的细节事实或证据线索，在侦查时能够以言词证据来搜寻客观性证据，在审查时也可以用言词证据全面、有效解释客观性证据的内涵，防止客观性证据解释不足或者解释过度的现象发生。

运用证据认定案件事实的诉讼证明活动是一个发现真相、认识事实的过程。这个过程不是一蹴而就的，作为认识对象的证据材料也不是一起呈现的。一般来说，从各类证据收集到案的逻辑时序来看，认识案件事实全貌有两种模式：一是先言词证据后客观性证据；二是先客观性证据后言词证据。前者是指，根据有限的线索，锁定特定的犯罪嫌疑人、证人，经过讯问、询问后掌握案件事实全过程，再根据口供或者证人证言查找对应的物证、书证等客观性证据，对口供、证言等进行核实、检验。常见于职务犯罪等犯罪过程隐蔽、犯罪结果不易为他人知晓的案件、无被害人案件或者积案、余罪的查办。后者是指，根据已知的犯罪结果，通过勘查、收集各类客观性证据，借助推理、解释等综合分析运用证据的方法，基本确定案件事实经过，再获取锁定的犯罪嫌疑人口供或者被害人陈述、证人证言等，进而丰富、修正认定的案件事实细节。常见于杀人、盗窃等犯罪现场明显、犯罪结果明确、因果关系有迹可循的普通刑事案件。

在先言词证据后客观性证据类案件中，言词证据补强的过程是发现客观性证据的过程，客观性证据是言词证据的"验真石"。对言词证据的内容进行起因、经过、结果或者时空、逻辑等全面解析，挖掘出言词证据的内涵及证明价值，找出可能与之相对应的客观性证据并收集到案，从而确认言词证据的真实性、全面性。从证明角度来讲，先有口供等言词证据，再根据口供等言词证据提取到客观性证据，如果客观性证据经查证属实且与口供等言词证据相印证，就能够证明言词证据的真实性。因为在侦查人员事先不掌握相应客观性证据的情况下，言词证据中提及了相应的案件信息和证据，就表明被告人、证人等当事人掌握了普通人不可能掌握的案件情况，进而表明其与特定的证据和案件事实之间存在关联，该言词证据构建出来的犯罪事实脉络真实可信。

在先客观性证据后言词证据类案件中，客观性证据的证明价值和功能需要言词证据补强，言词证据是客观性证据的"黏合剂"。客观性证据具有片段性、间接性等特点，因此常常被称为"沉默的证据"，需要对其解读、解释，才能够证明待证事实。多个客观性证据分别证明的事项也需要进行合理推理才能整合成完整的事实经过。这种解读、解释、推理、整合，可以是专业人士依据常识、常理、专门知识等进行的专业解读，但不可避免会存在解释过度或者不足的风险，客观性证据的证明价值和功能可能没有得到准确、充分的发挥。被告人、被害人、证人等当事人提供的言词证据中对相关事实的直接阐释，是客观性证据的解读、解释更为常见的方式，而且当事人作为事件亲历者，其解读、解释更贴近真实、具体，更有直接、形象的说服力。

需要指出的是，言词证据、客观性证据的先后顺序仅仅是从证据收集到案的逻辑时序这一角度进行的简单分类。任何一件案件并不会只运用一类认识事实的模式。事实的查明过程是漫长而严谨的，先言词证据后客观性证据、先客观性证据后言词证据会在证据收集、事实认定过程中不断交叉使用，直至真相水落石出。先言词证据后客观性证据体现了较强的证明作用，但必须保证言词证据的合法性和自愿性，防止人为制造先言词证据后客观性证据的顺序。先客观性证据后言词证据则要警惕侦查讯问、询问过程中的信息渗透，防止讯问、询问时有意无意将已经掌握的证据信息透露给被告人、证人，更要防止指供指证等形成的虚假印证。

第二节　补强规则语境下的言词证据审查

一、言词证据审查中的补强

言词证据审查，是指对收集在案的言词证据进行分析研究，核实真伪并判断证明价值，以便用来证明案件事实的证据调查活动。主要包括两个方面的内容：一方面是审核，即查明言词证据形式是否合法，是否具备证据能力；另一方面是判断，即分析言词证据是否真实反映客观事实，进而判断其证明力有多强，对于认定案件事实有多大作用。只有通过认真的审核、判断，具备了合法性、真实性、关联性的言词证据，才能够成为定案的根据。

言词证据审查活动必须遵循一定的证据规则。证据规则，是指以规范证据能力和证明力为主的，调整和约束证明行为的法律规范总和。①意见证据排除规则，自白任意性规则是规范言词证据的证据能力。不具有合法性的言词证据，则因为不具有证据能力，直接被排除在认定事实的素材之外。从证据间相互印证的角度来说，最重要的言词证据审查规则是证据补强规则。确定证据是否能够相互印证，换言之，证据是否可以得到其他证据的印证性支持，成了证明被告人罪名成立与否的关键，这也与刑事诉讼证据规则中的证据补强规则相关联。所谓证据补强规则，是指为了防止法官对证据的评判发生错误，对于某些自身证明力较为薄弱或者经验证明运用该证据材料有较大危险的证据，要求有其他证据加以补强，才可以作为定案的根据。②证据补强是对自由心证原则的制约，它有利于防止司法者偏向某一个表面上看起来足以定案的证据（尤其是口供），而忽略了该证据可能存在的虚假性、薄弱性或片面性。这种补强需要做到补强证据与被补强证据在证明指向、证明目的上保持一致，而不是相互矛盾，实质上就是证据相互印证。

二、言词证据补强规则的司法现状

证据补强决定着证据能否经得起质证进而被采信，是诉讼活动顺利进行不可或缺的一环。没有经过补强的证据将不会轻易为法庭所采信，也不会作为定案的关键证据。不过目前有关国家包括我国刑事立法只是要求对口供③进行证据补强，但程序法意义上的证据补强，其对象应当是所有需要补强的证据，而非仅仅是口供。通常人们认为只有被告人自白才需要补强，这主要归因于法律对于错误定罪风险规避的需要。④事实上，导致错误定罪的因素

---

① 樊崇义主编：《刑事证据规则研究》，中国人民公安大学出版社2014年版，第8页。
② 宋英辉主编：《刑事诉讼原理》，法律出版社2007年版，第323页。
③ 在诸多论著中亦有表述为自白补强规则。严格意义上讲，口供与自白有区别，但为行文方便，本书中的口供与自白有相同含义，均指被告人供述。
④ 欧卫安：《略论被害人陈述的证据补强——以当事人证据和印证证明为起点》，载《河北法学》2012年第11期。

除了有问题的被告人口供外，有问题的被害人、目击证人的指证、辨认也可能是使裁判者容易先入为主、主观判断、陷入恣意自由心证误区、随意采信单一证据、忽略证据矛盾的重要因素。以强奸案件为例，被害人供述、目击证人的证言是除被告人口供以外指证强奸犯罪成立的有力证据，但被害人容易利用他人的同情而故意夸大事情的经过、结果，从而使被告人遭受不恰当的刑罚制裁，可能导致冤假错案。故在美国的许多司法辖区，如果没有其他证据补强，强奸案件受害人的证词甚至不能被提交事实的裁判者进行评价。① 美国俄亥俄州克拉伦斯·埃尔金斯（Clarence Elkins）强奸杀人案被定罪就是陪审团在获悉埃尔金斯的 DNA 与犯罪现场的证据并不吻合的情况下，基于一名 6 岁受害者的陈述，她指出她的姨夫埃尔金斯就是行凶者，仍作出裁决有罪，② 后该案被发现是错案。因此，证据补强规则应当有更为广阔的发展空间，而不应当局限于口供。

三、言词证据补强规则的前景展望

刑事案件中，被害人陈述、证人证言与口供一样，同样存在证明力是否充分的问题。有立法者注意到这点，遂对被害人、证人言词证据的证明力有疑虑的采信问题作出了规定。如《办理死刑案件证据规定》第 37 条规定，对生理上、精神上有缺陷的被害人、证人和被告人，与被告人有亲属关系、利害冲突或者其他密切关系的证人，均要慎重使用其所作的言词证据。英美法系国家证据法中有关于品格证据的规定，即先判断有关被告人、被害人、证人是否诚实可信的品格证据具有可采性，使之获取了进入法庭调查的"资格"，从而影响陪审团采信有关人员作出的有关犯罪事实的被害人陈述、证人证言。当然，上述立法的着眼点还仅限于被害人、证人作为提供证据的主体的一贯品行或者利害关系等因素，和其作证本身是否真实、客观的判断还有差别。因此，从证据法则上规定对证明力存疑或者尚不值得信赖的被害人陈述、证人证言，强制要求有其他证据补强，而不是仅仅着眼于品格、利害

---

① ［美］米尔吉安·R.达马斯卡：《比较法视野中的证据制度》，吴宏耀、魏晓娜译，中国人民公安大学出版社 2006 年版，第 118 页。

② ［美］吉姆·佩特罗、南希·佩特罗：《冤案何以发生：导致冤假错案的八大司法迷信》，苑宁宁、陈效等译，北京大学出版社 2012 年版，第 9 页。

冲突等案外因素，从而打消法庭对这类证据的疑虑是必要的。言词证据补强规则的对象应当限定于口供、指明犯罪行为人的被害人陈述以及见证犯罪实施过程的证人证言。证据补强内涵扩展的必要性体现在：

第一，其他言词证据与口供具有共同的证据属性。一般而言，口供具有主观性、易变性特点，致使被告人口供的真实性存在天然的不确定，需要其他证据予以补强。被害人陈述、证人证言等言词证据和口供有着证据属性上的共同点。主观性上被害人陈述、证人证言也会受到利己因素、记忆因素的影响，如在一些双方互有纠纷引发的案件中，被害人往往也会努力夸大对方责任，缩减自己的过错，证人也可能因为和当事人之间的利益纠葛而有偏向性。易变性主要体现在被害人陈述、证人证言关于犯罪的说法容易前后不一，尤其是出庭作证时被害人、证人的发言会出现不可控的情况。这些因素决定了被害人陈述、证人证言的真实性在一些情况下堪忧，因此为了保证其来源合法、内容真实，能够为法庭采信，就必须用其他证据补强。

第二，其他言词证据补强和口供补强在价值上具有一致性。确立口供补强法则，一是为了防止误判；二是为了防止偏重自白。① 也就是说，口供补强规则的价值有二：一是保证案件事实清楚；二是摆脱口供至上主义观念的束缚，而对言词证据补强同样具有该价值。对言词证据补强，言词证据和补强证据一起形成证据组、证据团，显然比孤立、单一的言词证据更有证明力，更能接近客观事实与真相，更容易被采信。此外，言词证据补强也具有降低证据体系对口供依赖性的价值。长久以来，口供被称作"证据之王"，侦查人员在被告人到案后主要精力就是突破口供和稳定口供，在"一对一"的职务犯罪案件中，口供取得甚至可能决定案件成败，此种侦查思维容易引发刑讯逼供等非法取证行为。言词证据补强，客观上提升了言词证据中被害人陈述、证人证言的地位，使得侦查人员的主要工作对象从被告人转变为包括被害人、证人在内的所有当事人，而且增加了案件办理的方法，不至于使侦查人员在案件陷入困境时只能"求助"于非法手段突破口供。经过其他证据补强过的被害人陈述、证人证言，在剔除了主观性、易变性等不利因素后，可以全面反映犯罪事实经过，以查明案情。言词证据补强具有防止错判、不轻

---

① 宋英辉、孙长永、刘新魁等：《外国刑事诉讼法》，法律出版社2006年版，第602页。

信口供、应对被告人不供或翻供的价值，也就决定着其在证据规则体系中有一席之地。

四、客观性证据补强言词证据的证明功能

与言词证据具有直接性、主观性、易变性的特点相比，客观性证据的特点可以归纳为片段性、客观性、稳定性。所谓片段性，是指客观性证据反映的是犯罪发生过程中的某个局部的、片段式的内容，如作案工具反映的就是作案手法，尸体检验报告反映的就是伤情死因，勘验检查笔录反映的是血迹、痕迹的分布，并不能直接完整地展现被告人实施犯罪的全过程（直接记载作案全过程的视听资料除外）。所谓客观性，是指客观性证据是客观存在的，其外部形态、内部信息集成特征是不以人的意志为转移的。所谓稳定性，是指客观性证据一旦被固定下来，就不容易被推翻或者推倒重来。客观性证据的上述特点决定了其可以作为言词性证据的基础，因为一般来说，言词证据反映的是案发过程全貌或者是局部全貌，因此可以看作是"线"；客观性证据反映的是案发过程中的细节部分，因此可以看作是"点"。"线"是由无数个"点"组成的，将"点"连接起来就成了"线"。对于一根线来说，用一些关键点将其固定住就可以保证线的稳定。客观性证据补强言词证据就有此效果：通过对客观性证据反映的犯罪事实的确认，就可以佐证言词证据描述的全部犯罪过程。

此外，客观性证据也并非仅仅反映的是犯罪过程的片段，通过对其挖掘内在涵义、充分解释，结合常识常理，运用推理的手段可以推演犯罪过程、重建犯罪现场。如在杀人案件中，通过审查现场勘验、检查笔录，运用收集到的各种痕迹、实物证据，能够推演出行为人进出现场的路线、渐次展开的活动、使用的工具、接触或破坏的物品、形成的痕迹、遗留的物品、被告人是否受伤或黏附有血迹等其他物质；可以根据相关证据确定与被害人的接触情况，以何种方式、手段杀死被害人，如何对尸体和现场进行处理或伪装，如何离开现场。[①] 将多个客观性证据综合起来，可推理出犯罪的全过程，其再与言词证据所描述的犯罪全过程进行比较，如果二者一致，就达到了客

---

① 金飒:《死刑案件证据审查模式转型实证研究——以刑事证据规则为视角》，载《铁道警官高等专科学校学报》2013年第1期。

观性证据补强言词证据的效果,如果二者有差别,则能够检验言词证据的真实性。

第三节 运用客观性证据补强言词证据的方法

有学者认为,从长远来看,相互印证应当仅仅是一种证明方法,但当前相互印证仍是主要的办案模式。在此前提下,为弱化口供的地位,建议将办案模式实现"从供到证"向"从证到供"的转型,突破口供时要注意细节,要获得"专门性知识""隐蔽性细节"。[①]这一建议是中肯的,供、证顺序的变化和根据口供中的"专门性知识""隐蔽性细节"所得来的物证,都是用来补强口供的重要途径。但对于具体的案件来说,这些仅是口供补强的方向,还需有更为细致的运用客观性证据补强言词证据的方法,才能达到较好的办案效果,也才能将客观性证据审查模式深入人心。

一、时序分析补强法

犯罪往往是一个过程,如预谋犯罪会有准备工具、踩点的事前准备活动,犯罪发生时也多有矛盾惹起、激化、爆发的阶段,犯罪完成后也有销毁证据、逃跑等事后活动。时间具有一维性,亦即有先后顺序,被告人、被害人的行为也因此有先后顺序。不同时序阶段的行为会留下不同的客观性证据,而且这些证据出现的先后顺序不可能颠倒,这种时序就具有唯一性。客观性证据反映的犯罪过程的时序性和言词证据中反映犯罪过程的时序性相互印证,就是彼此间的相互补强。如一起绑架案中犯罪行为人经常会使用多个手机号码联系被绑架人家属,手机号码启用的时间是一维的、顺序不变的客观事实,如果能够通过通话记录等证据反映,就可以与被告人口供、被害人家属的证言中关于对方勒索时所使用手机的时间和顺序相印证,从而保证口供、证言的真实、可靠。

[①] 谢小剑:《刑诉法修改下相互印证的证明模式》,载《中国刑事法杂志》2013年第5期。

二、空间分析补强法

因为犯罪是个过程，所以犯罪的发生地点也可能随着时间的推移而发生变动。犯罪地点有准备工具、行凶、销赃、毁灭证据等多个地点，其中行凶地点也可以细分为多个地点，比如争执地点、打斗地点、追逐地点。空间、地点的变化也是与犯罪过程的发展一一对应的，这种一一对应的特点可能会隐藏在客观性证据中，我们可以通过挖掘、解释证据，将其展示出来，用来补强被告人口供、被害人陈述、证人证言。实践办案中，多体现在被告人行走路线、出入犯罪场所的路径方面，这可以通过手机轨迹、行车轨迹、指纹足迹、工具撬痕等客观性证据，勾画出被告人的行动轨迹，然后与被告人口供、被害人陈述、证人证言作出对应。尤其是被告人供述、被害人陈述证实在犯罪时因为一些特殊原因存在不同于一般常人所认知的犯罪路线、犯罪地点时，当通过客观性证据固定后，更能够证明被告人口供、被害人陈述的真实性。

三、逻辑分析补强法

被告人口供、被害人陈述、证人证言都是通过语言表达出来的，语言表达过程经过了大脑逻辑的加工，因此言词证据应当符合作出证据的当事人的逻辑认知。被告人、被害人、证人的身份、学历、身体状况、人生阅历等各有不同，其所处的自然环境、生活条件、日常生活规律也各有不同，这决定着其既有和常人一致的逻辑常识，又有其自身特有的逻辑思维。这些相同点和差异点均是客观存在，而且是可以客观性证据的形式表现出来的，在言词证据中也能够找出与之相吻合的地方，从而相互印证。如在一起强奸案中被告人肢体有较严重残疾，而被害人由于长期从事体力劳动体力较好，双方力量相当，在遭到被害人反抗时被告人并不能占据上风，那么从逻辑上分析，强奸如果使用暴力会有大量肢体损伤。因此，被告人口供、被害人陈述中关于强奸的手法上的描述如果是暴力，则可能与客观性证据（被告人肢体残疾、被害人体表无伤痕）不符，可以质疑言词证据真实性；如果是欺骗、威胁的手段，则和客观性证据不会出现逻辑上的冲突。

四、内知情节分析补强法

所谓内知情节,是相对于侦查人员而言的,是只有被告人、被害人、目击证人等亲身经历犯罪过程的当事人才知晓的犯罪情节,与前文所述的"专门性知识""隐蔽性细节"内涵一致。内知情节往往以独有的痕迹、物证遗留在案发现场,如无被告人、被害人的描述,侦查人员往往无从发现或者没有重视。因此通过被告人、被害人、目击证人等所作的言词证据记载的内知情节,然后收集到客观性证据或者挖掘、解释、揭示个案中客观性证据的特殊用途,就可以用来补强言词证据。如被害人与被告人素不相识,但被害人报案时指出被告人作案时所驾驶车辆内部结构是无座位的,后被告人归案后车辆的内部结构确如被害人所言是无座的,这说明被害人确实曾经见过该车辆,因此该车辆作为客观性证据就可以佐证被害人陈述,增强其可信性。当然,内知情节之所以具有较高的证明力在于当事人的亲历性,如果是侦查人员先于当事人了解到该情况,则内知情节的来源就会受到污染,其印证证明的可信度就会下降,尤其是当前技术侦查使用较多的情况下,法庭应当对侦查过程进行全面了解,以判断被告人、被害人、目击证人所说的内知情节是否先于侦查人员的知晓时序。

五、侦查实验分析补强法

侦查实验具有客观性、可重复性、科学性和合法性的特点,可检验在案言词证据中关于所见、所闻、所为的内容能否客观存在。与前述补强证据和方法不同,侦查实验结果并非犯罪本身遗留或产生的证据,而是具有相似性的另外的事实,它以侦查实验笔录、照相、绘图、录音录像、制作模型的形式加以记录、固定,这也决定了其必须经过评判才能作为证据使用。侦查实验必须在用其他方法都不能达到检验、核实证据的情况下,为查明案情的目的时才能进行,具有最后性,因此其作用多表现在否定言词证据真实性上,对于纠正因采信错误的言词证据而错误定罪有特别的功效。

第四节　运用客观性证据补强言词证据的路径

　　完整的一份言词证据是具备七何要素的一篇叙事文，它讲述的是在何时、何地、何人之间、因何、发生何事，有何行为造成何种结果的一个完整故事。如果把言词证据比作一条线的话，那么七何要素就是线上最重要的点。对于一根可以不断扭动、弯曲的线，用一些关键点将其固定住就可以保证线的稳定。七何要素不仅仅存在于言词证据之中，它们都具有客观性，还会对客观世界产生影响、留下痕迹，这些都属于客观性证据。因此，七何要素是言词证据与客观性证据的链接点。客观性证据可以通过固定七何要素这些要点，从而将存在不断扭曲变化可能性的言词证据这条线定牢，这其实就是补强言词证据的过程。

　　但必须要说，言词证据中的七何要素并不是言词证据细节信息，而是细节信息的蕴藏地。言词证据细节信息是七何要素的某个局部的属性特征，是要素之要素，且因为个案的不同而具有独特特点。言词证据中的七何要素并不是一个抽象、概况的词语。因为被告人亲历犯罪全程，他对七何要素的认识不会仅仅停留在一个大概的描述上，不会是一个简单的词汇，而是会有细致的、感性的认识。又因为事物的多样性和特殊性，造就了细节信息的独特性，从而使言词证据具有可鉴别性。比如言词证据的时间要素是夜晚，它所包含的细节信息可以是月夜，可以是雨夜，可以是午夜。在不同条件的夜里，会使被告人产生不同的感受，作出不同的举动、反应，在其口供中会予以反映。雨夜，可能出现躲雨的行为；月夜，光线好，可能出现不需要照明工具的行为。夜，这一时间要素的细节信息都可以由其他客观性证据予以记录，比如天气气象记录、水渍泥渍、胃内容物消化程度。挖掘言词证据中的细节信息，找到与言词证据中的细节信息相对应的客观性证据，再运用这些客观性证据来补强言词证据细节信息，从而认定言词证据的真实性，这就是言词证据中细节信息的价值。

　　口供属于言词证据之一，是最重要的细节信息挖掘对象，命案中常常只有口供可供挖掘。口供能被挖掘，那么同样被害人陈述、目击证人证言等均可以成为挖掘的对象，均可以大量借鉴口供挖掘的角度和路径。在零口供案件中，围绕被害人陈述进行细节挖掘，通过被害人陈述与客观性证据之间，各被害人陈述之间，被害人陈述与证人证言之间，在细节上进行比对，证实被害人陈述的真实可信。下面以口供的细节信息挖掘为例，具体阐释运用客观性证据补强口供或者言词证据的路径。

一、涉及犯罪动机、起因的细节信息挖掘

犯罪动机、起因是犯罪过程的开始，虽非犯罪构成要件，不影响犯罪成立，但是作为量刑情节，关系重大，尤其是在死刑案件中，很可能决定着被告人的生死。同时，言词证据中关于犯罪动机、起因的部分，具有使故事情节完整、行为合理的效果，往往也是被告人辩解的主要辩点。这一部分细节信息的挖掘有助于查明双方当事人责任，有助于增强内心确信。

常见的犯罪起因、动机有三种：仇、情、财。因仇犯罪，较为公开，知晓争执经过的人较多，也常常经过派出所、村委会、公司单位等居间协调处理，但容易存在不同证人因为立场不同对双方当事人都说好话的情况，所以在审查证据时要注意全面、客观，不能偏听偏信。因情犯罪，较为隐蔽，知情人少或者对二人孰是孰非难以有他人证明，要从手机、QQ、微信等通信工具以及宾馆登记、视频监控等在日常中留下二人行为痕迹的证据源收集证据。因财犯罪，一般有两个因素要注意：一是被害人财物外露；二是被告人财政危机。因为财物外露，才成为犯罪对象；因为财政危机，才有犯罪内在动力。被害人、被告人两人之间靠财物紧密联系，所以要围绕财物进行取证，既要查明案发前被害人财物变化、财物专属情况，又要查明案发后被告人财物变化、财物处置情况。

挖掘犯罪动机、起因信息还具有一些特殊途径。一是关于惯犯或者常业犯、常习犯，其对实施某种犯罪已经成为习惯，之前可能就是因为此类犯罪被处罚，服刑期满又会有类似犯罪。因此可以调取前科案卷材料，尤其是在本次犯罪中属于零口供的，在前科犯罪中则可能会承认犯罪，其之前的口供可以作为线索来源。二是部分特殊的被告人实施犯罪后会记录相关案情以及作案前后的心理，其口供中可能会提及，也可能会有所隐瞒，调取相关日记本能够更准确地揭示其犯罪心理。

二、涉及作案工具的细节信息挖掘

作案工具是被告人实施犯罪时使用的物品，是施加于被害人人身、财物上的工具，是联系着被告人和被害人的一个链接点，是重要的客观性证据。若想充分发挥作案工具的证明价值，一方面要从作案工具与当事人的独特联系上入手，既要证明在案提取的作案工具系被告人所拥有，又要证明作案工具致被害人受损；另一方面要从作案工具自身特征、来源、去向上入手，即证明作案工具在犯罪过程中的活动轨迹，被告人的活动轨迹与其往往是同一的。"你是谁""你从哪里来""你到哪里去"是人生终极的三个问题，对于作案工具也是要问这三个问题。第一个入手角度其实就是问"作案工具是什么"，它自身的特征、属性、附着物与当事人的联系。第二个入手角度就是问"作案工具从哪里来""作案工具到哪里去了"，以及"作案工具都到过哪里"，作案工具在移动轨迹上与当事人的联系。因此也应从这三个角度挖掘言词证据中关于作案工具的信息。

首先，围绕作案工具从哪里来进行挖掘。作案工具一般有两种来源：一是被告人带来的；二是现场临时用起来的。第一种来源体现作案工具与被告人的紧密联系，当被告人供述工具来源时，注意通过辨认以及他人证言或书证等进行口供的固定。

其次，围绕作案工具是什么，针对作案工具自身的信息进行挖掘，以固定其与犯罪、与被告人的联系。一是作案工具的物理外形。被告人供述的特殊作案工具具有非常强的证明价值，因此要围绕特殊点补证补强。二是作案工具的虚拟特征。常见于淘宝诈骗、电信诈骗等犯罪，因为是通过电脑操作，账户密码为被告人所持有，当账户密码与被告人姓名同一时，可以认定为其所有，不同一时则需要被告人的口供来弥补证据链接点的断裂问题。三是专门针对手机这一作案联系工具。手机既可以电话联系，又可以微信、QQ通信软件联系。实践中曾遇到被告人归案后身上手机不做勘验检查直接发还被告人家属的情况，半年后为了收集证据又要回来，证据容易灭失或者被污染。

最后，围绕作案工具到过哪里、最后去向进行挖掘。犯罪过程中，作案工具与被告人的行动轨迹具有同一性，围绕作案工具在客观世界留下的痕迹，就可以确定被告人的行为轨迹。这类作案工具常见的是手机和汽车。只要被告人使用，就会留下痕迹，不以被告人意志为转移。被告人供述的作案工具的去向，提及的抛弃、隐匿地点及毁坏情况，证实了被告人的亲历性和唯一性，需要在口供中挖掘、确定后，收集其他证据予以固定。

三、涉及作案手段的细节信息挖掘

一般来说，作案手段的内涵包含犯罪行为。被告人供述作案手段时都会详细描述到属于构成要件的犯罪行为。同类犯罪中属于构成要件的犯罪行为具有相似性的特点，而犯罪构成要件行为之外的作案手段，如进出犯罪现场、处理赃款赃物、使用特殊手法、伪造破坏现场等就具有特殊性。以盗窃案为例，作案手段常常在如何进入房间、如何搜寻财物、如何处理赃物上，每个案件均有其特性，但属于构成要件的犯罪行为都是较为一致的偷拿行为。因此对于作案手段的细节信息挖掘，是基于注重作案手段的独特性的角度。

常见的体现独特性的作案手段有三种：一是被告人进出活动路线、周边破坏情况，主要针对入室或特定场所的案件。这类犯罪中，被告人常常不走寻常路，那么自然也容易留下不为人知、不易破坏的客观性证据，在被告人供述了相关内容后，要及时固定痕迹物证等证据。二是关于被告人开始实施犯罪行为过程中特殊的作案手段。如特殊的捆绑手法，作案工具，反映职业、身份特点的涉案物品等，当遇到案件中有类似细节信息时，在从被告人口供这里得到确定的同时，要注意从被告人生活履历、知识技能的角度搜寻证据加以印证。三是涉及犯罪后处理尸体、赃物、犯罪现场的手段。尸体赃物的处理一般仅限于被告人知情，即便是其归案，侦查人员也未必能找到相关信息，主要靠被告人供述和指认，因此，根据被告人供述找到隐蔽性很强的尸体、赃物，就具有很高的证明价值。但常会出现被告人事后翻供称系被逼供指认的情形，也要防止侦查人员由于工作不细致的原因造成先供后证顺序错误，需要通过相应的证据固定，尤其口供中涉及运输工具、摆放方位、地点等特殊形态或特别附属物，进行客观性证据的固定时。现场遭到伪造、清理、破坏是常见现象，现场勘查也能够予以反映记录。但一些细微变化或者先前情形，侦查人员勘查时可能并不知晓，从而忽略。在被告人口供中提及相应内容时,要注意通过复勘现场、提取痕迹物证等进行验证。

四、涉及涉案物品的细节信息挖掘

涉案物品,是指除犯罪工具以外的其他与案情、案发经过有关的,能够与当事人发生联系的物品,其在证明价值上与犯罪工具具有相似的地位和作用。挖掘的思路也与犯罪工具细节信息挖掘一样,一是从涉案物品与被告人、被害人的链接点入手;二是从涉案物品自身的来源、去向的变化情况入手。

从可能被发现的场合来区分涉案物品有四类情况:一是现场能够发现的涉案物品。该类物品常有两个来源:其一,被告人从外带进现场遗留下来的,其二,现场本身已有但是因被告人而发生位置、形态、数量变化的。两者均与被告人具有紧密联系,如供述中提及,则应及时进行证据固定。二是抓获被告人时随身查获的涉案物品。该类物品一般多来自被害人,能够在被害人与被告人之间建立联系。但物品本身不会证明自己属于被害人,需要通过相关熟悉内情的证人证言、物证鉴别等证实。三是要重视微量物证的收集和运用。常见的微量物证的检验,是利用泥土、粉尘、花粉、种子、纤维、油漆、玻璃、水泥等微量物质材料和痕迹,进行犯罪现场、犯罪工具、当事人身上黏附物的同一比对。当被告人供述到犯罪现场属于易产生微量物证的情况时,要注意微量物证的收集和检验。四是赃款赃物由被告人交给他人的情况。此时赃款赃物与被告人之间的联系加入了他人这个因素,不同于由被告人直接指认找到赃款赃物,因此要通过围绕赃款赃物特征辨认和他人证言进行证据链的完善。

五、涉及被害人死、伤原因的细节信息挖掘

被害人死伤情况及形成过程是故意伤害、故意杀人类犯罪的核心要素,且由于实施过程的隐蔽性、短暂性,最终呈现的证据可能仅限于被告人口供和尸体。即便有目击证人,也没有被告人供述的细致准确。因此被告人供述中关于被害人死伤原因的细节信息,要从死伤形成来源、形成时间、造成工具、形成机理等角度出发进行挖掘、印证和补强,不能简单认为被告人认可

了死伤由其造成,描述的打击部位与被害人受伤部位基本一致就认为证据之间印证的工作完成。

被害人死伤原因的细节信息的挖掘,具体可以从形成机理、形成来源、形成时间三个角度展开。一是形成机理。重点是打击方法、打击部位的对应关系,还要注意打击工具、打击站位、被害人衣着等附属物、血迹分布等因素。二是形成来源。被害人身上的损伤是我们所看到的结果,但形成来源未必都是被告人所为,对于被告人无法供述的创口,要高度注意查明其来源,是否是现场物品或者其他动物造成的损伤,以便于排除第三人作案。三是形成时间。常见的伤大多数形成于生前,死后伤则可能是被告人处理尸体、发泄情绪、伪造死因反侦查时形成的。一般来说,法医学基本能够识别死伤形成时间。要充分利用伤形成的不同时间,证明被告人供述的可信度。因为我们能看到的只是死后伤的结果,但对于形成过程和原因,从被告人供述中能够给予圆满解释,则会增强口供的可信度。

六、涉及生物物证、痕迹物证的细节信息挖掘

生物物证、痕迹物证是最为常见的客观性证据,其和微量物证的区别在于其来源于被害人、被告人,遗留在现场物品上或人身特殊部位,通过DNA等鉴定进行识别和同一认定。因此,生物物证、痕迹物证可以通过被告人供述的当事人之间的行为,推断出其遗留的位置,进而固定证据,也可以通过现场勘查发现的遗留位置,反推出当事人之间的行为。

从生物物证、痕迹物证的来源和形成方式,可以挖掘的生物物证、痕迹物证有六类:一是侵犯私密部位以及捂压口鼻类行为形成的生物、痕迹物证。常见于性侵类案件和窒息致死类案件。在办理此类案件时,要有在相关重点特殊的部位进行证据收集的意识。二是被害人反抗形成的生物、痕迹物证。抓咬行为常发生在紧密接触的双方当事人之间,容易留下生物物证,是引导侦查方向的重要证据线索,不能轻易排除认为与案件无关。三是使用工具击打后在现场或工具上留下生物、痕迹物证的情形。工具的使用会使血液飞溅,分布范围扩大,大量的血迹也会在工具的缝隙处、墙壁、天花板留下证物,超出当事人的知晓范围,即便当事人进行清理,也难以清理干净,而我们可以通过其供述的行为,推断出血液可能存在的地方,有利于生物物证

的收集。四是指生物物证、痕迹物证由现场物品对当事人的作用而形成,常见于有打斗的现场。关于现场物品致被害人的损伤,可以由现场勘查与尸体检验进行对应;关于现场物品致被告人的损伤,可以通过人身检查确定伤情,然后根据被告人供述获悉损伤来源,再进行复勘现场和DNA鉴定予以印证。五是分解尸体产生生物、痕迹物证的场合。要注意复勘现场的价值。正因为物证较多,可能现场勘查时会有遗漏,而通过被告人的口供获悉案发经过后,可以进行必要的复勘现场寻找印证证据,可以发挥"先供后证"的证明价值。六是作案工具使用过程中离断形成生物、痕迹物证。作案工具离断的断口形纹是否一致、现场遗留的残物和主体的材质是否同一,工具断端上是否有被告人、被害人生物信息,是确定被告人的重要角度,但其价值容易被忽视,因此要特别引起注意。

七、涉及被害人私密信息的细节信息挖掘

从被告人口供中挖掘出被害人私密信息,就是通过证明被告人曾与被害人有过亲密接触,对犯罪过程有亲历性,从而认定其供述的真实性。若想该挖掘起到较好的证明效果,前提在于按照正常的社会关系,被告人在犯罪前没有接触过被害人的私密信息。因为若当事人事先知晓该私密信息而非在犯罪过程中知晓,则会降低口供真实性和证明价值。如陌生人间的奸杀案和通奸者之间因感情矛盾而杀人案,被告人口供中提及被害人身体、生理情况的,显然前者的证明效力强。因此,被害人私密信息的挖掘有特定使用条件,在运用时要注意,不要过度解释。

关于被害人私密信息的挖掘有被害人自身信息、被害人活动信息、被害人特殊信息三个角度。一是被害人自身的信息。涉及身体特征、生活习惯、个体特征等因素,这些因素非与其接触者一般不会知晓,所以有一定的私密性。在被告人与被害人系陌生关系时,其口供中提及相关情况时,要注意寻找印证证据。二是被害人犯罪发生过程中的活动。一些绑架、拘禁等犯罪过程较长,双方接触时间也比较长,因为犯罪时较为隐蔽,被害人的言谈举止只有被告人知晓,其口供中的关于被害人当时的活动,如果得到相关证据的印证,就可以增强口供的可信度,因为口供涉及的越细致,则说明口供系诱供或者编造的可能性较小。三是被害人的特殊信息,这种信息主要是未公开

的或者知晓范围限于特别亲密的人，一般接触者都不一定知晓。被告人口供中若提及其本不应知晓的信息，则其口供的可信度就更大。

八、涉及作案时空环境的细节信息挖掘

任何行为离不开时空条件，时间的不可逆性和空间的多变性决定着时空的唯一性。侦查实验也只是模拟案发当时的时空环境，并不能还原。时空的唯一性使得作案时的时空环境具有区别于其他时空条件的特殊性，有利于证实被告人的亲历性和被告人口供的真实性。此外，时空环境因素还包括大自然的作用力。作案后留下的犯罪现场、尸体等并非会被及时发现，在此过程中会经受大自然的风、水、虫、兽等作用和改变，会造成我们发现的案发现场情况与作案当时的案发现场有差异，被告人口供中提到作案现场的时空环境有利于解释差异矛盾，排除合理怀疑。

作案时空环境的细节信息的挖掘可从以下六个角度：一是时空环境的自然因素，主要是水文气象资料。可以对作案后至案件被发现之间，自然因素造成现场的变化或者抛弃地点与发现地不同等问题进行合理解释。二是作案时间。对于一些作案时间不明或者被告人提出案发时不在场辩解的案件，但被告人口供中曾提及案发过程中有看到的电视电台节目，可以通过相关播放执行单的书证予以确定。有些案件被告人提及案发前自己的活动内容时也会提到看电视听广播等，可以界定案发时间。三是案发现场。部分案件中，案发现场相对封闭，如被害人家里，对于被告人而言，属于陌生环境，其不应有条件接触案发环境，那么在其口供中提及了案发现场的特定声光变化、物品布局摆放，则证明被告人的现场亲历性。四是从案发现场的他人活动的角度，即通过确定案发现场的特殊性，被告人本不应知晓但其却供述出来，体现了其作案的亲历性。五是特殊案件中有使用水电等资源处理现场和尸体，案发现场本不应有如此巨量的水电资源消耗，但是相关书证予以证实事实存在，那么就有利于认定被告人相关行为的存在。六是从被告人有条件接触犯罪现场，而其他人没有相关条件，这是一种侦查的思维，如监守自盗型犯罪。在获取相关口供时，要注意通过固定书证或他人证言予以印证。

九、涉及作案时心理状态的细节信息挖掘

作案时心理状态，主要指的是作案时心理活动感受以及对犯罪时的异常行为和心理状况的解释。它不是犯罪构成要件，也不像七何要素那样是犯罪事实的构成要素，但它是被告人在案发过程中作为一个人的真实想法和感受。被告人在作案时，除了醉酒外，并非简单的"我也不知道自己怎么想的，当时头脑一热"，这些说辞往往只是被告人不敢面对自己的内心，不敢去承担责任。即便是激情犯罪，其也会有简短的思想过程，去支配其行为，更不用说预谋、蓄意型犯罪。在实施犯罪过程中，被害人或者周边环境都会对被告人产生作用，进而会产生相应的心理反应。被告人在归案后，尤其是开始供述后，会有倾诉的欲望，会把自己的感受讲出来，这些看似与案件事实无关的内容，既能反映供述的自愿性，又能使供述细节丰富饱满而真实可信。

第五节　缺乏关键客观性证据案件言词证据的审查

现代科学在刑事诉讼中发挥了重要作用，以物证为代表的客观性证据受到前所未有的重视。洛卡德提出的物质交换原理更是为物证尤其是生物、痕迹、微量物证等客观性证据的收集打开了理念之门。然而囿于案发时间迟缓、自然环境变迁、侦查技术水平限制、案件事实证明方法特殊等多重因素，在诸如尸体未被全部发现的杀人碎尸案件、毒品未被查扣的贩毒案件、赃款未查获的贿赂犯罪、雇佣教唆类犯罪、陈年积案等案件中，能够证明被告人与犯罪行为、结果之间存在直接关联性的客观性证据未必能有效收集到案。在此类案件中，证明被告人在犯意支配下实施了犯罪行为的关键证据可能仅有被告人口供、被害人陈述、目击证人证言等言词证据。在穷尽各种手段却未能够取得具有实质性证明作用的客观性证据的案件中，如何审查言词证据进而认定事实，是避免出现定放两难现象所必须面临的问题。笔者认为，在此类特殊案件中，应当从证据理念、审查技巧等多个方面把控言词证据的虚假风险，正面肯定具备合法性的言词证据的证明价

刑事客观性证据审查运用指引

值,既不盲目拔高案件事实证明标准,也不有意扩大言词证据的证明效力,实事求是地审慎作出案件的处理决定,尽力做到不枉不纵。

一、准确界定"孤证不能定案"的含义

《刑事诉讼法》第 55 条规定,只有被告人供述,没有其他证据的,不能认定被告人有罪和处以刑罚。该内容最早出现于 1979 年《刑事诉讼法》第 35 条,历经 1996 年、2012 年、2018 年数次修改,但该条文未做过修改。多年来,实务界将该条文的内涵概括为"孤证不能定案",成为司法实践中的一项潜规则。但无论是理论界还是实务界,对"孤证不能定案"似乎都是一种普遍接受的态度,而缺乏学理和技术上的反思。事实上,"孤证不能定案"使证据补强成为纯粹的数量规则,适用范围的扩展导致事实认定机械化,一定程度上阻碍了刑事证明标准改革。① 有学者批评部分司法人员机械理解"孤证不能定案",出现了各种偏差,如北京西客站女尸案中尽管多名被告人作出了有罪供述,但因为时过境迁没有客观性证据在案,就不敢定案,并将此现象称为"高度乃至过度客观化的证据裁判",认为存在矫枉过正的风险。②

此种借助"孤证不能定案"规则片面降低言词证据证明价值的现象,究其根本在于从口供中心主义走向了唯客观性证据为中心的极端,将证明案件事实的证据和方法人为限缩,一旦发现存在证实被告人与犯罪事实的关联性的客观性证据不足,不顾及事物具有普遍性和特殊性特点,违背了司法证明、认知活动应当是原则性和灵活性相统一的规律。这种做法实质上是违背客观性证据审查模式的本质精神的。言词证据固然有主观性、易变性等虚假风险,实物证据在收集、固定、保存、鉴定等环节也存在失真风险,此外还存在较高的误读风险,但各类证据的取证程序都存在不同类型的法律风险。③ 既要防止只要言词证据没有客观性证据予以印证就不以其他方式对言词证据进行审查,认为是孤证,不敢认定事实;又要避免随意拼凑证据、故意制造虚假印证,架空"孤证不能定案"应有的补强、印证功能。"孤证不能定案"

---

① 纵博:《反思"孤证不能定案"》,载《环球法律评论》2019 年第 1 期。
② 左卫民:《反思过度客观化的重罪案件证据裁判》,载《法律科学》2019 年第 1 期。
③ 刘静坤:《证据审查规则与分析方法:原理·规范·实例》,法律出版社 2018 年版,第 34 页。

这一口号式概念,应当回归到法律条文是指口供补强规则的本意,不能成为司法实践中教条主义的指导理念。客观性证据审查模式以客观性证据冠名,更多的是对口供中心主义的一种警惕,其并不否定言词证据的证明价值。在缺乏客观性证据的特殊案件中,首先要在理念上保持客观、理性的态度,不对言词证据的证明力持偏见,才能在技术层面上不断总结言词证据的审查经验,进而提升言词证据在认定事实方面的能力。

二、重视言词证据产生时序的审查

从取证程序来看,证据产生有先后时序之分,比如一般先有现场勘查、提取物证、痕迹等,才会有各种鉴定意见;从证据间内在逻辑关系来看,证据产生也有先后时序之分,比如先有被告人供述、指认现场,才会有提取到的隐蔽性很强的物证、书证。合乎法定程序和情理的证据产生时序,有助于巩固证据链条,增强证据真实性,提升证明力。如果一项证据出现的时机异乎寻常,则存在证据伪造的可能。这种对证据产生的先后顺序进行时间、逻辑上的梳理,进而判断证据真实性的审查方法,就是对证据的时序性审查。最常见的证据时序性审查是供证关系。在先供后证的取证模式下,由于侦查人员对案件事实并无先入为主的认知,且事后收集到的证据能够起到对已有供述的印证或否定作用,故该模式下的被告人口供的证明力相对更高。在缺乏关键客观性证据的特殊案件中,言词证据之间的时序性审查具有重要的作用,一定程度上是言词证据真实性的指向标。对于言词证据的时序性审查判断应当注意以下两点:

(一)重视被告人首次认罪供述及产生时间的审查

一般来说,第一份口供的内容未必是最详细的,但很可能是最真实的。因为从被告人的角度来说,刚刚归案,心情尚未平复,可能处于自责悔罪的心态之中,愿意配合办案人员,对事情经过的记忆也比较清晰,能够较为原始客观地陈述案情。从侦查人员的角度来说,对证据掌握还不够全面,对案情的认识也未全面建立,所以在记录口供时被告人口供变化的可能性较小。随着诉讼程序的深入,虽然侦查人员掌握的证据越来越多,通过讯问能够使被告人口供展现更多细节,但是被告人的利己思想会战胜感性情绪,口供会发生模糊或者提出辩解的变化。所以实践中常见到,明明侦查阶段供述清楚的案情,在公诉人提审或者庭审时,被告人常常说记不清了。因此第一份口供中记载的细节信息往往是最真实的,值得重视。如果首次认罪供述是归案后经过多次讯问后才做出的有罪供述,尤其是期间讯问地点、时间、讯问主体等方面出现程序瑕疵的情形时,该首次认罪供述的真实性往往值得质疑,必须深究是否有合理解释。

(二)重视言词证据变化过程的审查

被告人、被害人、证人有多份言词证据在案时,既可能是在主要事实上坚持一以贯之的说法,但细节事实上逐渐丰富完善或者前后不一,也可能会出现突然认罪或者翻供、翻证的逆转型变化。言词证据出现变化是一种常态,前后完全一致反而违反人的记忆规律。记忆有时不过是歪曲的现实,或者残缺不实的往事。[①]而且言词证据提供者的感知、记忆、表达、诚信能力,讯问、询问笔录记录者的接受、理解、文字能力,都可能影响着言词证据的变化。言词证据的变化过程的审查,关键点在于变化的时机、理由。实践中,诉讼阶段、强制措施变更时,被告人、被害人、证人等诉讼参与身份发生显著变化或者转换时,有辩护律师介入时,有新证据或者新的同案犯、被害人、证人到案时,有出所提讯、非法取证等违法侦查行为时,都可能造成言词证据变化。这种变化的原因既可能是正常现象,也可能是异常的,需要结合全案证据进行判断。对于变化原因的审查,可以通过直接当面接触、当庭发问对质等方式进行。古代的"以五声听狱讼"[②],与我们强调的亲历性审查、直接言词原则其实是一脉相承的。在缺乏关键客观性证据案件中,变化合乎情理、供述自愿性得到保障的言词证据,可以被采信从而认定犯罪事实。

---

① [美]伊丽莎白·罗芙托斯等:《辩方证人:一个心理学家的法庭故事》,浩平译,中国政法大学出版社2012年版,第5页。

② 《宋刑统·断狱律》记载,"以五声听狱讼,求人情。一曰辞听(观其出言,不直则烦),二曰色听(观其颜色,不直则赧然),三曰气听(观其气息,不直则喘),四曰耳听(观其聆听,不直则惑),五曰目听(观其眸子,不直则眊然)"。

三、重视当庭陈述类言词证据的审查

对于缺乏关键客观性证据、需要依靠言词证据认定犯罪事实的案件，仅通过宣读被害人陈述、证人证言笔录，控辩审三方不能直接接触被害人、证人，不能有效质证，很难排除证据矛盾和疑点，达到证据间相互印证的程度，裁判者也难以建立内心确信，因此，被害人、证人出庭作证是有必要的。被害人、证人出庭作证，主要是通过直接询问、反询问的方式提供言词证据。直接询问，可以称为主询问。反询问也称为交叉询问，是指诉讼一方申请传唤某个证人出庭陈述某些事实以证明其主张的事实成立时，诉讼对方为了揭示该陈述具有不可信性而作出的提问。① 威哥摩尔表示，交叉询问是人们为了探明事实所发明的最伟大的发动机②，他认为在检验人类陈述的保障上，没有什么能与交叉询问提供的保障相媲美。我国诉讼传统也将兼听则明奉为案件事实的认识论基础，认为真理越辩越明。

被告人当庭供述的证明力并非必然高于庭前供述，被害人、证人出庭所作的陈述和证言，也不具有天然的真实性，需要进行审查才能予以采信。对于当庭陈述类言词证据的审查判断，应当重视以下两点：

（一）准确把握被告人、被害人、证人当庭作证时的心理

被告人当庭供述时，经历了侦查、审查起诉阶段，其心理状态已经趋于稳定，或继续如实供述或抗拒到底，但也不排除翻供或者认罪的可能。被害人陈述时的心理可以归纳为正常心理、愤恨心理、报复心理、恐惧心理、羞耻心理；证人作证时有积极作证的心理和拒证、伪证、翻证的心理障碍。③ 在出庭作证前，应当对被告人（含同案犯）的心理状态作出评估，了解其日常近况，尽力预测被告人供述的变化可能性，及时做好应对；对被害人、证人作证的消极心理进行矫正，可以从道德、法律底线晓之以理、动之以情，

---

① 樊崇义主编：《刑事证据规则研究》，中国人民公安大学出版社2014年版，第535页。

② 转引自[美]米尔建·R.达马斯卡：《漂移的证据法》，李学军、刘晓丹等译，中国政法大学出版社2003年版，第109页。

③ 房保国主编：《言词证据研究》，知识产权出版社2012年版，第234~241页。

激起其内心的道德感和义务感，同时做好被害人、证人出庭的安全保障、损失弥补等工作。当庭作证时，要关注法庭氛围、发问人员的态度等可能对被告人、被害人、证人产生的影响，避免因简单粗暴、方法不当引起的反感，产生抵触情绪。只有稳定的心理状态下所作的言词证据，才能真正具备真实性，成为定案的依据。

（二）着重查明被告人、被害人、证人当庭翻供、翻证的解释是否合理

《刑诉法解释》第78条、第79条、第83条确立了对被告人、被害人、证人当庭作出与庭前证言矛盾时证据采信的规则，要求必须对矛盾进行解释，经过合理解释的当庭言词证据才能被采信。因此，对被告人、被害人、证人翻供、翻证的原因要进行辨别。造成翻供、翻证的原因，除了收买、威胁，也可能是误导、记忆、表达等。明显的诱导性发问应当被禁止。证人在案发后接收到的信息会改变其记忆，甚至是将不存在的细节添加到记忆中。语言的多义性、语境发生变化、俗语、俚语等会造成被害人陈述、证人证言发生变化。此外，被告人、被害人、证人当庭的情绪变化、身体动作、语言异常等，是判断言词证据变化是否合理的辅助因素。

四、重视同案犯口供的审查

关于同案犯口供是否属于被告人供述的问题，理论界有肯定说、否定说、折中说三种观点。① 之所以有不同的观点，原因在于对《刑事诉讼法》第55条中的被告人供述范围的理解不同。从司法实践来看，分案处理的同案犯口供是作为证人证言使用的，同一诉讼程序的案件中同案犯口供与被告人口供相吻合，且排除诱供、逼供、串供等情形，也可以作为定案的证据，是有法律规范支持的②。因此，《刑事诉讼法》第55条中的被告人供述应指狭

---

① 李勇：《刑事证据审查三步法则》，法律出版社2017年版，第281页。
② 《全国法院审理毒品犯罪案件工作座谈会纪要》（2000年4月4日）明确指出：只有当被告人的口供与同案其他被告人的供述吻合，并且完全排除诱供、逼供、串供等情形，被告人的口供与同案被告人的供述才可以作为定案的证据。《全国法院审理毒品犯罪案件工作座谈会纪要》（2008年12月8日）增加一句"仅有被告人口供与同案被告人供述作为定案证据的，对被告人判处死刑立即执行要特别慎重"。

义的被告人供述，同案犯实质上是证人的地位。据此，在缺乏关键客观性证据的案件中，同案犯口供可以补强被告人供述，被告人不认罪的，符合一定条件的同案犯口供也可以作为定案依据。

在被告人与同案犯均做有罪供述，可以径直对双方口供进行是否相互印证的审查，但在被告人否认、仅同案犯指认或者被告人与同案犯相互推诿的案件中，对同案犯口供和被告人供述（含辩解）的审查应当把握以下几点：

（一）注意证据合法性的审查

被告人供述和同案犯口供的合法性、自愿性是审查分析证据、判断认定事实的前提和基础。一般而言，如果在案证据中出现了被告人辩解和同案犯指证的矛盾，那么刑讯逼供的可能性较小，而诱供、指供的问题显得更为突出，因此要着重排除诱供、指供的存在。侦查人员可能利用同案犯趋利避害的心理，引诱同案犯作出指证被告人的口供，可以审查同案犯指证被告人的口供作出的时机，是一到案就指证还是有反复；也可以核实同案犯在口供作出前后的强制措施变更情况，是一指证就解除羁押、取保候审还是继续羁押、逮捕；还可以研判侦查讯问时"问话技巧"，是合乎法律规定的情理分析还是超越法律规定的利益许诺。

（二）查明是否存在推卸、转嫁、包庇责任的情形

被告人与同案犯之间有复杂的利害关系，需要对同案犯口供的真伪保持高度警惕。可以从被告人与同案犯在日常生活中的关系、地位，如同案犯在经济上依赖被告人供给，地位上从属于被告人，来判断同案犯口供在指证共同犯罪中的作用地位时的真实性；也可以从被告人与同案犯归案后的先后顺序以及认罪态度情况进行分析，如先归案者表现出较好的认罪态度或者主动投案的，对案件事实和盘托出无保留，供述一直比较稳定没有反复的，则其口供的真实性较高；还可以从被告人与同案犯在归案前有无串供和订立攻守同盟的条件、羁押期间有无违反监规串通共谋行为、有没有诬陷的动机等方面，来判断同案犯口供真实与否。

（三）认真核实比对被告人辩解和同案犯指证

与供述一样，辩解也是讲述事实经过的一种形式，其应当具备基本的

"七何要素",因此对辩解的审核要从细节入手。辩解的细节越多越具体,可供核实的途径越多越明确,则辩解真实的可能性就越大。要审查被告人辩解、同案犯指证与其他证据的印证关系。缺乏关键客观性证据的案件并不缺少旁证性质的客观性证据。如教唆雇佣类犯罪,虽然缺乏证实教唆雇佣过程的聊天记录、录音录像等客观性证据,但可能存在资金往来、手机通话记录等辅助性的客观性证据。辩解和指证哪个更能得到此类旁证性质的客观性证据的印证,则哪一个更加可信。被告人辩解的稳定性、合理性也是判断真实性的指标之一。辩解稳定比多变更容易得到审查者的认可,辩解符合常识常理、为普通人所能理解接受比"幽灵抗辩"更能让人信服。

第十章　证据综合审查与分析

第一节　证据综合审查与分析的逻辑思维顺序

证据审查与分析本质上来说是一种思维活动。思维活动是人用头脑进行逻辑推导的属性、能力和过程。随着研究的深入，人们发现思维还具有形象思维、顿悟思维等多种思维形式。审查证据，就是对所收集的证据，根据证据的本质属性，结合案件的具体情况，通过大脑进行"去粗取精、去伪存真、由此及彼、由表及里"的分析，使对它们的认识上升到理性阶段，从而在查明案情的过程中发挥其应有的作用。[①]因此证据审查与分析是一种逻辑思维的过程，是一种理性的认识，不能停留于表象和感受，也不能寄希望于灵感和直觉。"有几分证据就说几分话"。

证据审查与分析作为逻辑思维的一种，具有先后顺序、因果关联等特点。对每一个证据进行个别判断，还是对证据整体进行综合判断，这是心证形成的顺序问题，例如，根据情况证据认定的事实是，如果对一个个证据分别判断，容易得出什么也没有证明的结论，但也可以对上述事实进行综合判断，即"总体性"判断。[②]由此证据审查与分析的逻辑思维顺序主要在两个层面进行，先是对单个证据的证据能力和证明力的逐一审查判断与认证，再是对全案证据的综合审查与分析。前者关注的是证据能力和证明力的有无，即真实性和关联性的有无，是证据审查的初阶和基础；后者强调的是证明力的大小，即各证据与待证事实的关联程度、各证据之间的联系紧密程度的大

[①] 陈一云主编：《证据学》，中国人民大学出版社1991年版，第226页。
[②] ［日］田口守一：《刑事诉讼法》，刘迪、张凌、穆津译，法律出版社2000年版，第224页。

小，是证据审查的进阶和结论。① 对于任何一项证据，如果只从它的本身来审查，有时是难以辨别真伪及确认它对案件事实的证明作用的，但是，如果把它同其他证据加以对照、印证，进行综合分析，从相互之间的联系来考察，看它们所反映的情况是否一致，是否协调，就可以比较容易地发现问题、判明真伪，进而确认证明力的有无和大小。②

对证据进行综合审查与分析，从而判断证据与待证事实、各证据之间的关联程度，有三个指标：是否指向同一待证事实、是否形成闭合的证明锁链、彼此之间是否存在不能排除的矛盾。是否指向同一待证事实，是指各证据所证明的事实是否为证明同一犯罪事实或事实一部分，在一起犯罪事实的证明过程中，不能有的证据是证明张三杀人，有的证据是证明李四盗窃；是否形成闭合的证明锁链，是指待证事实的罪过、行为、结果等构成要件的事实以及起因、动机、认罪态度等影响量刑的事实是否都有相应的证据予以证明，证明某一具体事实要件的证据可以多一些也可以少一些，但必须有，否则就会形成证明锁链上的空白；彼此之间是否存在不能排除的矛盾，是指各证据对同一待证事实的证明方向具有一致性，不存在反向的作用，或者即使存在矛盾但得到合理解释和排除。与单个证据的审查判断相比，证据的综合审查与分析在逻辑思维的过程中，顺序靠后，理性和抽象的程度更高。证据综合审查与分析，探究的是证据与待证事实、各证据之间的关系，事实上，在证据综合审查与分析的过程中，其作为高度理性抽象的逻辑思维活动，自身也有着较为明确的顺序。

一、从客观到主观

任何案件都是发生在过去的事件，而时间已经一去不复返，案件都是既成事实，一旦发生，无法改变。司法者只能认识案件事实，却无法改变案件事实。法律事实是司法者需要认识的对象。从司法的角度来看，法律事实是运用法律规范的事实模式，运用三段论的逻辑思维形式，通过对具体"案件

---

① 本章节的主要内容是全案证据综合审查与分析，因此不再赘述有关合法性的证据能力审查。本章第三节的证据排除亦指因为证据间的矛盾而引起的排除，不包含非法证据排除。

② 张军主编：《刑事证据规则理解与适用》，法律出版社 2010 年版，第 246 页。

事实"的认定,并就该事实作出是否符合法律的肯定或否定性评判,使人们的行为事实与其法律后果联系起来,与当事者的利害关系联系起来,以达到调整和规范人们的行为,维持社会和谐有序发展的良好秩序状态。① 现代诉讼中,"任何人不能任自己的法官",因此司法者都没有亲历过案件事实,他对事实的认识必须借助于其他人提供的证据来实现。证据是司法者认识案件事实的抓手。案件事实并不像白纸上的黑字一样显而易见,需要对已经通过证明能力审查的证据,进行证明力方面的综合审查与分析,才能就具体案件事实得出确定结论。证据综合审查与分析必须遵循一般认识事实的逻辑先后顺序,即从客观到主观。

从事实发生到事实通过证据被认识,是一个从客观到主观的过程。案件发生后,犯罪行为已然不在,留在客观世界的主要是结果(痕迹)。只要发生了犯罪行为,现场上必然存在犯罪现象,犯罪现象是作案人实施的犯罪行为及其结果,往往集中表现和反映在犯罪现场上。进行现场勘查和犯罪现场分析时,侦查员看不到作案人实施犯罪行为,看到的只是犯罪行为所产生的现象和结果,但这些现象和结果的本质就是犯罪行为。② 认识犯罪行为是司法者依据结果(痕迹),运用各种知识和逻辑推理,在主观上对犯罪行为的"回溯复原",这一过程就是我们常说的犯罪现场重建。如一起交通肇事案中,由轮胎拖印痕迹认识刹车行为就是通过证据来认识案件事实的过程。被告人遇到事故时做出的紧急刹车动作,并没有视频资料予以记录下来,留在案发现场的只有轮胎拖印痕迹。轮胎拖印痕迹通过现场勘查照片可以长久保留,而刹车行为则是需要对拖印痕迹形态、所处位置、长度等进行整合分析后得出的主观判断。故结果(痕迹)是客观的,行为要依靠结果(痕迹)去认知,认知行为的过程相对其而言是主观的。法律评价的对象主要是行为,因此司法者办案的第一个步骤就是通过案发后遗留在现场结果(痕迹)推导出案发时的犯罪行为,所认定的犯罪行为包括每一个举动,都应该尽量有客观的痕迹类证据予以支撑,即从客观到主观去认识犯罪行为的过程。

当依据客观痕迹类证据认定的行为确定下来时,司法者关注的对象也开

---

① 樊崇义主编:《刑事证据规则研究》,,中国人民公安大学出版社2014年版,第89页。

② 胡向阳:《犯罪现场分析》,中国法制出版社2015年版,第19页。

始深入犯罪行为人的主观世界即主观事实，因为基于主客观相一致原则，法律评价的行为必须是一定主观罪过支配下的行为，主观罪过对于案件的定性和量刑有着巨大的影响。认识主观罪过也是一个从客观到主观的过程，是故意还是过失，尤其是涉及是否明知的认定，不能简单地依据被告人供述和辩解认定，一定要依据客观行为结合案发现场环境进行细节分析和判断。如交通肇事案中的肇事者是否明知车底有人，不能武断地以酒醉、雨夜视线不好等为由就否定明知的可能，而应当首先依据被告人有刹车、避让等举动来认定其有明确的辨认和控制能力，然后再根据现场的血迹位置、驾驶前后差异感等推导出来其在驾车缓慢前行时有回溜停顿等行为，综合现场客观环境进行判断。明确犯罪行为人的主观罪过，一定要建立在其客观行为的基础之上，两者内在不应存在逻辑上的、经验上的矛盾。支配犯罪行为人作出积极的、不计后果的客观行为的，其主观罪过一般是故意；相反，如果犯罪行为是消极的、对可能产生的后果体现了一定程度的担忧、顾虑、阻止的，则主观罪过一般是过失。只有在客观行为基础之上确定的主观罪过才更可靠。

二、从概念到结构

概念是反映思维对象本质属性的思维形式。① 在人类认知的思维体系中，概念是最基本的构筑单位。概念所反映的对象，是指进入人们思维或认识主体视野中的自然界、人类社会和人类思维现象中的任何事物及其属性。② 在司法认知活动中，概念是成文法国家法律最重要的基石，证据和事实依靠概念来认识、构建，法律通过概念来传播、实施。一项证据是在证明事实中的某个或者几个概念是否成立，所认定的事实概念需要进一步去衡量是否符合法律中的概念。如涉枪案件中，搜缴在案的仿真枪属于物证，通过仿真枪能够认定枪形物体这一事实概念的存在，但是否属于法律规定中枪支的概念，还需要通过鉴定意见等其他证据来证明。从这个意义上，证据以自身的概念为证明起点，以证明事实和法律的概念为目标。

证据中的概念，可以来源于生活语言，也可以是来源于专业技术语言；这些概念可能是模糊的，也可能是抽象难懂的，最后都必须转换为逻辑判断

---

① 张斌峰主编：《法律逻辑学导论》，武汉大学出版社2010年版，第22页。
② 房保国主编：《言词证据研究》，知识产权出版社2012年版，第268页。

中的准确概念，才能认定事实、适用法律。概念是否准确，决定着依靠证据认识的法律事实是否还原客观事实，决定着针对事实适用的法律是否正确。以作案工具刀为例，刀这一基础事实概念的确认，既涉及作案工具、行为手段、死因结果等客观事实的认定，又涉及行为人主观上故意、目的、主观恶性等事实的认定。证人证言表述"张三用刀捅了李四的肚子"，其表达的刀的概念，可能是普通的水果刀，也可能是匕首，还可能是杀猪刀等。显然证人证言中刀的概念是普通人的生活语言，过于模糊，不利于事实认定，更无助于准确定罪量刑。因此在证据审查中，不能仅停留在个别证人证言层面上，要综合审查物证及辨认笔录、人身（尸体）检验鉴定意见反映的伤口、证明刀具来源途径的证人证言等多项证据，运用各项证据各自证明的有关刀的细节，分析各证据反映的事实的共同点和差异性，最终完成"刀"这一基础事实概念的认定。

按照系统论的观点，在逻辑思维过程中，结构是概念的集合，是概念与概念之间关系的组合。单一的概念并不能认定完整的事实，更不可能准确适用法律。事实与法律都是结构化的概念。事实是由时间、地点、人物、起因、经过、行为、结果等概念同时作用组成。法律也是如此，以犯罪成立要件为例，无论是由构成要件该当性、违法性、有责性等概念组成的三阶层理论，还是由主体要件、主观要件、客体要件、客观要件等概念组成的四要件理论，这些概念又由各自的子概念构成，最后形成多层次多概念的复杂结构。按照概念与结构的分类，各类案件的定案证据都是一种结构，即是由一定数量的互相区别又互相作用的证据概念构成的证明某一案件事实真伪的证据几何体，证据概念是证据构成的基本单位，一定数量的证据概念按照一定的排列顺序进行有机组合，构成证据结构。

证据概念是证明案件事实的最小证据单位，孤立的证据概念并不能体现证明的价值，证据概念与其他证据概念发生联系共同组建的证据结构，才是证明的最终意义所在。在司法实践中，审查判断证据，实际上是按照系统论的思想进行的：司法人员不可能把包括许多事实片断的证据笼统地进行比较分析，而必须把它们分解为一个个的片断，逐一加以核对审查，最后才能判断证据的真伪，确定案件的真实情况。[①] 借助系统论的知识，我们把证据概

[①] 何家弘、刘品新：《证据法学》，法律出版社2004年版，第49页。

念间联系的方式总结为：同向联系、逆向联系、平行联系。同向联系，是指各证据概念所证明的案件事实方向是一致的；逆向联系，则是指各证据所概念证明的案件事实方向是相反的；平行联系，是指证据概念不能直接证明案件事实但具有推进辅助作用。以一起因争吵引发的故意杀人案为例，刀伤与失血性休克死亡之间是同向联系，刀伤与因争执暴怒受伤倒地最终死于冠状动脉粥样硬化就是逆向联系，被告人暴力前科与动辄就持刀杀人就是平行联系。这种联系的分类，有利于我们以证据结构的视角去看待证据概念，从而比较明确地得出案件事实是否有充足证据认定的结论。

证据综合审查与分析的逻辑顺序，无论是从客观到主观，还是从概念到结构，都是落实精细化审查的方法。通过这种顺序划分，将案件事实与证据分解为细小的单元，在每一个小单元内做到事实与证据的一一对应，推动案件事实每一个单元之间都能够环环相扣。在单元内出现证据空白或者单元之间出现矛盾时，从而凸显案件事实证明上的模糊点、疑难点，能够迅速聚焦案件事实证明的争议点，为补证以及做出结论指明方向。只有如此，我们常常提到的证据链、证据体系等抽象词语方能具体化，具备可操作性。这也是客观性证据审查模式的应有之义，是深化印证模式的必然路径。

第二节　证据综合审查与分析的方法

既然说证据综合审查与分析是一种思维活动，那么它依据的就是认识论、逻辑学等领域的知识，也离不开司法者的法律素养、实践经验以及常理常识等，因此应当遵循一定的方法准则。

一、印证法则

刑事诉讼中的印证可以作三个层次解读：一是作为经验法则层面的印证方法；二是作为立法层面的印证规则；三是作为证明模式层面的印证模式。[①]作为证据规则和证明模式的印证，在学界有着诸多争议，有学者认为其存在

[①] 汪海燕：《印证：经验法则、证据规则与证明模式》，载《当代法学》2018年第4期。

根本缺陷甚至将其视为冤案产生的始作俑者,应当摒弃,但作为方法论上的印证,则并无太大争议。印证中的"印"为"彼此符合"①之意,"证"有"表明断定"②之意,因此通过事物之间彼此相符推导出确定的结论是为印证的基本涵义。在人们的日常生活与科学研究领域,印证作为一种"求真"的方法得到了广泛的运用。自古常言道:"一人供听、二人供信、三人供定。"与探寻案件事实最具相似性的历史研究,就以印证为考据学的主要方法。英美法系的补强规则,实质上也是一种印证。故印证是一种普遍的认知法则,是实践出真知的体现,具有实践合理性。

作为方法论的印证法则,以真理的融贯论和符合论为思想基础。印证的融贯法,是指证据之间相互加强对方对待证事实的证明作用,强调的是印证之真是整体评价而非个体评价,将各证据联合起来从整体上获得结论的确定性;印证的符合法,是指凭借此证据内容与彼证据内容的符合程度来确认此证据的真实性,常见于用查证属实的实物证据作为参照来检验言词证据,在言词证据与实物证据一致的范围内认定言词证据的证明力。③事实上,印证法则还以概率论为思想基础。概率论可用于评断单一物证的证明力,也可用于评断一组证据的证明力,甚至可用于评断全案证据的证明力。④依据多个相互印证的证据所认定的事实与客观真实吻合的概率就明显高于单一证据所反映的事实,多名证人均指证同一被告人的可信度显然高于一名证人的指证,这背后的原理就是概率的乘积规则:两个或两个以上的独立事件为真的概率等于每一事件为真的概率之乘积。⑤

证据综合审查与分析必须坚持科学、合乎认知规律的印证法则。实践中,部分司法者常常只考虑用实物证据来印证言词证据,只把言词证据当成是验真对象的单向印证,潜意识已经不是把言词证据所描述的事情经过作为一种假说,而是必须要去论证确信的证明目标,一旦实物证据不能印证言词

---

① 《辞海》,上海辞书出版社1999年版,第500页。
② 《新华字典》,商务印书馆2011年版,第644页。
③ 罗维鹏:《印证与最佳解释推理——刑事证明模式的多元发展》,载《法学家》2017年第5期。
④ 何家弘、刘品新:《证据法学》,法律出版社2004年版,第50~55页。
⑤ [美]理查德·A.波斯纳:《证据法的经济分析》,徐昕、徐昀译,中国法制出版社2001年版,第99~100页。

证据，就会不知所措，甚至不惜去制造虚假印证来完成证明任务。也正因为必须有言词证据作为印证对象，所以才会迷信口供、有口供情节。客观性证据审查模式针对实践中这一弊端，要求客观性证据与言词证据之间的双向互动、彼此验真，既要用客观性证据来检验言词证据的真假，又注重从言词证据中挖掘蕴含着客观性证据的细节信息，还注重言词证据对客观性证据的解释、解读，客观性证据与言词证据不是简单笼统概貌式印证，而是细节上的多点印证。客观性证据审查模式在方法论上是坚持印证法则并一以贯之的。

二、逻辑法则

证据综合审查与分析，是通过判断各证据间的一致或者矛盾关系从而辨别证据的真伪，那么逻辑合理是证据真实的必要条件，逻辑法则也是判断证据真实的有效方法。司法实践中，常用的逻辑定律主要有：同一律、矛盾律、排中律等。同一律，是指在同一个思维过程中，每一思想都要保持与自身的统一性。矛盾律，是指在同一思维过程中，互相否定的判断（相互矛盾或者反对关系）不可能都是真的，其中必有一个是假的。排中律，是指在同一思维过程中，两个相互否定（具有矛盾关系或下反对关系）的判断，不可能都是假的，其中必有一个是真的。①恰当运用逻辑法则，对于厘清思路、排除干扰信息、处理疑难复杂问题有拨云见日之功效。

同一律要求在同一过程中，一个概念、判断或命题所断定的内容是不变的。违反同一律就会导致概念或命题出现不统一的错误。例如一起杀人案中，被告人供述因为嫖资产生纠纷而杀人，但尸检鉴定意见显示被害人身上有数十处创口且有多处疑似肉体折磨的浅表创口。一般来说，嫖资纠纷杀人目的在于快速摆脱被害人纠缠，而创口多、有折磨迹象，则体现的是仇恨心理，被告人供述的行为动机与尸检鉴定意见反映的犯罪行为人心理之间存在不统一、不一致，是违反同一律的，应当认真核查判断。

矛盾律要求一个概念、判断或命题所断定的内容，不能既是此又是彼，不能自相矛盾、前后不一。如某杀人案中被告人口供反复多变，对于妻子跌入大坝死亡的原因，有自己失足落水、拉扯卷尺时用力过度导致落水，妻子

---

① 张斌峰主编：《法律逻辑学导论》，武汉大学出版社2010年版，第146~158页。

起身不小心碰到其膝盖落水、其倒车时擦碰指挥倒车的妻子致落水等五六种辩解，表面上看是被告人有多种辩解，都需要去核实或者排除，但实际上因为矛盾律的逻辑法则，被告人必须自行确认某些为真，某些是假，对于为何作出假的辩解，也应当给出合理的解释。在一些案件中，被告人与被害人各执一词，常常有司法者认为证据是一比一，所以无法进行判断而给出存疑意见。这一看法也是违背矛盾律的，证据数量可能是一比一，但两个证据证明力显然不是等值的，准确的是这种证据情况叫作一对一，二者不可能都是真的，其中必有一假，甚至两者都是假的。一般应当采信其中一方说法，确认一种为真一种为假，只有两者的说法都不值得采信时才是事实不清、证据不足，需要存疑处理。

排中律要求客观事物在特定时空条件下，是什么和不是什么应当是确定的，而不是模棱两可的。常见的违反排中律的证据有猜测性的证言、可能性的辨认、不确切的指认、不具有排他性的鉴定意见等。如一起案件中被告人患有癫痫，但因曾有类似的暴力犯罪前科，刑事责任能力的鉴定意见中表述"从严鉴定为完全责任能力"，这就违背了排中律，该鉴定意见应当不予采信。再如并不能准确显示被告人五官的监控视频，审查时以体貌身形特征与被告人大致相符而采信，最终酿成错案，事实上就违背了排中律。此类证据既不能作为认定事实的根据，也不能作为佐证其他证据的辅助证据。

三、自然科学法则

自然科学法则，是指不经人为干预，客观事物自身运用、变化和发展的内在必然联系，也叫作自然科学规律。自然科学法则是物质运动固有的、本质的、稳定的联系。比如太阳东升西落、昼夜交替、冬冷夏热。人的行为必须符合自然科学法则，犯罪行为也不例外。如果证据反映的事实与自然科学法则相违背，则证据必然存在问题，而不能对其以特例为由予以忽视。如证人声称在月光的照射下，其清楚地看清了被告人的脸，然而根据确定的案发时间，当时月亮还没升上地平线，证人不可能利用月光分辨出现场人的面孔，证人证言违背了日月星辰运动规律，该证言就应被排除。司法实践中最常用到的洛卡德物质交换原理，该理论认为，犯罪的过程实际上是一个物质交换的过程，是犯罪行为的共生体，是不以人的意志为转移的规律。在一起案件中，被告人在开满葱兰花的花丛中杀人藏尸，盛花期的葱兰花花粉有很强黏附性，而在其作案时所穿衣裤、鞋子上没有检出花粉，在排除衣物清洗的前提下，则必须对指控被告人作案的相关证据的真实性进行核查，因为两者的证明方向是不一致的。

自然科学法则是在一定时空条件下的规律，其自身具有局限性，如经典力学观在量子物理学中就不再正确，运用自然科学法则必须注意其适用条件。与逻辑法则相比，自然科学法则是自然界的规律，其物质性是第一位的，不以人的存在而存在，但运用自然科学法则需要借助人的思维，因此也可能存在对自然科学法则的错误运用。以同一认定理论为例，同一认定是以事物之间的个体差异为客观基础，它是痕迹、文件、DNA鉴定类证据的基础原理，实践中经常发生因为错误运用同一认定理论而导致的证据审查错误。同一认定依据的是特征组合的特定性、稳定性和反映性，关键在于特征的选取，如果将一般特征混淆为细节特征，或者特征数量选取得不够，再或者将种属认定等同于同一认定，就会造成错误的认定结论。

四、经验法则

经验法则与逻辑法则一样，都是法律明文规定的认定事实的一种规则，① 但与逻辑法则相比，经验法则的内容显然不如逻辑法则明确。不同的国家和地区、不同的人群在经验法则的内容理解上都可能存在分歧。从内容上来说，经验法则的界定可以有广义和狭义之分。有学者认为，经验法则分为五大类：第一类，自然法则或自然规律；第二类，逻辑（推理）法则；第三类，道德法则、商业交易习惯；第四类，日常生活经验法则；第五类，专门科学领域中的法则。② 笔者认为，从相关司法解释行文来看，经验与逻辑是并列关系，因此刑事诉讼领域中的经验法则不宜包含逻辑法则；从盖然性和必然性的关系来看，经验法则属于知识积累和社会常识，具有归纳的不周延性，也不宜包含自然法则、科学领域中的法则。因此，本章节中的经验法则

---

① 《刑诉法解释》第140条规定，运用证据进行的推理符合逻辑和经验。《人民检察院刑事诉讼规则》第368条规定，根据证据认定案件事实不符合逻辑和经验法则，得出的结论明显不符合常理的，属于证据不足，不符合起诉条件。

② 张卫平：《认识经验法则》，载《清华法学》2008年第6期。

专指日常生活经验法则和习惯法则。前者是指人们在日常生活中通过个体经验形成了一种为一般人所认识或理解的关于某种事物和现象的认识，但这些认识并非通过科学的方法和手段进行严格的验证。后者是指历史形成的，在某个领域内人们所普遍遵守的行为规范。其特点并非反映人们对某类事物知识性的认识，而是一种通过积淀形成的习惯。①

在刑事诉讼领域，经验法则的功能一是证据证明的评价功能，包括证据自身证明的有无评价和证明力大小的评价；二是事实认定功能，经验法则在事实认定中的功能发挥主要表现为推理（推定）。②在证据审查和分析时，经验法则可以用来质疑在案证据，也可以作为对事实产生合理怀疑的依据。司法者拥有丰富的生活经验和社会经验，可以从表象中推理出常识矛盾，发现合理怀疑。③如一般来说人的正常书写、打字速度是个定值，但短时间讯问所形成的讯问笔录，字数明显超出人力所能及，由此就会产生是否存在复制粘贴或者提前制作好的疑问；再如基于"亲亲相隐"的生活经验，与当事人有关联的证人证言总是会出现偏向性，如果明显出现违背"亲亲相隐""虎毒不食子"等经验法则的证言，则应当怀疑真实性。经验法则也可以弥补间接证据之间的缝隙，是连接证据与事实的纽带，是事实推定的助推器。如一起杀人骗保案中，在案证据可以证实被害人生前有大量以被告人为受益人的保险买入，在被害人死后被告人立即申领保险金，依据谋杀案中凶手往往是最大的受益者的生活经验，可以将证明作案前后事实的间接证据联系起来，推理出被告人系杀人凶手的事实。经验法则还是驳斥被告人辩解的有效途径。如被告人辩解其留在被害人家内窗户上的指纹系其曾经在玻璃厂打工时所留，而生活经验告诉我们，家内玻璃会经常擦拭清洁，不会留下长期未接触过玻璃的人的指纹，依靠经验法则就可以驳斥辩解。当然，由于经验法则属于或然性的推理前提，既可以被证伪，也会存在误用的危险。原因在于：一方面，经验法则是基于不完全归纳法得出的较高盖然性的结论，所谓的习惯可以被改变，所谓的日常生活经验可以不适用；另一方面，运用经验法则的人将个人偏见误以为是具有普适性的经验法则。张军检察长曾经说过，经

---

① 张卫平：《认识经验法则》，载《清华法学》2008 年第 6 期。
② 李勇主编：《审查起诉的原理与方法》，法律出版社 2015 年版，第 151 页。
③ 张雪纯、葛琳：《证伪方法、经验法则和心理因素——以影片〈十二怒汉〉为分析文本诠释"排除理怀疑"在陪审团制度下的运作要素》，载《当代法学》2005 年第 5 期。

验往往是书本中学不来的,主要靠生活中经历、感悟,才能够对案件、对证言的认识有自己的把握。① 因此在运用经验法则时,要从三个方面加以把握:第一,是否为日常生活中反复践行的常态现象;第二,是否为社会上普通常人普遍接受;第三,是否能够以具体方式还原为一般常人的亲身感受。

第三节 证据矛盾的审查与排除

矛盾是普遍存在的,证据矛盾也是案件的常态,因此,司法活动程序才会针对证据矛盾设计有庭外证据审查与当庭质证环节。庭外证据审查是司法者发现证据矛盾,进而排除矛盾或者排除证据的司法活动;质证是庭审中控辩双方当事人对对方证据疑问的质询。只有将庭外证据审查工作做好,才能有效推进庭审质证程序的开展。证据矛盾最常出现在各言词证据之间,如果从言词证据逻辑、内容前后矛盾或者神态语速等角度来排除证据矛盾或者排除言词证据,难免会变成各执一词、各说各话,所以排除言词证据之间的矛盾还是要依靠客观性证据,各言词证据间的矛盾实质上是客观性证据与言词证据之间的矛盾。同时,各客观性证据具有"沉默性"的特点,需要人去提取、解读才能发挥证明价值,但也正因为人的因素介入,其反映的内容也可能会存在矛盾,需要进行合理解释,无法合理解释的予以排除。

一、客观性证据与言词证据之间矛盾的审查与排除

客观性证据与言词证据之间的矛盾是最常见的证据矛盾。在客观性证据与言词证据之间形成矛盾,一般会有以下几种原因:

一是人的生理、主观方面的因素。言词证据是被告人、被害人、证人等观察和记忆能力的反映,除故意夸大或者缩小、隐瞒事实等主观因素外,也会因生理原因没有如实反映客观事实。如客观性证据与言词证据常在作案时间上出现矛盾,甚至可能会导致被告人是否有作案时间的疑问。现场的钟表、日历、票证、文字记录等物证、书证,聊天记录、邮件等电子数据,监

---

① 最高人民法院刑事审判第一、二、三、四、五庭主编:《刑事审判参考》(第76集),法律出版社2011年版,第150页。

控录像、行车记录仪等视听资料，胃内容物、膀胱充盈度、尸僵肝温等尸体鉴定意见，包括一些特定的行为习惯、昆虫植被生长情况等，反映的涉案时间可能比较确定。被告人、被害人、现场目击者对犯罪时间的陈述，由于案发时间久远、个人记忆判断能力、个人时间概念、惊吓、损伤等原因，对于犯罪时间的陈述会出现概括、模糊、偏差等。

二是犯罪行为人的反侦查行为。犯罪行为人注意到了客观性证据对于侦查时的证据价值，会故意实施变装变声、编造案发起因、制造不在场证明或者顶包作案等各种反侦查行为，误导侦查方向，导致收集在案的客观性证据与言词证据出现矛盾。如一起强奸案中，被告人事先掌控被害人手机，编造被害人勾引其的短信发到自己手机上，案发后该短信作为客观性证据提取在案，可能与被害人陈述出现重大矛盾，造成是否违背被害人意志的认定上存在疑问。

三是收集在案的实物证据多余或者短缺等情形。现场勘查时，侦查人员面对的是未知案情，意味着取证的方向可能是不明确的，导致所取的各种物证会有很多与本案无关，或者与案件有关的物证因为侦查方向判断不准而被没有重视，最终对案件事实的认定造成不必要的干扰。如在犯罪现场系公众场所的案件中，提取了大量烟蒂或者生物信息，产生是否有第三人作案的疑问，与被告人、被害人、目击证人陈述的一人作案不吻合的情况。

四是不当的侦查取证或鉴定行为。侦查人员在获取、保管各种客观性证据时，没有注意到客观性证据自身存在失真的风险。鉴定人员也会因为检材不全或被污染、鉴定方法有误、受到案件信息的暗示或影响等原因，造成鉴定意见与言词证据不符的情况。如提取的监控视频没有注意到监控时间与客观时间的差异；血迹未干的衣物证据被折叠起来，血迹因而转移到衣物的其他部位，导致推理出的被告人行为与被告人供述的行为之间出现矛盾。

审查客观性证据与言词证据之间的矛盾，必须对矛盾产生的原因予以核实，看矛盾是客观存在还是理解有偏差造成的，是客观性证据在取证、鉴定等环节出现了问题还是言词证据不真实、不可靠造成的。只有找出矛盾的原因，才能给出准确的处理结论。审查证据矛盾还要看矛盾是影响到案件事实的认定，还是只是细枝末节的差异。对于案件细枝末节存在的矛盾，因其并不影响定罪量刑，只需客观认定其存在，作出适当的处理或者解释即可。对于事关定罪量刑的关键事实存在证据上的矛盾时，必须进行严格审查、准确判断，依法排除虚假证据，否则不能将其作为定案依据。在矛盾审查过程中应当坚持客观性证据优先的基本处断原则，一般而言，客观性证据的证明力高于言词证据，不能轻易以言词证据否定客观性证据。与言词证据相比，实物证据和科学证据具有更强的客观性、稳定性，要审慎评估言词证据的真实可靠性。言词证据因其能够直接描述案件事实，具有较强的似真性和说服力，容易对其他证据产生歪曲效应，因此不能以言词证据简单否定实物证据的证明价值，也不能以言词证据为基础对实物证据作随意解释。[①]言词证据容易使人落入先入为主的陷阱，以言词证据为基础评估其他证据的证明价值，忽视科学评估客观性证据的方法，甚至对矛盾视而不见。同时，尽管客观性证据优先，但也要注意客观性证据与言词证据双向验真原则的落实。客观性证据也可能出现各种失真风险，导致与言词证据之间出现矛盾，因此要重视对客观证据的审查，防止以存疑的客观性证据否定原本真实可信的言词证据。

二、客观性证据之间矛盾的审查与排除

从证据形式上来看，客观性证据可分为实物类证据，记录类证据，检验、鉴定类证据，音像、电子数据类证据以及常识常理类证据。从证据运用角度来看，客观性证据可以分为依靠证据自身展示证明信息的证据和依靠人的知识、推理来解读证明信息的证据，前者如实物类证据，记录类证据，音像、电子数据类证据，后者如检验、鉴定类证据和常识常理类证据。因为两类客观性证据在司法证明活动中的运作方式不同，尤其是后一类，存在较多的人为主观因素，可能会在两类客观性证据之间造成各种矛盾。"物证不会发生错误，物证不会作伪证，物证不会完全缺失，只有物证的解释可能出现错误。"[②]客观性证据之间存在矛盾，关键在于证据解释不足或者解释过度。如一起故意伤害案中，尸体鉴定意见证实被害人系他人用钝器打击头部致重型颅脑损伤死亡，而作案凶器系自来水管，打击力度与尸体受伤严重程度不符；现场勘查笔录记载的被害人倒地位置与被打位置距离较远，与重型颅脑

[①] 刘静坤：《证据审查规则与分析方法：原理·规范·实例》，法律出版社2018年版，第293页。

[②] ［美］W. 杰瑞·奇泽姆、布伦特·E. 特维：《犯罪重建》，刘静坤译，郝宏奎审定，中国人民公安大学出版社2010年版，第27页。

损伤的伤情不符。审查过程中认为，尸体鉴定意见与物证、现场勘查笔录等存在矛盾，可能有误。经重新勘查，在二三楼转角窗外提取多处擦痕、血迹以及足迹，重新鉴定比对后发现原鉴定意见是错误的，被害人应系被水管击中头部逃跑过程中在二三楼翻窗坠楼致头部着地死亡。

此外，在同一起案件中就同一个问题也会存在多个鉴定的情况，常见的如多次刑事责任能力的鉴定、人体损伤程度的鉴定，不同的专家会得出不同结论，即使结论相同，论证过程和方法也会有不同。鉴定意见之间的矛盾也是客观性证据之间矛盾的主要表现形式之一。如一起故意杀人案中，虽然两份刑事责任能力鉴定意见均是限制刑事责任能力的结论，但论证过程却有差异，一份认为被告人患有偏执型人格障碍，另一份认为患偏执型精神分裂症，案发时及目前处于患病期。乍一看二者好像差异不大，但实际上人格障碍和精神分裂症的区别除了是否存在"幻觉、妄想"之外，还有两处不同：一是发病时间不同，人格障碍属一贯的异常行为模式，多起于成年早期，而精神分裂症多发于30岁后；二是药物治疗效果不同，抗精神病性药物对人格障碍几乎无效，但对精神分裂症是有效的。这些因素可能决定着对限定刑事责任能力者是否从轻处罚，必须在鉴定意见中予以明确。

审查排除客观性证据之间的矛盾，必须立足于犯罪现场。犯罪现场是犯罪现场痕迹、物证的来源，被称为收集犯罪证据的"宝库"，其蕴含的证据最原始、最真实，受到外在影响和误读的可能性最小，对证明犯罪事实的作用最大。对于司法者而言，认识犯罪现场主要是依靠现场勘查笔录、照片、现场图、录音录像、提取笔录等现场勘查材料。现场勘查材料是侦查人员"宝库开发工作"的详细记录，系公诉人了解侦查机关勘查活动和现场状况的最直接依据，同时也是认定犯罪事实、架构证据体系的重要客观性证据。[1]因此，从证据间的相互联系以及证据体系整体验证的角度开展对现场勘查材料的审查运用，加强客观性证据解释的科学性、全面性，是排除客观性证据之间矛盾的有效途径。对于多个鉴定意见之间存在矛盾的审查，要从鉴定意见的基础资料全面客观与否、被鉴定人的既往病史、言谈举止等自身表现、了解内情的证人证言是否真实、权威专家咨询等多个角度入手，来判断鉴定

---

[1] 应建廷、陈厚楠：《现场勘查材料在公诉环节的审查与运用》，载《刑事司法指南》2017年第2集。

意见的可信性。前述案例中，未被采信的刑事责任能力鉴定意见就是因为鉴定基础材料不够充分，未重视既往病史的调查，忽视了被告人的精神疾病的发展演进过程，导致论证过程简单化、模糊化。

三、准确把握"合理怀疑"的内涵

实践中，与证据矛盾关系最紧密的是排除"合理怀疑"的证明标准，两者既有关联又有区别，需要对"合理怀疑"的内涵有着准确把握。

《刑事诉讼法》第55条规定，综合全案证据，对所认定的事实已排除合理怀疑，才能认定为证据确实、充分。至此，排除合理怀疑经历了"从资产阶级唯心主义的代表、被批评的对象，到司法实践中的'潜规则'，再到地方性证据规定、行动中的法律，最终成为国家层面法律文本"的中国路线图①，正式成为刑事证明标准的主要内容。众所周知，合理怀疑的解释并非易事。英美法系200余年的司法历程中，解释论者曾试图通过采用"道德确信"作为同义词的方式对排除合理怀疑进行解读，也曾通过强调什么样的怀疑是或者不是合理怀疑的方式从正反面角度予以定义，还有人曾提出用数字化的百分比或者其他数值来表达如何达到排除合理怀疑的程度②，但始终未给出统一的、令人信服的答案，乃至于有人认为合理怀疑含义自明，拒绝解释。

我国刑事诉讼中犯罪事实证明标准要求达到"唯一"的程度，意味着证据必须确实、充分，在案的证据均指向同一事实，不存在其他可能性。法律规定证据确实、充分的必要条件是"综合全案证据，对所认定事实已排除合理怀疑"，这要求在每一个证据依照法定程序进行查证属实的基础上，对全案证据进行综合审查，从整体上对与定罪量刑有关的案件事实作出判断。③因此，合理怀疑是在综合分析全案证据时，对将要认定的事实产生了不确定的疑惑，表现形式是认定的事实不具有唯一性。合理怀疑的前提条件是全案证据综合分析，而不是单个证据（证据能力）的审查判断；怀疑的对象是案

---

① 李训虎：《"排除合理怀疑"的中国叙事》，载《法学家》2012年第5期。
② 赖早兴：《美国刑事诉讼中的排除合理怀疑》，载《法律科学》2008年第5期。
③ 卞建林、张璐：《我国刑事证明标准的理解与适用》，载《法律适用》2014年第3期。

件事实的唯一性,而不是在案证据的一致性。有必要划清合理怀疑与证据审查判断疑点之间的界限,来界定合理怀疑的内涵。

合理怀疑不适用于单个证据(证据能力)的审查判断。证据的审查判断主要是针对证据能力而言的,即什么事实或材料能够被准许作为证据进入司法程序,涉及的亦主要是单个证据。证据综合分析则更侧重于证明力的审查,即对已采纳的事实或材料如何使用,不仅适用于单个证据,而且更多是适用于一组证据乃至全案证据分析、比较的场合。证据的审查判断是全案证据综合分析的前置环节。单个证据(证据能力)的审查判断主要依靠证据规则。判断客观与否,依靠的是最佳证据规则、传闻证据规则、自白任意性规则等;判断合法与否,依靠的是非法证据排除规则;判断关联与否,依靠的是相关性规则。违背了任一证据规则,该证据材料就会因不具备某一项证据特性而被弃之不用。证据规则是明确的,是否违背证据规则也应当是明确的状态,不存在模糊的空间。当在案证据存有违背证据规则的疑点时,举证方承担着释明疑点的义务,一旦举证不能,就认定该证据因违背证据规则而不被采纳,不会成为综合分析全案证据的材料。比如被告人提出了被刑讯逼供的线索,控方就要对刑讯逼供是否存在进行说明。当举证、补正或者解释等各项说明工作不成功,不足以打消疑虑时,司法者应当直接依据非法证据排除规则将供述排除,而不是依据存在刑讯逼供的合理怀疑将其排除。不可否认,某个关键证据的问题可能导致对事实的唯一性产生怀疑,但这种质疑是结合全案其他证据形成的,属于证据的综合分析阶段,而非产生于该单个证据(证据能力)的审查判断环节。因此证据能力的审查判断,涉及的是有疑点证据能否作为定案依据的取舍问题,并不是要去证明某项事实是确定还是存疑,因而不存在适用合理怀疑的空间。

合理怀疑不等同于证据间的矛盾、疑问。合理怀疑写入刑事诉讼法,是为在司法实践中如何判断证据确实、充分增加一个容易掌握的主观性标准[①],是司法者基于常识、经验和专业知识形成的内心判断,可以称之为证据确实、充分的主观性方面问题。证据间的矛盾、疑问是证据自身的缺陷或瑕疵,独立于司法者内心判断之外而存在,属于证据确实、充分的客观性方面

[①] 陈光中主编:《〈中华人民共和国刑事诉讼法〉修改条文释义与点评》,人民法院出版社2012年版,第68页。

问题。因此,合理怀疑和证据间的矛盾、疑问虽然均表现为事实认定和证据之间存在冲突和不一致,但在刑事诉讼法的语境内有着不同含义。证据间存在矛盾、疑问,是指在不对证据进行推理、解释、综合分析的情况下,证据间存在客观的、显而易见的矛盾,如两个目击证人对同一事实要素做出相反的描述,或者两个鉴定意见对同一待证事实给出不同的结论。当该证据间的矛盾无法得到排除或合理解释,相应的后果是据以定案的证据无法查证属实,其最终法律效果是事实不清、证据不足,不能定案。此时不需要司法者产生合理怀疑的感觉,也不需要启动排除合理怀疑的工作,就能够直接得出证据不确实、不充分的结论。合理怀疑则是指在对证据分析、推理、论证后,现有证据体系虽已能够初步证实某项事实,但基于一些看似多余的证据展开猜测和联想,在司法者的头脑中产生新的"故事或案情",构成对已证事实的质疑。合理怀疑的产生可以不需要证据间存在矛盾、疑问,当证据表面一致、犯罪构成要件已经满足时,司法者仍然可能基于一定的合理根据,如经验、常识、逻辑等产生怀疑。在坚持印证证明模式的前提下,证据间矛盾、疑问是用"证据不能相互印证、证据不具有一致性"来表述,不需使用合理怀疑这一概念。随意扩大合理怀疑的内涵和适用范围,可能会增长司法者的惰性,致使其不去认真甄别证据间矛盾、疑问,一概用不能排除合理怀疑来消极判决。

第四节　陈年积案中客观性证据的审查

利用新科技手段对陈年积案中的原有生物检材、痕迹等实物证据进行再检验、鉴定,配合DNA、指纹等大数据库资源,使一些原先一时无法利用的生物检材、痕迹成为案件侦破的新线索,是当前陈年积案的主要侦查模式。可以说,生物检材、痕迹等实物证据及相应的鉴定意见已经成为陈年积案得以侦破的最关键的客观性证据。然而,相关刑事诉讼法律法规已较案发时有较大变更,将陈年积案中的原有生物检材、痕迹等实物证据及相关鉴定意见置于现行程序法规定下考察,就会产生因合法性存疑而被排除的风险。同时,由于历史局限性、时间跨度久等原因,陈年积案中的现场勘查、物证提取、保管等侦查工作较为粗疏,已经提取在案的实物证据的真实性易受到质疑。且陈年积案证据体系有疏漏的现象较为普遍，如何补强关键性证据、完善证据体系、强化指控证明力度是陈年积案面临的重要问题。本书试从证据的合法性、真实性和证明价值的挖掘三个方面进行阐述，以期能解决陈年积案中客观性证据审查的难题。

一、正确认识陈年积案中客观性证据的合法性

（一）陈年积案中客观性证据合法性存在问题的原因

陈年积案中的客观性证据合法性存在问题，一般是指收集物证、书证等实物证据不符合法定程序以及与之相关的鉴定意见违反鉴定程序和要求。形成上述问题可能有两方面的原因：一是法的因素，即法律规定、规章制度逐渐完善甚至发生重大变更。陈年积案侦破后的起诉、审判程序都要适用现行法律规定，这是"程序法从新"的要求。如关于鉴定程序，公安部先后出台多部规定：《公安部刑事技术鉴定规则》（1980年）、《公安机关办理刑事案件程序规定》（1987年、1998年、2012年）、《公安机关鉴定规则》（2005年、2008年、2017年）。其中关于鉴定人员人数、出具文书时间的要求，在1998年以前的法律规范中没有明确要求，但在1998年以后逐步开始要求两人鉴定、受理鉴定委托之日起15日内出具鉴定意见。对于一些发生于20世纪八九十年代的陈年积案中的鉴定结论，就会出现鉴定人员人数、出具时间等不符合现行法律法规的问题。二是人的因素，即侦查人员、鉴定人员主观上责任心不强，客观上法律素养和技能不够。如有些现场勘查人员对实物证据收集程序不熟悉、不了解，造成现场照片不清晰、提取笔录不完善、提取人和见证人签名有缺失等现象；现场勘查笔录是在案发多年之后依据现场勘查工作笔记补做；等等。

（二）我国非法实物证据的排除标准是裁量排除

实物证据以及相关鉴定意见等客观性证据的合法性出现问题，法律后果是该证据可能作为非法证据被排除在定案证据之外。世界各国对非法实物证

据的排除规则有两种模式：一是强制排除加例外；二是裁量排除。① 我国刑事诉讼法中的非法证据排除规则始建于2010年"两个证据规定"② 出台。在具有里程碑意义的"两个证据规定"中，对非法实物证据的排除作出规定："物证、书证的取得明显违反法律规定，可能影响公正审判的，应当予以补正或者作出合理解释，否则，该物证、书证不能作为定案的根据。"2012年刑事诉讼法吸收了"两个证据规定"的核心内容，在立法层面正式确立非法证据排除规则，其中关于非法实物证据排除的规定是："收集物证、书证不符合法定程序，可能严重影响司法公正的，应当予以补正或者作出合理解释；不能补正或者作出合理解释的，对该证据应当予以排除。"再之后，最高人民法院、最高人民检察院等机关先后出台了一系列的意见、规定等，健全落实非法证据排除的法律制度。一直到2018年刑事诉讼法，基本延续了2012年刑事诉讼法对非法实物证据实行裁量排除的表述。

之所以将非法实物证据排除与非法言词证据排除的标准区别对待，没有实行强制排除而是裁量排除，主要是基于两方面的考虑：一是违法收集的实物证据，其本来的属性和状态发生变化的可能性较小，侵犯的多是公民的住宅权、财产权，与违法收集言词证据存在易变性和侵犯的是公民人身权相比，后者更为基本和重大；③ 二是为了平衡刑事诉讼惩罚犯罪和保障人权的双重价值取向，使法院有较大的裁量空间，能够在个案中更好地兼顾实体公正和程序公正。④

（三）陈年积案中客观性证据合法性问题的解决思路

1. 正确理解"程序法从新"的内涵。关于"程序法从新"，一般认为，新法对在其实施以前开始并终结的刑事诉讼活动不产生效力；发生在新法生

---

① THarman, Exclusionary Rules in Comparative Law, Springer, 2013, 转引自戴长林、罗国良、刘静坤：《中国非法证据排除制度：原理·案例·适用》，法律出版社2017年版，第114~115页。

② 即最高人民法院、最高人民检察院、公安部、国家安全部、司法部《关于办理死刑案件审查判断证据若干问题的规定》《关于办理刑事案件排除非法证据若干问题的规定》。

③ 张军主编：《刑事证据规则理解与适用》，法律出版社2010年版，第345页。

④ 陈卫东：《中国刑事证据法的新发展——评两个证据规定》，载《法学家》2010年第5期。

效后的案件，诉讼活动均应按照新法进行；新法生效前已开始了某一案件的侦查、起诉或审判，而在新法生效后仍未终结的，其诉讼行为继续有效，未进行完毕的诉讼活动则依照新法的规定进行。①因此"程序法从新"只是原则上应当适用新法，不影响在先前的法律生效期间所进行的侦查、鉴定等各种诉讼行为的有效；从新不是一概从新，也不是以新法代替旧法去评价旧法时代已经进行的诉讼行为。这是因为侦查、鉴定人员既不能预料到未来法律的变迁，也不可能具有超越历史时代的证据观念，如果以未来的新法评价当时的取证、鉴定等行为，明显强人所难，也是"历史虚无主义"即忽视人的认识发展的历史性和刑事诉讼法的阶段性的表现。如果我们完全以现在的立法、理论及认识水平去评价过去的诉讼行为和证据的合法性，可能就会有"求全责备"之嫌。②因此，对于陈年积案中实物证据收集、保管以及相关鉴定程序的合法性评判，应当以收集、保管、鉴定等诉讼行为发生之时的法律法规为规范，不能以现行法律规定来要求过去的诉讼行为，这是"程序法从新"的应有之义。以一人鉴定是否合法的问题为例，如果鉴定行为是发生在1998年《公安机关办理刑事案件程序规定》生效以前，就可以认定其具备合法性。对于当时的法律法规对证据保管、鉴定等未做强制性要求的，只要能够说明来源、有相关依据佐证其收集、保管、鉴定等诉讼行为符合当时的操作流程，就应当认定相关实物证据及鉴定意见具备合法性。

2. 从取证对象、侵权程度、原因、危害后果等角度把握违法取证是否需要被排除。我国的非法证据排除规则是在2010年"两个证据规定"之后才建立起来的。从法律解释的角度看，1979年刑事诉讼法生效期间以及1996年刑事诉讼法之后的一段时期，对刑讯逼供的证据不能作为定案根据的权威解读仍是"虚假的可能性非常之大"和"仅凭此就作为定案根据"极容易造成错案，因此排除的理由只能是因为其缺乏真实性的"排伪"而不是"排非"。③那么，对非法实物证据的认定更是会考虑证据的客观真实性。而且，即使是在现行的非法证据排除规则的框架之下，对于非法实物证据排除仍是采取裁量排除的态度。因此对陈年积案中存在的违法取证是否需要排除，除

---

① 樊崇义主编：《刑事诉讼法》，中国政法大学出版社1999年版，第46~47页。
② 宋志军：《从旧与从新：刑事再审之程序法适用论》，载《政法论丛》2016年第4期。
③ 宋志军：《从旧与从新：刑事再审之程序法适用论》，载《政法论丛》2016年第4期。

了在坚持"程序法从新"的前提之下，还是应当从真实性的角度进行评判。我们需要从取证对象、侵权程度、违法原因、危害后果等多角度分析非法取证，对于可能影响真实性的非法证据予以剔除，这也是"严重影响司法公正"的内在含义之要求。

关于裁量排除的标准即"可能严重影响司法公正"的认定，《刑诉法解释》第126条规定，应当综合考虑收集证据违反法定程序以及所造成后果的严重程度等情况。司法实践中，法庭在裁量是否排除非法实物证据时，可以考虑以下因素：第一，证据的证明价值；第二，证据在诉讼中的重要性；第三，相关犯罪的性质；第四，违法取证的严重性；第五，违法取证是故意还是过失；第六，违法取证是否侵犯国际公约所保障的人权；第七，是否已经针对违法取证提起诉讼；第八，不违法取证的情况下获取证据的难度。①

借鉴国外法律的规定以及我们的司法实践经验，对非法实物证据及相关鉴定意见是否排除需要从四个方面进行考察：一是违法取证、鉴定是否严重侵犯公民基本权利。实践中，陈年积案的被告人往往在发案之后逃匿多年未归案，现场勘查、搜查等提取实物证据的过程中，即使存在程序瑕疵、违法等现象，比如多次现场勘验的仅制作一份现场勘查笔录、破案后才补做勘验笔录等违法取证，与被告人人身权并无直接关联，不会侵犯到被告人的人身权，可以考虑对此类证据不予排除。二是是否明显故意违法取证。如一些程序违法是因为侦查人员基于习惯或者工作条件有限而没有严格执行要求，因其并非明显故意违法取证，未对证据真实性造成影响的，可以考虑对所获取的证据不予排除。三是实物证据是否存在来源不清、受到污染等失实风险。如对于一些物证、痕迹的提取，尽管物证提取登记表上可能没有记载，但现场勘查照片或者文字记载中提及且有相应的提取人证言等佐证，不应以来源不清予以排除。四是否造成其他严重后果。比如违法取证并未造成案件事实认定上的错误，被告人归案后如实供述，辨认了相关现场、物品等，补正了实物证据的合法性瑕疵，对此类证据可以考虑不排除。

---

① 戴长林、罗国良、刘静坤：《中国非法证据排除制度：原理·案例·适用》，法律出版社2017年版，第118页。

二、补正完善陈年积案中客观性证据的保管链

（一）证据保管链概念的提出与证明意义

陈年积案中的客观性证据既是案件侦破峰回路转的起点，又是案件事实认定证据体系的根基，其重要性不言而喻。客观性证据尤其是实物证据从现场提取到提交至法庭，时间、空间跨度非常大，证据会在侦查机关、检察机关、鉴定机构等之间流转，也会受到风干、光照、温度、湿度等自然因素的影响，一般应当妥善保存，保证实物证据的原样。只有证据的来源清楚，才能保障证据客观真实。实物证据如果想被法庭所采信，首先要证明呈上法庭的实物证据是"实实在在的原物"。按照麦考密克的说法，"当提交实物证据时，要建立足够的可采性的基础，就必须提供以下证言：首先，该物品就是事件所涉及的物品，不仅如此，该物品的状态本质上没有发生变化"。[1]实际上，实物证据在收集、保管及鉴定过程中都有可能受到破坏或者改变，这种能够增加、改变、模糊、污染或者毁灭证据的影响被称为"证据动态变化"。[2]这一点在陈年积案中尤为突出。由于案发年代久远，证据的保管条件有限，经手者众多，实物证据会存在各种改变、灭失的风险。陈年积案的侦破，依靠的是实物证据及相关鉴定意见发挥了新的证明价值，实物证据能够反映被告人与犯罪行为之间的关联性，前提必须是其是真实的原物，不是污染品、替代品，更不能是伪造、篡改的假证。如果说证据的合法性问题主要出现在证据收集环节，那么证据的真实性问题则涉及证据的提取、鉴定、保存的全部阶段。

虽然我国的刑事诉讼立法及司法实践中一贯重视物证、书证是否为原物、原件的审查，但规定上较为概括，遑论证据保管记录、保管条件、保管人的核实。在2010年"两个证据规定"出台以及2012年刑事诉讼法修正之后，开始强调要注重证据保存环节的审查。党的十八届四中全会通过的《中

---

[1] Paul C. Giannelli, "Chain of Custody and the Handling of Real Evidence", 20 Am. Crim. L. Rev.527（1982），转引自白冰：《论实物证据的鉴真规则》，载《当代法学》2018年第1期。

[2] ［美］W.杰瑞·奇泽姆、布伦特·E.特维：《犯罪重建》，刘静坤译，郝宏奎审定，中国人民公安大学出版社2010年版，第162页。

共中央关于全面推进依法治国若干重大问题的决定》明确提出,要"严格依法收集、固定、保存、审查、运用证据"。2015年,最高人民检察院、公安部相继发布了关于涉案财物的管理规定。与立法、司法界开始关注实物证据保存制度建立、细化的同时,理论界也开始了相关研究。陈瑞华教授较早提出了实物鉴真的概念,认为其内涵首先是举证方证明法庭上提出、出示、宣读、质证的某一实物证据,与其"所声称的那份实物证据"是同一的;其次是证明该实物证据的内容,如实记录了实物证据的本来面目,反映了实物证据的真实情况。① 之后陈永生教授以证据保管链(Chain of Custody)为切入角度,阐明了证据保管链制度的基本要求与诉讼价值,指出了我国在证据保管链上存在的问题,并提出了该制度的主要内容以及在我国的构建。② 在国外,证据保管链的概念由来已久。在犯罪现场发现相关的物证等证据之后,直至将该证据提交给法庭之前,与该证据相关的所有人员、地点与处理工作都必须记录在案。这种记录通常被称为"证据保管链条"。③ 证据保管链属于实物证据鉴真的主要方法④,是服务于实物证据真实性审查判断的一种有效手段。立法、司法与理论界近年来都开始重视证据保存这一问题,相信在未来,实物鉴真规则将会成为证据法的重要规则。然而,陈年积案作为过去的历史,其在证据保存方面所面临的缺陷是客观存在的,证据的真实性几乎肯定会遭到质疑。为了实现在法庭上证据证明、认定事实的目标,应当尽力从证据保管链的角度进行补充完善。

(二)客观性证据保管链易发生问题的主要环节

陈年积案中的实物证据往往缺乏证据的独特辨识性特征,无法从证物表面直接识别出其区别于其他同类证物的特征,比如血衣、精斑、指纹等,这些生物检材、痕迹物证无法通过人的肉眼观察出它的特有特征,唯一性无法保证,因此证据保管链是实现实物证据鉴真的有效方式。证据保管链是由证据的接收、保存、转移等多个环节组成,其风险在于某个保管链环节可能出

---

① 陈瑞华:《实物证据的鉴真问题》,载《法学研究》2011年第5期。
② 陈永生:《证据保管链制度研究》,载《法学研究》2014年第5期。
③ [美]诺曼·嘉兰等:《执法人员刑事证据教程》,但彦铮等译,中国检察出版社2007年版,第404页。
④ 白冰:《论实物证据的鉴真规则》,载《当代法学》2018年第1期。

现断裂。一项实物证据自现场勘查或者搜查等途径被提取之后,首先由侦查人员提交给负责证据保管、存储的机构或者个人,之后会送至鉴定机构或者部门进行鉴定,在鉴定完毕之后又会被送回保管、存储的机构或者个人处存放;当侦查终结后,也可能会移送至检察机关进行保管、存储,以供审查起诉时核查使用,最终再由检察机关移送至法院。综观证据保管的全过程,涉及的证据保存环节有提取、存储、运输、鉴定等,涉及的保存人员可能有侦查人员、物证专职保管人、鉴定人、公诉人等。对于陈年积案而言,实物证据的证明作用主要体现在引入新技术、作出新的鉴定、得出新的鉴定意见之时,因此从证据提取在案至鉴定意见出具是实物证据保存的核心环节。国外对于需要进行实验室分析的实物证据,其关联性建立在专家证人在法庭上所作的专家证言的基础上,主流观点认为"保管链只需要从扣押时起延续到分析或者实验时止"。[1] 由此可知,实物证据保管链最容易出现问题是在提取在案至鉴定意见出具的环节。

实物证据从提取到鉴定的过程,主要是保存在侦查机关与鉴定机构两个地方,其保管链应当贯穿于侦查机关与鉴定机构受理、存储、转移的全过程。在这个过程中,涉及人和物两个方面。因此证据保管链主要有两个因素:一是人,即对实物证据日常保管、维护负有责任的经手人;二是物,即实物证据是否在适宜的环境、条件中存储。对证据保管链的审查相应有两种形式:一是书面记录,即记载实物证据受理、日常保管、维护以及转移运输等行为的台账记录;二是证人作证,即负有保管责任的经手人出席法庭说明履行实物证据保管职责的经过。由于历史的原因,法律并未明确要求陈年积案中实物证据保存需建立完整、连贯的证据保管链记录,更未要求证据的保管者以证人证言的形式作证。因此,从客观上来说,陈年积案中的证据保管链存在不清晰甚至断裂的可能,证据审查时需要引起特别注意。

(三)客观性证据保管链的补正完善

审查陈年积案中实物证据保管链时,一旦发现存在不清晰或者断裂风险的,应予积极补正。可以从以下几个角度着手补正完善:

---

[1] Edward J. Imwinkelried, The Identification of Original, Real Evidence, 61 Military Law Review 156 (1973), 转引自陈永生:《证据保管链制度研究》,载《法学研究》2014年第5期。

一是证据的收集环节。证据收集是证据保管链的开端,必须有证据证实实物证据的来源清楚。可以核查是否有现场勘查笔录及提取清单,对于笔录及清单记载不全的,要求参与现场勘查人员、在场见证人等出具说明或者出庭接受质证。存在物是人非、相关人员记忆模糊等情形的,要注重从侦查内卷保存的照片、绘图等勘查材料、勘查人员或者法医的工作笔记中挖掘相关实物证据信息。

二是证据的原鉴定环节。在实物证据引入新技术进行新鉴定之前,一般也会进行多次鉴定。比如 DNA 鉴定技术运用之前,一般会进行血型鉴定;指纹鉴定进行大数据库比对之前,会在案发周边村镇等一定范围内的可疑人员进行比对。过去的鉴定意见虽然鉴定结论可能不具有较强的证明作用,但鉴定委托登记表、鉴定人等都可以证明生物检材、痕迹等实物证据的转移、存储等情况,也会载明实物证据的经手人或者来源去向,有助于证据保管链的补正完善。

三是证据的保存环节。尽管陈年积案案发时未建立完备的台账制度,但一般也会有接受、移交登记簿等简单的书面记录,会记载时间、经手人等信息。存储证据的容器如塑料袋、玻璃器皿上可能贴有记载编号、案由等信息的纸质标签。这些原始记录本身的纸张、字体、格式、笔迹等反映的年代感,可以佐证证据的真实性,并非后期人为变造、增补,如果提取在案,也能够完善证据保管链。

四是相关人员的证明。除出具说明外,必要时负有证据保管责任的人可以出庭说明日常保管、维护工作的具体内容以及发生过变动的原因和状态。对于证据保管环境、条件存在疑问,认为可能改变证物形态进而导致鉴定意见不准确的,可以请鉴定人或有专门知识的人到庭说明涉案检材特征情况、鉴定机理等。

三、深入挖掘陈年积案中客观性证据的证明价值

在确认了陈年积案中客观性证据的合法性、真实性之后,如何展现该证据的关联性,即挖掘证据的证明价值将是摆在我们面前的重要难题。陈年积案中客观性证据存在瑕疵或者缺失的现象普遍存在,但由于历史等客观原因,案发现场几乎不复存在,不具备重新勘查的条件,尸体等也不可能重新

鉴定，甚至还会有物证遗失等特殊情况发生，因此对旧存证据进行新的分析运用或者根据线索补充侦查获取新的证据，是审查办理陈年积案必经程序，也是完善陈年积案定罪证据体系的两条路径。对旧存证据进行新的分析运用的典型方法是Y—STR家系排查法，具体是指对收集的男性作案人遗留的生物检材进行Y—STR分型后，利用Y染色体单倍体连锁父系遗传特性，在一定地域范围内或Y—STR数据库中排查出作案人所在家系，再利用ABO血型检验、常染色体检测、指纹鉴定等技术手段在该家系中精准查找出作案人的方法。① 该排查法广泛应用于现场遗留有男性作案人生物物证的杀人、强奸、抢劫等陈年积案，比如轰动全国的"甘肃白银高承勇系列强奸杀人案""浙江湖州刘永彪、汪维明抢劫杀人案"。根据线索补充侦查获取新的证据，主要是指在案的DNA鉴定等证据能够建立案件事实与犯罪嫌疑人之间的关联，有了明确的犯罪嫌疑人对象并将其缉捕归案后，通过讯问获取犯罪嫌疑人供述和指认笔录，并根据其供述的细节补充新的实物证据、鉴定意见等客观性证据，补充完善证据体系，最终认定案件事实的过程。从上述两条路径可以看出，证据体系的完善都离不开陈年积案中客观性证据证明价值的深入挖掘。

（一）重视旧存客观性证据的重新整理分析

证据的内涵具有多维性，以往受科学技术的限制，对证据的价值分析具有局限性。当新技术引入刑事司法领域后，应当对陈年积案中的旧存客观性证据重新整理，对其价值进行新的分析。比如传统上对于指纹主要是依靠指印纹路的特征比对，随着科技的发展已经可以提取指纹上的DNA信息进行鉴定。运用新技术分析旧存证据的过程中，旧存证据中生物检材、微量物证等信息的重新发现、提取尤为重要。对于原物提取、衣物剪取或者棉签擦拭提取的旧存证据，要结合案件性质以及新证据获取的信息，可以在更容易留下DNA信息和微量物证的重点部位和区域，尝试更多点位的提取。同时，侦查、鉴定人员的能力素质对于旧存客观性证据的内涵挖掘也有重要作用。旧存客观性证据的形态特征需要更科学全面的分析推理。在陈年积案中受制于侦

---

① 裴煜：《Y—STR家系排查法在侦查中应用的思考》，载《湖南警察学院学报》2018年第1期。

查、鉴定人员业务素质、办案经验、破案思维,往往忽视对血迹的形状、位置以及形成原因的分析。以一起故意杀人案为例,被告人遗留在案发现场附近的T恤衫上有多处血迹,原有的鉴定仅停留在DNA同一认定上。在邀请权威痕迹学专家对血迹的形成过程进行重新推理分析后认为,衣服下摆原点状血迹符合溅落形成(溅落血迹系血源受外力作用向四周放散,单个血迹大小与碰撞处血量的多少呈正比,与碰撞力的大小成反比,其范围与碰撞处的血量多少、碰撞力量的大小成正比),右肩背部条形血迹符合锐器染血抛甩过程中形成(抛甩血迹一般呈圆形、椭圆形、长条形不等,一滴血血量少于滴落血迹的一滴血量),进而推理被告人杀人后有甩动沾染血迹的作案凶器的动作,有力驳斥了被告人称其是在被害人死后才到现场、身上血迹系沾染的辩解。

(二)重视旧存证据与新证据体系之间的比对

除有被害人、目击证人直接指证外,旧存证据体系以现场勘查笔录、物证、书证、鉴定意见等客观性证据为主,对犯罪事实的证明作用具有客观性、片段性。新证据体系则主要是被告人归案以后所作的供述和辩解、辨认笔录以及相关鉴定意见,能够全面揭示案发事实经过,但被告人可能基于时过境迁的侥幸心理,容易有虚假成分。旧存证据与新证据共同作用相互支撑从而证明陈年积案的犯罪事实。比对旧存证据与新证据体系之间的差异,对旧存证据中的客观性证据进行新的解释和分析,能够做到查漏补缺、排除矛盾。如一起持霰弹枪故意杀人案中,被告人归案后指认现场时辩称开枪时距离被害人较远,是为了逞威风而随意放了一枪,因霰弹枪子弹射击面大,不小心击中被害人头部。新证据虽然供述了杀人事实,但又对具体的杀人细节提出新的辩解。旧存证据主要是尸体鉴定意见及照片,但该鉴定意见只论证了被害人死于枪击,并未提及开枪距离等信息。通过对旧存证据中的尸体伤口照片进行文证审查,枪弹痕迹专家根据创口形态并结合霰弹枪的特质,对开枪距离进行合理推断,认定系近距离开枪,最终有力驳斥了被告人的辩解。

(三)重视大数据库等信息运用平台与陈年积案中客观性证据的结合

随着社会发展、科技进步,大数据时代悄然来临,大数据库的建立使得"大海捞针"变得可能。当前利用DNA数据库提供线索、证据的策略和方法有"同型比对直破法""复合亲缘关系比对法""少位点比对排查法""混合样本拆分比对法""快速直查比对法""Y-STR 排查法""线粒体 DNA 排查法""物证比对并案法""家系比对分析法""综合比对应用法"等十大战法。① 这些战法突破了对 DNA 数据库的传统认识，不再局限于同一认定的最终目标，利用 DNA 的局部特征，为充分挖掘和全面利用陈年积案中的客观性证据蕴含的证明价值拓宽了思路、开阔了视野。目前，我国公安机关刑事科学技术正在逐步形成以现场勘验信息系统、实验室管理信息系统和物证管理系统为基础，以指纹、DNA、声纹、人像、足迹、枪弹等个体识别信息系统为主干，以鞋底花纹、车辆轮迹、炸药、毒品、毒物、纸张、玻璃等种属查询检索系统为分支，以技术信息采集体系和查重体系为支撑的刑事科学技术信息一体化应用局面。② 通过深化信息比对潜力，提升信息使用力度，从 DNA、指纹、图像等个体识别到位置、通讯、出行等行为信息，实现多源信息集成应用，从而锁定具体目标，最终完成同一认定。陈年积案的客观性证据依托于现代大数据库等信息应用平台，能提供更多的案件信息，发挥最大的证明价值。

---

① 葛百川、彭建雄、刘冰:《DNA 数据库实战应用战法体系与能力建设研究》，载《刑事技术》2016 年第 4 期。

② 李盛:《刑事科学技术信息综合应用平台建设初探》，载《刑事技术》2014 年第 3 期。

附 录

1. 浙江省人民检察院死刑案件客观性证据审查工作指引（试行）

（2012年9月4日浙江省人民检察院检察委员会通过）

为引导以客观性证据为核心的死刑案件审查模式改革工作积极稳妥、依法有序进行，根据刑事诉讼法及相关司法解释精神，结合审查起诉工作实践，制定本指引。

一、总体要求

第一条 死刑案件客观性证据审查是指公诉部门在办理死刑案件过程中，将审查工作重心从以被告人口供等言词证据为中心转变到以客观性证据为核心上来，审查侦查机关（部门）移送的案件材料时，充分梳理和挖掘客观性证据，凭借客观性证据具有可靠的稳定性和关联性的最佳证据特征，确认案件基础事实脉络，并以此为基础对全案证据予以审查和检验，进而认定犯罪事实的审查工作方式。

第二条 本指引所称客观性证据是指物证、书证等证明内容客观性较强，不易受人的主观认识影响，具有较为稳定的表现形式和判断标准的证据材料或事实。包括但不限于：（1）通过证据本身所呈现的形态、特征等物理特点与案件建立关联的物证；（2）通过法庭科学技术进行解释的技术类客观性证据，如DNA生物检验、指纹鉴定、痕迹鉴定、微量物质鉴定、毒物检验、尸体（人身）检验报告等鉴定意见；（3）通过信息记载的内容与案件建立关联的记录类证据，如书证、视听资料、电子数据等；（4）通过客观记载侦查活动过程并反映案件某一方面事实情节的记叙类证据，如勘验、检查、辨认、侦查实验等笔录；(5)根据生活常识和经验法则可以推定某一事实存在的基础事实。

第三条 死刑案件客观性证据审查模式，应当坚持以下原则：

（一）客观性证据优先运用原则。客观性证据应当作为认定案件相关事实的关键性证据予以审查运用，对查证属实的物证、书证等客观性证据应作为最佳证据在定案中优先采用。

（二）客观性证据充分挖掘原则。全面审查侦查活动收集的证据，挖掘和运用客观性证据，发现派生证据、再生证据，形成证据组合运用体系。

（三）客观性证据科学解释原则。准确把握客观性证据可能蕴含的案件信息，防止对客观性证据解释过度或解释不足。

（四）客观性证据全面验证原则。犯罪嫌疑人、被告人的供述、被害人陈述、证人证言等言词证据应当经得起客观性证据的检验，客观性证据之间能够得到印证。

第四条 客观性证据的审查和运用必须严格执行《刑事诉讼法》、"两高三部"《关于办理死刑案件审查判断证据若干问题的规定》、《关于办理刑事案件排除非法证据若干问题的规定》，围绕证据的合法性、客观性、关联性进行全面审查判断，查证属实的才可以作为定案的证据。

第五条 审查案件时应当运用犯罪重建的方法来全面检视案件证据情况，运用收集在案的客观性证据推演犯罪过程，检验审查认定犯罪事实的准确性。审查杀人案件时，应通过审查现场勘验、检查笔录，运用收集到的各种痕迹、实物证据，推演行为人进出现场的路线、渐次展开的活动、使用的工具、接触或破坏的物品、形成的痕迹、遗留的物品、犯罪嫌疑人自身是否受伤或黏附有死者血迹及其他物质，根据相关证据确定与死者的接触情况、以何种方式、手段杀死被害人、如何对尸体和现场进行处理或伪装、如何离开现场。通过重建和推演，再现犯罪过程来印证现场状况及痕迹、物证存在的合理性，进一步去伪存真，得出更接近客观真实的案件事实。

第六条 对客观性证据的审查既要重视收集过程，更要注重挖掘和运用客观性证据蕴含的相关信息，确立关联性。通过审查现场勘验、检查笔录，确定收集、提取的客观性证据与案件的关联性；通过审查辨认笔录、鉴定意见，确定相关现场获取的客观性证据与行为人的关联性；通过审查尸体检验报告和人身检查笔录，确定尸体检验过程的客观性、损伤结论的科学性，并由此还原行为方式和力度、确定作案工具,进而与案件事实建立关联等;通过审查搜查、扣押、提取笔录,建立犯罪嫌疑人人身或处所发现的物品、文件等客观性证据与案件事实之间的关联性。

第七条 死刑案件客观性证据审查模式既要重视对收集在案的客观性证据的审查,更要注意挖掘案件可能存在的客观性证据。审查中要注意从证人证言、口供等言词证据中发现可能存在客观性证据的信息或线索,进而挖掘并查证。对犯罪嫌疑人供述的作案过程,要与现场勘查记录、尸体(人身)检验报告相比对,寻找印证点和矛盾点,根据审查和补证情况对相关证据做出如何采用的取舍;证明犯罪嫌疑人购买、携带、丢弃、隐匿作案工具、涉案物品的行为过程,不仅要结合证人证言进行辨析,还要与搜查、扣押、提取笔录进行比对,没有提取的要补充提取,从而查明相关证据是否相互印证;案件发生途经相关公共场所和单位的,要审查是否存在监控资料,在相关现场安装有监控设备的,要审查是否已按法定程序予以提取,没有提取的要补充收集。

第八条 具有下列情形的案件,要突出客观性证据的审查运用,以客观性证据为基础,验证相关证据真实性:

(一)犯罪嫌疑人、被告人翻供或拒不供认,且无相关目击证人证明的;

(二)犯罪嫌疑人、被告人的供述与证人证言等言词证据在重要情节上存在矛盾的;

(三)犯罪嫌疑人、被告人有过多次供述,但在定罪量刑的关键事实或情节上不一致的;

(四)犯罪嫌疑人、被告人有罪供述的获取存在程序上瑕疵的。

二、客观性证据的分类审查

第九条 物证以其外部特征、物质属性、存在方式以及状态来证明案件情况,可以为查明案件事实提供线索和依据,是认定案件事实的可靠依据,也是验证案件中其他证据的有效手段,应当作为最佳证据优先予以运用。审查中要特别注意挖掘并运用以下物证:作案工具,包括为进行犯罪而准备的其他工具,为毁尸灭迹、掩盖罪行而准备的工具等;赃款赃物,包括来源和去向;犯罪嫌疑人实施犯罪时所穿戴的衣着及其黏附痕迹等;被害人尸体状况、损伤特征、黏附的生物物证等;被害人、嫌疑人个人物品及其状况等;现场遗留的皮屑、毛发等微量物证;血液、体液、手(脚)印等痕迹物证。

物证审查中应重点查明:物证的来源,物证存在于现场的方位,与周围环境物品关系,物证原始特征等状态,并合理解释物证证明内容,充分挖掘物证在证明案件相关事实中的作用。

第十条 书证以其反映、记载的信息内容证明案件事实。书证可以直接证明案件的性质、作案动机和目的,可以鉴别其他证据的真伪,揭穿虚假的言词证据,在定案中起着十分重要的作用。审查中要特别注意挖掘并运用以下书证证实案件相关情节:日记、记事本、通信信息等所记载的信息与案件的关联;购买、租借作案工具的凭证;住宿记录、车船票、驾驶或乘坐营运交通工具的路、桥收费票据、加油票据等书面凭证;与犯罪相关的资金往来的存折、银行卡、存取款凭证、银行交易记录;犯罪嫌疑人实施犯罪时与被害人搏斗或其他原因形成的身体损伤诊疗记录;案发期间的气象、水文资料等。

对以记录内容证明案件事实情节的证据,也要重视审查和验证,如车载监控、区域监控的相关资料,报案记录、投案记录、抓获经过、破案报告等能说明相关情况的书面材料。

书证审查中应重点查明:书证的形成过程,书证反映内容与案件的关联,强化书证在证明案件相关事实中的作用。

第十一条 物证、书证存在下列问题或疑问的,应重点加以核查、补证:

(一)物证、书证来源不明的;

(二)物证、书证不是原物、原件的,照片与实物不相符,物证、书证未经过辨认、鉴定的;

(三)物证、书证在收集、保管、移送及鉴定过程中受到破坏或者改变的;

(四)关键物证、书证的提取、固定没有细目照片,或提取、固定的程序有严重瑕疵的;

(五)物证、书证证明内容与犯罪嫌疑人、被告人供述或证人证言存在矛盾的。

第十二条 案发现场及关联现场的痕迹物证是揭露和证实犯罪行为过程的重要依据。审查中要特别注意挖掘并运用以下痕迹物证:反映犯罪嫌疑人进出现场的;案发现场相关人员遗留的;现场相关物品、涉案物证、书证上遗留的。

审查中应重点审查痕迹的形成与案件事实之间的关联性。可以通过痕迹形成的时间推断案发时间;通过痕迹形态、分布位置推断形成痕迹的行为过程或形成痕迹的工具;通过对打击痕迹的状态分析行为人作用力的大小等。

第十三条 生物物证检验是根据 DNA 生物个体或群体识别技术,通过解释生物个体固有特征,作出个体同一认定或种属认定的确认或排除鉴定,进而可以证明有关事实的发生与否。生物物证的审查重点是生物物证和比对样本的提取、保管、移送、检验及论证过程的客观性和科学性。

第十四条 痕迹物证、生物物证存在下列情况的,应当查明原因,并重点加以核查、补正:

(一)现场遗留有血迹、毛发、体液、指纹等痕迹、生物物证,而侦查机关未收集或者未移送审查的;

(二)现场遗留的与犯罪有关的血迹、毛发、体液、指纹等生物物证、痕迹,没有通过 DNA 鉴定、指纹鉴定等鉴定方式与犯罪嫌疑人或者被害人的相应生物物证检材、生物特征等作同一比对鉴定的;

(三)作案工具、书证等涉案物品上的血迹、毛发、指纹等痕迹、生物物证,未检验或鉴定的;

(四)犯罪嫌疑人、被害人的身体、衣物上的血迹、毛发、斑迹、纤维等生物物证,未检验或鉴定的。

第十五条 作案工具是犯罪嫌疑人与犯罪结果、行为建立联系的纽带,作案工具的来源可以说明主观故意内容,可以验证供述的真伪;查明作案工具持有和使用人,可以区分实行行为人。因此,应当重点审查作案工具的来源及提取过程,查明作案工具是在犯罪现场提取还是在犯罪嫌疑人身上或住所提取;作案工具不是在作案现场提取的,应当审查是侦查机关提取在先,还是根据犯罪嫌疑人供述后在抛弃、隐匿作案工具地点提取的;根据在案材料不能查明的,应当要求侦查机关补充说明。

作案工具上提取到血迹、毛发、指纹等痕迹或生物物证的,要审查是否已检验或者鉴定,以查明是犯罪嫌疑人遗留还是被害人遗留。

提取在案的作案工具,应当交由犯罪嫌疑人或知情人辨认,并查明作案工具的准备过程,以便判读犯罪嫌疑人的主观故意内容;作案工具不能提取到案的,应当审查不能收集到案原因及其合理性。

第十六条 手机、固定电话、网络等通讯工具使用情况有助于查明案件事实,可以通过调查涉案人员的通讯情况,确定案发时相关人员通讯情况及其所处方位,对案件发生经过起到证明作用。

对作案过程中使用手机等通讯工作的,审查中要注意查明是否已将手机等通讯工具的使用情况作为当事人一项基本信息记录在案,并对通讯工具使用的相关情况进行调查取证。要注意审查:犯罪嫌疑人的手机是否扣押在案,扣押在案或已发还的手机是否对手机储存的信息予以提取、复制;查明与案件关联的手机、固定电话等通讯情况与案件事实的关联性;查明涉案手机的联系人范围、移动轨迹,确定犯罪嫌疑人或被害人等相关人员在特定时间、特定区域活动情况及联络情况。

审查中发现犯罪嫌疑人在作案期间使用手机之外的其他通讯联络工具或载体的,如固定电话、网络电话、聊天工具、全球定位系统等,要注意挖掘并查证。

第十七条 鉴定意见是鉴定人运用自己的专门知识或技能,通过科学技术手段和方法对涉案物品或人身等作出分析意见和结论,是发现和认定事实的重要手段。对鉴定意见应当在审查基础上采信,对尸体、人身检查以及物证鉴定等鉴定意见应当重点审查:委托鉴定的程序等是否符合法律规定,检材提取时间与委托时间是否矛盾,鉴定人员的资质是否适格,检材的提取、保管、移送、鉴定程序等是否规范,鉴定意见中关于检材的来源与现场勘查笔录或相关提取笔录是否对应,鉴定过程是否规范,鉴定方法是否科学,鉴定意见分析论证是否清晰严密,鉴定结论是否科学,鉴定意见是否告知案件当事人等。

第十八条 对于涉及犯罪嫌疑人、被告人和其他当事人的物证、书证、视听资料、电子数据等要审查是否需要鉴定,对于需要鉴定而未鉴定或只作部分鉴定的情况,应当查明原因,条件具备的应要求补充鉴定。鉴定意见存在下列情况或疑问的,应重点加以核查,必要时应重新鉴定:

(一)对同一事项进行多次鉴定的;

(二)鉴定主体不符合法律规定的;

(三)检材来源不明的;

(四)对鉴定过程、鉴定意见存在重大疑问的;

（五）鉴定意见与在案其他证据存在矛盾，应当查明原因并综合分析的。

审查中发现对同一事项多次鉴定且鉴定意见不一致的，其他未移送审查的鉴定意见应当要求侦查机关补充移送。

第十九条 尸体检验、人身检查是分析被害人死（伤）亡原因、致死（伤）工具、确认损伤状况的依据，也是查明犯罪过程的重要途径。审查尸体检验报告、人身检查笔录，应当结合创口分布、创道走向、伤势特征等损伤状况的细目照片进行分析。通过对损伤的部位、创口数量及其形态、创道深度等情况的分析，查明犯罪嫌疑人加害方式、力度，进而判定犯罪嫌疑人的主观故意内容；通过对损伤特征的分析推断作案工具；根据尸体现象查明死者身体伤痕是生前形成还是死后形成，以及根据尸体状况确定被害人死亡时间等。

通过对被害人身体上的精斑以及口腔、指甲等处检出的生物物证，可以查明死者生前接触的有关人员。因此，要注意审查在检验、检查过程中是否在被害人身体、尸体有关部位提取到犯罪嫌疑人毛发、皮屑、血迹、体液等生物物证，进而建立关联性。

被害人尸体高度腐败或死后被肢解、毁容等导致无法辨认的，应当审查是否进行 DNA 鉴定确认死者身份。

第二十条 对有下列情形之一的技术性证据，应当参照省院《死刑二审案件技术性证据复核工作规程（试行）》的要求，委托专业技术人员进行复核并出具文证审查意见：

（一）对案件定罪、量刑起关键作用的技术性证据；

（二）同一案件中对同一专门性问题，具有两个或两个以上不同结论的技术性证据；

（三）案件承办人对技术性证据有疑问或者被告人及其辩护人、被害人及其诉讼代理人对技术性证据提出异议的；

（四）其他有必要进行文证审查的技术性证据。

对文证审查意见与鉴定意见不一致的，应查明原因，必要时应再行委托鉴定。

对鉴定意见等技术性证据进行审查，必要时还应当听取具有相关专门知识的专家意见。

第二十一条 现场勘验、检查笔录是反映犯罪嫌疑人与犯罪现场关联性的重要证据，审查时应结合笔录的记载内容、现场照片、提取、扣押笔录、被告人供述、被害人陈述等，全面分析判读现场勘验、检查笔录蕴含的案件相关信息，查明犯罪嫌疑人在现场是否遗留手（脚）印、作案工具、血迹、体液、纤维、穿戴物品等实物或生物物证，查明犯罪嫌疑人进入中心现场的路径以及在现场的活动轨迹，查明是否可能存在应当提取的物证而未提取、已提取的物证未移送审查的情况。

对现场提取的物品、痕迹等客观性证据的审查，应通过比对现场照相、录像等方法，重点审查现场概貌、提取方位、重点部位特征、细目状况等，确保证据提取的合法性和客观性。

第二十二条 现场勘验、检查笔录存在下列情况或疑问的，应当查看现场并重点核查：

（一）现场勘验、检查笔录与现场照片、扣押清单、移送清单、提取笔录不相符的；

（二）现场勘验、检查笔录与犯罪嫌疑人的供述、被害人陈述、证人证言不一致的；

（三）多次对现场进行勘验、检查，但未分别记录说明的；

（四）现场被破坏的，勘验、检查现场时间距离案发时间过长，且原因不明的；

（五）犯罪嫌疑人归案后不能准确辨认或指认现场及物品的。

侦查机关已对现场勘验、检查、搜查、辨认等过程进行全程录像，但未随案移送的，核查时可以要求侦查机关补充移送相关视听资料进行审查。

第二十三条 审查搜查、检查笔录应查明是否提取犯罪嫌疑人身体及其衣物上的可疑斑迹、携带的物品；是否详细记载提取的部位、状态（如喷溅状、点滴状）并进行固定、拍照；是否详细记录其人身特征、损伤情况及生理状态等。

第二十四条 审查辨认笔录应当在查明辨认是否符合相关规范的基础上，重点审查侦查人员在组织辨认前是否已询问并记录了辨认人对辨认对象的特征、形态的描述，尤其是隐蔽特征描述的记录是否全面，以判定辨认活动的客观性。

第二十五条 组织犯罪嫌疑人对作案现场进行辨认的，辨认笔录应详细记录辨认过程。审查现场辨认笔录应当查明辨认人在辨认前是否对现场方位、附近标志物、进入现场路线、现场实物摆放、作案中遗留物品等情况进行供述；审查犯罪嫌疑人指认犯罪现场、丢弃赃物和作案工具、抛尸现场等过程所拍摄固定的影像资料是否与犯罪嫌疑人供述相符合。

犯罪嫌疑人对埋尸地点进行辨认的，应当审查在挖掘前是否详细讯问并记录尸体摆放的方位、形态、姿势以及附属物等内容的供述，并与实际挖掘后的状况进行比对。

第二十六条 侦查实验是采用模拟重演的方法，证实在某种条件下行为与结果之间因果关系的方法。其目的是确定相关行为是否发生、发生的条件，以及会发生何种结果的一项侦查措施。其作用是用以检验相关证据的客观性。

侦查实验笔录应当着重审查以下内容：

（一）侦查实验是否依法进行，笔录的制作是否符合法律及有关规定的要求，参加实验的人、见证人是否签名或者盖章；

（二）侦查实验笔录的内容是否全面、详细、准确、规范；是否准确记录了侦查实验的事由，侦查实验的时间、地点、天气状况、环境状况；文字记载与绘图、照片、录像是否相符等；

（三）侦查实验的条件与案件发生时的状况是否接近；

（四）侦查实验结论是一次实验得出还是多次反复实验得出；

（五）侦查实验笔录记载情况、结论与犯罪嫌疑人供述、被害人陈述、证人证言、鉴定意见等其他证据是否印证，有无矛盾。

第二十七条 视听资料是通过专门技术设备记录的，以录音、录像、照片等方式展示，能够证明案件事实的信息及其载体。视听资料存在下列情况或疑问的，应重点加以审查，查证属实后才能作为定案的根据，必要时可委托鉴定：

（一）视听资料内容能够直接指证犯罪嫌疑人，且在定案中起到关键作用的；

（二）视听资料由当事人及其利害关系人提供的；

（三）存储于电子设备中的视听资料，系被删除后重新恢复的；

（四）视听资料与在案其他证据存在矛盾的；

（五）犯罪嫌疑人提出真实性、完整性抗辩的。

第二十八条 电子数据是在计算机或计算机系统运行过程中产生的以其

记录的内容来证明案件事实的电磁记录物。电子数据存在下列情况或疑问的,应重点加以审查,查证属实后才能作为定案的根据,必要时可委托鉴定:

(一)电子数据是认定犯罪的关键证据的;

(二)电子数据是由当事人及其利害关系人提供的;

(三)电子数据系被删除后重新恢复的;

(四)电子数据与在案其他证据存在矛盾的;

(五)犯罪嫌疑人提出真实性、完整性抗辩的。

第二十九条 技术侦查措施包括电子侦听、电话监听、电子监控、秘密拍照或录像、秘密获取物证、邮件检查等秘密的专门技术手段。技术侦查措施收集的材料作为证据使用的,应当予以审查。

审查技术侦查措施收集的证据材料应重点查明是否履行了规定的审批程序;侦查人员是否制作了相应的说明材料,并予签名和盖章;采取技术侦查措施收集的物证、书证、视听资料及其他证据材料,如果要转换的,转换的形式是否符合证据要求。

对于利用技术侦查措施侦破的案件,按照国家规定技术侦查措施收集的原始材料应保存在侦查机关的,要审查侦查机关是否出具了有关案件来源和侦破经过的情况说明;承办人认为必须了解或者查明侦查措施的过程及方法的,可以到有关机关进行核实。

第三十条 侦查机关将行政机关在行政执法过程中收集的物证、书证、视听资料、电子数据等证据材料作为证据随案移送的,审查时应查明行政机关在执法时是否规范、合法,证据材料的保管、固定、移送是否符合法律、法规规定,证据材料的性质、内容、外部特征等是否发生变化,对于发生变化的原因是否作出合理解释。

审查中发现行政机关在执法时扣押、提取物证、书证、视听资料、电子数据等不规范的,应当通过提取执法时相应的照片、录像印证扣押、提取过程,或通过向相关证人进行复核确认。

三、客观性证据的综合审查运用

第三十一条 审查案件要注意分析物证、书证等客观性证据收集工作的全面性。审查后认为证实案发起因、作案过程和工具、危害后果、毁灭罪证、逃避处罚、销赃窝赃等行为的客观性证据未能全面收集提取或遗漏移送的，应当要求侦查机关补充侦查、移送，或作出合理解释，必要时应当自行补充侦查。

第三十二条　审查发生在公共场所、重要交通路口、娱乐场所等社会治安监控重点区域的案件，应当查明侦查机关是否收集相关视频监控资料，收集后是否移送；未收集和移送的，可以要求侦查机关，补充收集和移送，也可以自行补充侦查。

审查的案件涉及金融、交通、旅馆、网吧等要求强制性登记的行业，应当查明侦查机关是否提取了相关书证材料；未能提取的应当要求补充或作出解释说明，也可以自行补充侦查。

第三十三条　具有下列情形之一的，应当调阅侦查机关的侦查内卷进行审查，以审查是否存在应移送而未移送的客观性证据材料：

（一）发现侦查机关已收集的证据材料未随案移送的；

（二）对侦查机关出具的破案经过等材料存在疑问的；

（三）对侦查机关确定犯罪嫌疑人的根据存在疑问的；

（四）侦查机关采用技术侦查措施所获取的定案证据未移送审查，或需要了解技术侦查过程的；

（五）其他需要查阅侦查内卷情形的。

第三十四条　对于证据证明力的审查，应当结合案件的具体情况，从各证据与待证事实的关联程度、各证据之间相互印证性等方面进行综合分析论证。

审查中要加强对客观性证据的深化运用，除通过同一认定等技术鉴定外，要注重运用经验法则、逻辑法则和自然规律进行解释，充分挖掘客观性证据的证明力，证明案件事实。

第三十五条　下列客观性证据与案件的关联度极强，应当作为认定案件相关事实的关键证据加以分析运用，但能够结合日常生活经验法则予以排除的除外：

（一）案发现场提取的明确清晰地记录了犯罪嫌疑人作案过程的即时监控录像；

（二）现场监控明确记录案发时间犯罪嫌疑人出入现场的；

（三）收集在案的隐蔽性强、细节性特征明显、非亲身经历难以知晓的物证、书证、尸体特征、电子数据等客观性证据，系在犯罪嫌疑人主动供认、指认、辨认的情况下获取的，并能排除串供、逼供、诱供等可能性的；

（四）现场遗留的物证、书证、手（脚）印、血迹、毛发、纤维等系犯罪嫌疑人所留的；

（五）从犯罪嫌疑人处扣押或根据犯罪嫌疑人供述提取的作案工具上有被害人指纹、血迹、毛发、纤维等痕迹、生物物证的；

（六）从犯罪嫌疑人的身体及衣服、鞋子、手包等随身物品处检测出被害人的指纹、血迹、毛发、纤维等生物物证的；

（七）被害人的乳头、生殖器、腹股沟、指甲等私密处的斑迹、皮屑、人体细胞等生物物证系犯罪嫌疑人所留的；

（八）从犯罪嫌疑人人身或住处搜查或提取到被害人的专用物品的；

（九）犯罪嫌疑人持有或处置的物品系被害人所有，且不能做出合理解释的。

第三十六条 定案的客观性证据之间，或与言词证据之间存在矛盾的，应当及时进行甄别，以排除定案证据之间的矛盾或矛盾能够得到合理解释。

对于客观性证据之间的矛盾，审查中应当结合每个证据获取、记录、移送等各个环节进行逐一比对分析，找出原因，排除矛盾。

对于鉴定意见与其他证据之间的矛盾，审查中应当分析检材来源、鉴定过程、鉴定条件等情况，与其他证据进行充分比对确认，排除矛盾或作出合理解释。

对于客观性证据与言词证据之间的矛盾，审查中应当通过补充讯问、询问，查明产生矛盾的原因，审慎作出排除或采信相关证据的决定。

四、审查结案的原则

第三十七条 案件审查结束后，案件承办人应当制作案件审查综合报告，对证据情况进行全面分析论证，提出对事实认定和处理的意见。

分析论证应当以客观性证据为核心，坚持用客观性证据证明或验证案件相关事实认定。审查报告中对事实证据分析论证的体例可以先客观性证据后其他证据的方法进行论证；也可以采用根据案件发生过程顺序进行分别论证，但每个环节论证必须突出客观性证据的分析论证。

在分析论证客观性证据的过程中，要准确把握客观性证据的证明内容，既要防止对客观性证据的解释过度，也要防止解释不足。

对于客观性证据缺乏的死刑案件，审查报告中应当分析客观性证据缺乏的原因及对定案的影响；审查中已进行补充侦查的，应当说明补查的工作情况。

第三十八条 运用客观性证据形成的定罪证明体系应当符合以下要求：

（一）每一个客观性证据都必须是通过勘验、检查、搜查、扣押等法定手段收集；

（二）每一个客观性证据的解释必须受到合理约束，不能夸大或缩小客观性证据的证明内容；

（三）定案证据必须形成证据锁链，客观性证据不能证明犯罪主要事实的，必须结合在案的其他证据，形成完整的证据链；

（四）客观性证据组成的证据体系应当充分，证明结论具有排他性。

第三十九条 死刑案件在关键事实上缺乏客观性证据，不能排除合理怀疑的，不能定案。

客观性证据缺失或者不充分，不能当然得出案件证据不足的结论，需结合全案证据进行综合分析，慎重提出处理意见。

客观性证据无法形成完整的证据体系，但能够分别证明案件事实的不同环节的，通过在案其他证据的链接，能够有机连贯起各个不同环节，进而证明整个案件事实的，应当予以认定。

五、附则

第四十条 办理其他刑事案件，可以参照《死刑案件客观性证据审查工作指引（试行）》予以审查。

对于职务犯罪、毒品犯罪等主要依靠言词证据定案的案件，要加强对相关环节客观性证据的挖掘和使用，强化运用客观性证据验证言词证据。

第四十一条 本指引是规范办理死刑案件采用客观性证据审查模式操作的内部指导意见，自下发之日起执行。

2. 浙江省人民检察院公诉环节口供审查工作指引

为进一步规范司法行为，完善证据审查方式，强化犯罪嫌疑人供述和辩解（以下统称"口供"）的客观性验证，引导公诉人员全面、准确地审查、判断和运用口供，根据《中华人民共和国刑事诉讼法》及相关司法解释、规范性文件，结合办案实际，特对公诉环节口供审查提出如下意见。

一、口供的证明价值和特点

口供是犯罪嫌疑人在刑事诉讼过程中，就案件相关情况向司法机关所作的陈述，包括有罪、罪重的供述和无罪、罪轻的辩解。口供作为法定证据，有重要的证明价值，同时具有真假混杂、反复易变的特性，因此，公诉环节要特别重视口供的全面、细致、客观审查，构建口供审查的科学方法和路径，既不能忽视口供在定案中的作用，也不能轻信口供。

（一）全面认识口供的证明价值，高度重视口供的审查运用。口供与案件事实直接相关，所蕴含的信息最为丰富，对案件事实具有重要的证明价值。一是有助于及时查明案件事实。口供所述的犯罪动机、目的、行为、情节或无罪、罪轻辩解，有助于指引调查方向，及时查清并确认案件事实。二是有助于收集和验证证据。真实的口供便于司法机关及时发现新的事实、情节及证据线索；通过口供与其他证据对照分析，可以发现证据矛盾，指引证据的收集和补强。三是有助于公诉人全面审查案件事实。犯罪嫌疑人的辩解，可以使公诉人做到"兼听则明"，避免审查活动的片面性。四是有助于辨别犯罪嫌疑人主观恶性和悔罪态度。犯罪嫌疑人口供可以反映其是否认罪、有无坦白和立功情节等悔罪表现，是衡量其社会危险性的重要依据。

（二）正确认识口供的复杂性，确保审查结果的有效性。实践中口供真假难辨的情形屡见不鲜，采信错误而导致错案也偶有发生，表明口供审查十分复杂。口供审查活动既要判断犯罪嫌疑人口供的真实性，也要审查侦查取证活动的合法性，还要检视对口供审查采信活动的科学性，只有多维度的审查判断，才能确保口供审查结果的有效性。一要从犯罪嫌疑人供述心理的维度，审查口供内容的真实性。口供内容真假混杂的情况普遍存在，实践中不仅有因趋利避害心理而推卸责任的，也有因认识错误、认知障碍、替人顶罪、畸形心理等原因出现虚假有罪供述的，必须慎重审查判断。二要从侦查取证过程的维度，审查口供获取的合法性。口供获取的合法性不仅是程序正义要求，更是口供真实性的制度保障，对犯罪嫌疑人的取证违法抗辩应当认真听取并核实，依法排除非法证据。三要从证据相互印证性的维度，检视口供与其他证据是否存在矛盾、矛盾能否排除或得到合理解释。四要从审查判断活动完备性的维度，考察口供审查过程是否遵循了相关诉讼规则要求，审查判断过程是否符合逻辑和经验法则，确保论证结论的可靠性。

（三）坚持客观性证据审查模式，树立科学的口供审查理念。刑事诉讼法对口供获取和采信进行了规范，明确了"重证据不轻信口供"的基本要求。我省推行客观性证据审查模式，并非忽视、摈弃口供，而是强调充分挖掘和运用客观性证据并以此验证口供等定案证据，提升证据审查效果。要树立"依法审查、客观验证"的口供审查工作理念，运用客观性证据验证的方法和路径审查判断口供。实践中，既要防止"口供至上"倾向，又要防止忽视口供、唯客观性证据论的认识偏差。

二、口供审查的基本原则和方法

在客观性证据审查模式下，坚持口供审查"依法审查、客观验证"的基本理念，应遵循以下原则和方法：

（一）口供审查的基本原则

——合法性审查优先原则。优先审查讯问程序及记录形式的合法性，即讯问主体、时间、地点、手段、表现形式等应遵守法定的诉讼程序及要求。

——客观性证据验证原则。充分挖掘和运用口供中蕴含的案件情节或证据线索，积极收集固定相关客观性证据，并运用客观性证据验证口供的真实性。

——全面系统审查原则。全面审查在案口供、自书材料及同步录音录像等材料，客观公正地审验有罪供述和无罪、罪轻辩解。

——相互补强印证原则。注重口供与其他证据之间的相互印证，及时发现并补强证据体系中的薄弱环节，确保口供与其他证据之间的矛盾能够得到排除或合理解释。

（二）口供审查的一般方法

——阅卷审查与听取意见相结合。认真审查在案口供笔录，全面准确掌握口供内容，当面听取犯罪嫌疑人供述和辩解；主动听取辩护人、被害人及其诉讼代理人的意见，及时审查核实其提供的意见、证据或线索。

——单个审查与比对分析相结合。要审查单份口供笔录的合法性、内容的全面性、供述的合理性，在此基础上，比较分析口供之间是否吻合，口供与其他证据是否相互印证，口供与其他证据收集、固定的先后关系和派生关系。

——全面审查与重点审查相结合。要对口供与其他证据、案件事实之间的关系进行全面审查、综合分析，重点审查侦查初期口供、前后不一致的口供、口供中蕴含的客观性证据信息、对案件关键事实及细节的供述等。

——逻辑分析与经验法则相结合。要运用日常生活中熟知的经验法则以及自然科学原理考察口供内容是否有内在逻辑性、是否符合一般社会经验法则，从犯罪时间、地点、动机、目的、手段、后果以及其他环境因素等全面地分析是否存在其他可能，是否存在矛盾等。

三、口供审查的重点案件和重点内容

要根据案件性质、证据特点等，进行繁简分流，突出重点，明确口供审查的重点案件和重点内容。

（一）口供审查的重点案件。依据案件类型及证据特点，以下案件口供应重点审查：（1）可能判处无期徒刑、死刑的案件；（2）投放危险物质、贿赂、强奸、毒品等隐蔽性强、客观性证据相对较少的案件；（3）交通肇事、危险驾驶、涉众型故意伤害等易出现"顶包"错案的案件;(4)口供不稳定、出现反复或提出无罪、罪轻辩解的案件;(5)其他重大、敏感或社会关注度高的案件。

(二)口供审查的重点内容。应围绕口供材料移送的完整性、口供获取的合法性、口供内容的真实性进行先期重点审查,为后续口供的具体审查运用夯实基础。

1. 口供材料移送完整性的审查。应审查口供材料(包括笔录、自书、同步录音录像)是否均已在卷,应当入卷而未入卷的,应当查明原因,重点查明是否存在无罪、罪轻的口供或证据线索未移送,是否存在因犯罪嫌疑人否认作案或翻供而不制作笔录的情况。审查路径和方法:(1)提讯记录与在卷笔录是否相对应;(2)犯罪嫌疑人被传唤或刑事拘留到案时间与首次笔录时间、首次作出有罪供述时间是否合理;(3)归案情况说明与首次讯问的时间、地点是否相互印证;(4)讯问犯罪嫌疑人,核实归案情况、接受讯问情况、首次供述情况等。

2. 口供获取合法性的审查。应审查在案口供的获取方式、固定形式是否符合法律规定,重点查明有无刑讯逼供等非法取证行为,依法排除非法证据,及时补正口供瑕疵。审查路径和方法:(1)口供笔录形式要件审查,主要查明要素项目是否齐备。包括是否注明讯问起止时间和讯问地点;首次讯问是否告知犯罪嫌疑人诉讼权利和法律规定;补充和更正之处是否经犯罪嫌疑人捺印确认;口供笔录是否交由犯罪嫌疑人核对并签名或捺印。(2)口供笔录的制作过程审查,主要包括讯问时间、地点是否合法;讯问主体、讯问时在场人员、辅助人员是否适格;讯问活动、过程是否合法。(3)通过其他方法核查,主要包括审查讯问同步录音录像,查明供述过程是否自然、流畅,制作笔录时间、核对笔录时间是否合理等;讯问犯罪嫌疑人,了解口供形成过程等。

3. 口供内容真实性的审查。应审查口供内容是否符合案件客观事实,重点查明犯罪嫌疑人是否自愿作出有罪供述,评估口供内容是否符合逻辑性和合理性。审查路径和方法:(1)口供的稳定性审查,即口供是否稳定、一贯,翻供、辩解是否稳定、合理,有无提供可查证的证据线索;(2)口供的合理性审查,即供述内容是否符合逻辑、情理。要注意查明供述内容与在案其他证据证明的个体因素、犯罪动机、手段等是否存在矛盾;(3)供证的时间性审查,即犯罪嫌疑人供述和侦查机关取证的先后顺序,是否根据犯罪嫌疑人供述、指认提取到了隐蔽性很强的物证、书证、电子数据等客观性证据;(4)供证的印证性审查,即口供与其他证据之间的印证程度。要查明口供涉及的其他证据或证据线索是否收集到案,口供与其他证据之间是否排除了矛盾;(5)通过提讯犯罪嫌疑人,查看讯问同步录音录像,核查案件内知细节的供述过程是否自然、流畅,内容与笔录内容是否相符等。

四、供述的审查

供述即犯罪嫌疑人对自己实施犯罪行为的陈述。审查时,应围绕犯罪动机、犯罪预备、行为过程、危害后果、销赃窝藏、逃避侦查、归案等案件发生、发展的脉络进行,同时,还应重视发现并运用供述中提及的、犯罪过程中形成的,但侦查时未搜集在案或未能有效运用的派生证据、再生证据、隐蔽证据、内知证据等,用以验证某些案件事实情节是否存在。

(一)对供述中犯罪动机的审查。主要包括:(1)犯罪动机是否符合逻辑或常理;(2)犯罪动机产生的时空条件、外部因素,是否得到其他证据印证;(3)作案过程或作案后的行为是否能够佐证犯罪动机;(4)犯罪动机供述前后不一的,何种供述或辩解得到其他证据的印证。

(二)对供述中犯罪预备行为的审查。主要包括:(1)有犯罪预谋的,预谋的时间、地点、内容等是否得到其他证据的印证;(2)准备作案工具的,是否供述了作案工具的来源、特征,作案工具是否扣押在案,未查扣在案的有无合理说明;(3)对作案路线、作案现场事先踩点的,供述的路线、现场及其关联区域是否有标志性特征,相关区域视频监控资料是否收集在案,犯罪嫌疑人的交通工具、通讯设备等运行轨迹是否符合案情;(4)事先选择或辨认过犯罪对象的,其辨认时间、地点、方式等;(5)学习、演练作案手段的,其学习的途径、内容,演练的时间、地点、对象、效果等。

(三)对供述中犯罪实行行为的审查。主要包括:(1)作案时间与在案其他证据是否相互印证;(2)作案地点及地理特征与现场勘验、检查笔录是否一致;(3)作案过程是否得到痕迹、物证及现场物品变化等客观性证据的印证;(4)作案方法是否具有个体(个案)独特性;(5)借助他人、他物(特殊作案工具)等实施的,是否得到其他痕迹、物证、电子数据等客观性证据的印证,能否得到侦查实验的验证;(6)犯罪对象的数量、特征与在案其他证据能否印证,能否得到作案方法、勘验检查、鉴定意见等印证;(7)犯罪后果是否得到其他证据印证,尤其是客观性证据的验证;(8)作案过程涉及多人、多种作案工具、多种危害后果的,能否查明各犯罪嫌疑人的具体行为、各作案工具的特征及使用情况,以及造成各危害后果的原因及具体行为人;(9)作案过程能否得到被害人陈述、视频监控或相关证人证言等其他证据的直接或间接印证。

(四)对供述中作案后行为的审查。主要包括:(1)有无报警、救助、停留在作案现场、等候民警抓捕等配合侦查的行为,以及有无销赃窝藏、毁灭、伪造证据和串供等逃避侦查的行为;(2)对作案后行为的供述细节,如逃离现场的路线、方式、途经地、目的地、接触人员、重返现场及打听案件侦破情况、向亲友陈述案情等情节是否得到其他证据印证。

(五)对供述中归案情况的审查。主要包括:(1)供述的归案过程与在案的《侦破经过》《归案经过》、报案记录或录音录像等材料是否一致,有无其他证据支持;(2)自动投案的时间、方式是否有投案前的行踪、通讯记录等材料证实,首次讯问是否记录了投案情况及主要犯罪事实,防止替人顶罪、由未成年人、限制刑事责任人承担主要罪责等情况;(3)被抓获归案的,是否有相应笔录印证首次讯问的时间、地点;是否影响自首、立功等法定情节的认定。

五、辩解的审查

辩解是指犯罪嫌疑人罪轻、无罪的申辩,翻供是一种特殊形式的辩解。要全面、客观地收集犯罪嫌疑人的供述和辩解,动态反映口供的变化过程。要审查翻供的时机和辩解的实质内容,准确认定犯罪,避免冤枉无辜。实践证明,认真、细致审查辩解是发现案件疑点乃至纠正错案的一个重要途径,但由于趋利避害心理或外界压力等影响,犯罪嫌疑人的辩解往往真假混杂,必须审慎对待,从合理性、印证性两方面进行审查判断。

(一)辩解的合理性审查

应结合在案证据仔细审查辩解内容是否符合案情和常理。一要审查辩解内容与案情是否符合,如辩解内容与已有的证据尤其是客观性证据存在矛盾、无法得到合理解释的,则辩解不符合案情;二要审查辩解内容与常理是否相符,如辩解内容明显不符常理、出现多种辩解甚至矛盾辩解,则辩解不具有合理性。审查方法和路径:(1)审查辩解形成的时间、地点及其变化过程,重点查明归案后首次提出辩解和有罪供述后首次辩解的情况;(2)当面听取辩解,考察侦查机关是否将相关辩解全部、客观收集在卷;(3)审查是否针对提供的证据及线索进行了查证;(4)对难以查证的辩解,分析是否符合情理、逻辑和经验法则。

（二）辩解的印证性审查

应结合辩解的具体内容,审查其与在案证据尤其是客观性证据之间,是否存在矛盾、能否相互印证,对辩解的真实性作出更加准确的认定。审查方法和路径:

1.犯罪嫌疑人辩解没有作案时间的审查。(1)审查认定案件发生时间的证据是否确实充分。如尸体检验报告等技术性证据、通讯记录、视频监控等能否客观揭示案发时间,是否有目击证人或其他证据印证等;(2)审查犯罪嫌疑人提出无作案时间的理由、线索是否经过查证,是否得到其他证据的印证;(3)审查犯罪嫌疑人随身携带的电子设备、所乘交通工具的运行轨迹、相关视频监控、网络通讯软件使用的 IP 地址、住宿登记等相应证据,是否可以佐证其辩解;(4)审查证明无作案时间的证人与犯罪嫌疑人是否具有利害关系,证人获知作证内容的途径、提供证言时间、佐证证言的其他依据等是否具有合理性、真实性。

2.犯罪嫌疑人辩解未实施犯罪行为的审查。(1)审查在案证据是否能够将犯罪嫌疑人与犯罪行为直接关联,与犯罪嫌疑人关联的物证、痕迹等是否可以排除非作案所留;(2)审查针对辩解的相关理由、线索的查证结果;(3)审查共同犯罪中各犯罪嫌疑人的供述是否相互印证。

3.犯罪嫌疑人辩解案外第三人参与作案的审查。(1)审查犯罪嫌疑人是否能够提供第三人的身份信息、通讯信息、联系方式等具体线索,并查明其与第三人的密切程度、交往、共谋情况;(2)审查现场遗留的痕迹、生物物证等是否可以排除第三人参与作案;(3)审查现场及其周边的视频监控等是否可以排除第三人参与作案;(4)审查作案时犯罪嫌疑人随身携带的电子设备的运行轨迹是否与第三人相同;(5)审查是否存在替人顶罪可能。

4.犯罪嫌疑人辩解受到刑讯逼供的审查。(1)审查犯罪嫌疑人归案及供述形成的时间、地点;(2)审查讯问同步录音录像,确认是否存在违规审讯活动;(3)审查看守所入所体检记录、医疗机构就医、验伤报告等;(4)审查是否提供有可供核查的理由、线索,并进行查证;(5)向同监室人员、刑事执行检察部门调查核实是否存在刑讯逼供等情形。

六、口供中细节信息的挖掘

口供中的细节信息是指犯罪嫌疑人口供中涉及动机、起因、工具、手段等反映个案特点的细节证据信息或证据线索,其本身往往不能单独、有力地证明案件事实,但可通过细节信息搜集到相关证据,形成相互印证,证明案件事实。因此,审查中要重视梳理、挖掘口供中的细节信息来查证案件事实链接点,通过现场复勘、文证审查、重新鉴定、侦查实验、电子数据检验等途径来补强、挖掘印证口供的证据,强化、完善定案证据体系。

(一)涉及犯罪动机、起因的细节信息挖掘。主要方法和路径:(1)存在经济、劳资、邻里等纠纷的,可以收集证明相关纠纷及处理过程的证据材料,查明纠纷原因及矛盾激化过程、过错等情况;(2)存在婚姻家庭、婚外情等特殊人际、社会关系的,可以调取双方手机信息、聊天记录、相关场所视频监控记录,查明双方接触联络情况,证明与案件关联的事实情节;(3)存在财产处置、资金往来等情况的,可以调取物品买卖、处置的书证、银行账户明细、知情人证言等;(4)犯罪嫌疑人前科劣迹与本案相类似的,可以调取前科档案材料、知情人证言等;(5)犯罪嫌疑人作案前后记录案件相关情节的,可以调取犯罪嫌疑人的日记、记账本、记事本等。

(二)涉及作案工具的细节信息挖掘。主要方法和路径:(1)作案工具系购买、借入或作案前已持有的,可以调取购买凭证或出售人、出借人等证人证言,有条件、有必要的要组织辨认;(2)作案工具外形、残缺特征、装饰物等有别于同类工具的,可以查看该工具实物特征或调取知晓该工具特征的证人证言;(3)作案(联络)工具有电子数据存储功能的,尤其是仅犯罪嫌疑人知晓账户名、密码的设备,可以导出或恢复数据信息,查验账户名、密码的真实性;(4)作案时使用手机等通讯工具、网络通讯软件的,可以调取相关通讯记录等书证、提取电脑数据、手机软件记录等电子证据；（5）作案过程中使用手机、车辆等形成运行轨迹的以及有购物、就餐、住宿等活动的，可以调取手机基站信息、道路交通卡口信息、车船使用凭证、缴费凭据、购物记录、住宿登记票据等书证、相关视频监控等视听资料；（6）作案工具被抛弃、隐匿、毁坏的，可以调取起获作案工具时的录像、照片等勘查材料或相关证人证言。

（三）涉及作案手段的细节信息挖掘。主要方法和路径：（1）踩点、进出现场的，尤其是在门、锁、窗、墙留下破坏、攀爬痕迹的，应当全面审查勘验检查材料或复勘现场，可以调取指纹、足迹、DNA、工具等痕迹物证及视频监控等；（2）具备实施特殊作案手法、使用非常规作案工具、接触特定涉案物品的身体、知识、技能条件和经历的，可以调取反映犯罪嫌疑人生活履历、职业技能的书证、知情人证言，必要时可进行侦查实验；（3）运输、埋藏、抛弃尸体、赃物的，尤其是运输工具、摆放方位、地点等具有特殊形态或特定附属物的，可以调取挖掘、打捞录像、提取笔录及相关照片进行比对；（4）伪造、清理、毁坏犯罪现场的，可以审查相关勘验检查材料或复勘现场、提取痕迹物证等进行验证。

（四）涉及涉案物品的细节信息挖掘。主要方法和路径：（1）现场遗留与犯罪嫌疑人紧密关联的物品、犯罪嫌疑人造成现场物品、痕迹变化或被害人随身物品损失的，应交由犯罪嫌疑人、证人辨认，并可以审查勘验检查材料或复勘现场，对在卷痕迹物证或对未检验的物证进行检验；（2）犯罪嫌疑人持有或处分与被害人紧密关联物品的，应查获该物品并交由被害人及相关知情人等进行辨认，并进一步收集证明案发前被害人持有的相关证据；（3）被害人、犯罪嫌疑人身体、衣物上黏附有涉案物品、犯罪场所内遗留的痕迹或微量物证的，可以审查在卷物证检验情况，对未检验的微量物证作同一鉴定；（4）赃款赃物特征明显、去向明确的，可以审查或提取赃款赃物实物、相关持有人证言、起获赃款赃物录像、照片等。

（五）涉及被害人死、伤原因的细节信息挖掘。主要方法和路径：（1）犯罪嫌疑人实施捂、勒、打、压、抱、撞、砍、刺等行为，在被害人身体、衣物留有对应痕迹的，应当通过人身及衣物检查、尸体检验、照片比对进行验证；（2）现场物品对犯罪嫌疑人、被害人造成碰撞、挤压、刺戳等意外损伤的，可以审查或补充勘查，并通过人身检查、尸体检验的途径查明的相应痕迹特征予以比对印证；（3）犯罪嫌疑人造成被害人生前伤、死后伤的，可以通过尸体检验、照片比对，调取视频监控等方式验证。

（六）涉及生物物证、痕迹物证的细节信息挖掘。主要方法和路径：（1）有接触被害人私密部位或压迫被害人口鼻等身体部位的行为，应审查相关部位是否留下双方的体液、皮屑、毛发等，并通过DNA鉴定进行确认；（2）被害人有抓、咬情节的，一般会在被害人指甲、被害人牙齿等部位留下双方生物物证或在体表留下痕迹，可以对相关部位进行人身检查、尸体检验，并进行DNA鉴定；（3）作案过程有使用工具的，应审查是否留下相应现场痕迹，如是否存在血迹喷溅、抛洒状态，是否在工具缝隙处留下血迹等，可以通过审查、复勘现场血迹形态、分布部位等，并结合DNA鉴定等鉴定意见进行论证分析；（4）犯罪嫌疑人、被害人被现场特定物品致伤的，应通过审查相关物品上是否留下微量生物、痕迹物证，尸体检验、人身检查是否有相应损伤予以印证；（5）有分解尸体的，应通过审查使用工具、分尸现场隐蔽处留下血迹情况予以印证，必要时可以复勘现场、复检刀具，查找现场物品及隐蔽部位的血迹，进行DNA鉴定；（6）犯罪过程中导致作案工具离断的，可以通过工具材质、断口的鉴定确定分离物是否为同一整体，并结合其他证据（如工具断端上有犯罪嫌疑人生物信息等）确立与本案的关联性。

（七）涉及被害人私密信息的细节信息挖掘。主要方法和路径：（1）被害人的肢体特点、疤痕印迹、既往病史、生理周期、健康状况等身体特征，被害人的服饰妆扮、饮食起居、包裹物品等生活习惯，被害人的爱好、语言特征、知识水平、社会身份等个体特征，可以调取知情人的证言、体检就医病历记录、专业学历技能证书、过往书信、聊天记录、生活照片等证据予以印证；（2）与案件事实无直接关联但可以佐证某些情节的被害人活动，如被害人在案件发生过程相关购物、休息等活动情况，可以通过审查或调取相应的消费票据、隐蔽处所的排泄物、现场的睡卧痕迹等书证、痕迹物证予以印证；（3）被害人损失财物中的特殊信息，如被害人缝在衣服内、藏在隐蔽处的钱物，应当审查勘验检查材料予以验证，必要时可以复勘现场、复检提取在案物证、调取知悉隐蔽财物的证人证言予以印证。

（八）涉及作案时空环境的细节信息挖掘。主要方法和路径：（1）作案现场气象、抛尸抛物至河流湖泊时的水文现象，可以调取气象、水文资料等书证予以印证；（2）作案时电视、电台正在播放节目的，可以调取电视（电台）

节目播放执行单等书证予以印证;(3)现场声光变化、物品布局摆放情况,可以调取知悉声源、光源变化的证人证言、涉案场所的照片或记录的书证予以印证;(4)现场周边特定人、事、物,可以调取相关的证人证言、视频录像予以印证;(5)作案时使用大量水、电等可记录资源的,可以调取水、电使用记录等书证予以印证;(6)职业、身份、生活规律与现场空间、环境有特殊联系的,可以调取反映犯罪嫌疑人生活履历、工作职责的书证、知情人证言予以印证。

(九)涉及作案时心理状态的细节信息挖掘。主要方法和路径:(1)供述作案时心理活动、感受的,如犯罪嫌疑人供述因心理紧张、纠结而抽烟、进食、大小便来缓解情绪的,可通过现场留下的烟蒂、残留食物、排泄物等物证、痕迹的检验来印证;(2)对犯罪时实施的异常行为和心理状况有解释的,如迷信某物的摆放、恐惧某种行为或现象等,可以调取或运用现场勘查照片、相关知情人证言予以印证。

七、与口供相关的其他证据材料的审查

司法实践中,涉及犯罪嫌疑人供述和辩解的证据材料,除讯问笔录、自书材料外,还有侦查机关制作的讯问同步录音录像、辨认(指认)笔录及同步录音录像、犯罪嫌疑人进出看守所的健康检查记录、笔录等材料,后者往往有助于审查判断口供的合法性、真实性,有助于树立内心确信。在口供的具体审查工作中,既要充分利用上述在案证据材料、注重多种证据材料的综合审查运用,也应突出不同证据材料的审查重点。

(一)对讯问同步录音录像的审查。重点是讯问过程的合法性以及笔录与同步录音录像内容的一致性。主要审查以下内容:(1)随案移送的讯问录音录像的次数、制作时间与移送清单是否一致,是否附有《提取经过说明》或《录制经过说明》;(2)应当移送的同步录音录像是否全部移送,尤其是首次有罪供述录音录像是否移送;(3)讯问录音录像反映的供述内容、讯问时间、地点与讯问笔录是否一致;(4)同一次讯问,录音录像是否完整连贯,内容是否真实、自然;(5)是否有其他影响讯问合法性及犯罪嫌疑人供述真实性的因素。对于根据犯罪嫌疑人供述、指认提取到了隐蔽性很强的物证、书证、电子数据等客观性证据的,其供述和提取过程的录音录像应当予以重

点审查。

（二）对辨认笔录的审查。重点是犯罪嫌疑人对辨认对象特征的描述与辨认对象的情形是否吻合，主要审查以下内容：（1）辨认的主持人、见证人、辨认方式等是否符合法律及有关规定；（2）辨认人对被辨认对象的记忆特征是否在辨认前已经记入笔录，其特征描述是否具体、具有辨识性、符合记忆特点；（3）辨认过程是否存在向辨认人暗示或指认辨认对象的可能；（4）辨认现场的，辨认前是否将辨认人对现场方位、附近标志物、进入现场路线等描述记入笔录；（5）根据犯罪嫌疑人辨认提取到赃款、赃物、作案工具等客观性证据的，应注意审查辨认笔录中的辨认时间与现场勘验、检查笔录、提取笔录记录的时序关系。

犯罪嫌疑人辨认过程有同步录音录像且具有以下情形之一的，应当要求侦查机关移送审查：（1）辨认结果为定案关键证据或通过辨认直接锁定犯罪嫌疑人的；（2）属有罪证据、无罪证据并存的疑难复杂案件的；（3）存在明显暗示或具有指认嫌疑的；（4）对见证人身份、辨认结果存在其他重大疑问的；（5）根据犯罪嫌疑人指认提取到隐蔽性强的客观性证据的。

八、口供的综合审查运用

（一）供证矛盾的审查。供证矛盾是指口供与在案其他证据在证明的内容或方向上不一致，甚至呈现相反的情形。要理性认识、审慎对待、正确处理审查实践中出现的供证矛盾。

1.要理性认识、审慎对待供证矛盾。首先，要理性、客观认识供证矛盾。刑事诉讼证明的对象主要是犯罪构成要件和量刑情节的事实，是以在案证据为基础、经过严格的法定程序确定的法律事实，是对客观事实的重塑。基于认知、记忆等各种因素影响，导致口供与其他证据之间出现矛盾，某种程度上也符合司法规律特点。其次，出现供证矛盾时应严谨、慎重对待。供证矛盾的出现，证明案件证据之间尤其是口供与其他证据之间呈现不一致、出现疑点，因而有必要通过重新梳理证据体系、重新补充或核查证据等手段进行审慎的分析、论证，确保证明刑事诉讼证明对象的证据确实、充分，并能排除合理怀疑，防止出现冤假错案。

2.要正确处理供证矛盾。首先，要突出重点，把握处理供证矛盾的基本原则:突出证明刑事诉讼证明对象即犯罪构成要素事实及量刑事实证据的充分性,不纠缠与定罪量刑无关的细枝末节。要准确区分细节与细枝末节:细节事实是待证事实构成要素,当细节事实足以影响定罪量刑要素事实是否成立时,该细节就属于必须查明的证明案件事实的组成节点;细节事实不影响定罪量刑事实认定的,该细节事实才可视为细枝末节。其次,把握排除矛盾或合理怀疑的一般审查方法和路径:(1)分析供证矛盾的表现形式,核查产生矛盾的证据;(2)分析矛盾产生的原因,查明矛盾是否可以得到合理解释;(3)亲历性复核相关证据,重新委托检验鉴定或咨询具有专门知识的人员;(4)通过提讯犯罪嫌疑人,进一步挖掘新的证据或证据线索。

(二)口供的综合运用。要结合案情,依据犯罪过程脉络,在确认合法性、真实性的基础上,从口供等证据与待证事实的关联程度、各证据之间相互印证性等方面进行分析论证、挖掘补强,并根据经验法则、逻辑法则、自然科学等分析方法重建犯罪现场和犯罪情景,在此基础上对全案证据综合分析,排除合理怀疑。

不轻信口供。要重视口供与其他证据之间在案件关键事实、关键环节上能否相互印证,尤其是能否得到客观性证据的印证。既要重视挖掘口供中蕴含的细节信息等,又要通过口供的补强、综合运用客观性证据等方式来验证口供的真实性。供述与其他证据的印证不是简单面上的印证,而是供述反映的案情与客观性证据等揭示的总体事实这两个不同角度所反映的事实在面上重合前提下的多点印证,只有各细节印证才具有可靠性。

一般而言,具备下列情形的口供真实性强:(1)根据口供获取到隐蔽性较强的物证、书证等客观性证据,可以将犯罪现场、被害人与犯罪嫌疑人建立密切联系的;(2)口供所涉作案动机、作案手段、现场环境、现场处理等客观事实具有独特性、秘密性,与案件有密切联系,且非当事人无法知悉的;(3)口供所涉细节与犯罪行为虽无直接联系,但该细节的存在使犯罪嫌疑人供述的作案过程变得自然、符合情理的。

3. 浙江省人民检察院公诉环节现场勘查材料审查运用工作指引

为进一步丰富和完善客观性证据审查模式，引导公诉人全面、准确地审查、判断、运用现场勘查材料，根据《中华人民共和国刑事诉讼法》及相关司法解释、规范性文件，结合办案实践，特制定本指引。

一、现场勘查材料审查运用的基本原则和方法

第一条 本指引所指的现场，是指与犯罪活动关联的场所，不仅包括案发现场，也包括犯罪预备及作案后活动等关联现场。就案发现场而言，包括中心以及周围现场。

现场勘查，是指侦查机关对与犯罪活动有关的场所以及场所内的物品、人身、尸体、痕迹进行的勘验、检查等侦查活动。完整的现场勘查包括现场保护、现场访问、实地勘查、现场处理、现场记录、现场分析等活动。

现场勘查材料，是指勘查人员对犯罪现场勘查后形成的现场勘查笔录、现场图、现场照片、现场录音录像、现场证据提取记录等反映现场勘查过程的记录类材料。

第二条 现场勘查材料作为刑事诉讼法定证据之一，应充分解读其诉讼价值。

（一）固定现场初始状态。通过勘查及时记录犯罪现场初始信息，防止时过境迁造成的现场改变带来的信息缺失。

（二）展示现场细节信息。勘查材料记录现场痕迹、物证等证据的具体位置、形态、数量、分布等细节信息，为分析案情、查清事实提供细节支持。

（三）揭示痕迹、物证等证据的来源。勘查材料记录对现场痕迹、物证

等证据的提取情况,是证明现场证据来源、进行技术鉴定的原始依据。

(四)证明勘查活动的合法性。勘查材料记录侦查人员现场勘查的时间、地点、现场保护、现场访问、现场提取证据等情况,为判断勘查活动是否规范合法提供依据。

(五)提供现场重建的依据。通过现场勘查材料反映的原始状态和细节信息,运用逻辑经验分析方法,推演、重构犯罪过程。

(六)检验其他证据的真伪。通过运用现场勘查材料予以犯罪现场重建,有效甄别、检验犯罪嫌疑人的供述和辩解、被害人陈述、证人证言等证据的真实性、客观性。

第三条 现场勘查材料的审查运用,应当坚持以下原则:

(一)合法性审查原则。要注重审查侦查机关现场勘查是否规范、合法,依法排除非法证据,补正瑕疵证据。

(二)客观性证据优先运用原则。对审查确认的现场勘查获取的客观性证据应在定案中优先采用。

(三)客观全面原则。要客观、全面地运用现场勘查材料所载的各类信息,来还原和证明案件事实。

(四)科学解释原则。对现场痕迹、物证蕴含的信息要准确把握、科学解释,防止对客观性证据解释过度或解释不足。

(五)充分挖掘原则。要充分运用和解读现场勘查材料的证明力,并注重挖掘犯罪过程中形成的、侦查机关现场勘查遗漏的隐蔽证据、内知证据等,完善证据体系。

(六)综合验证原则。应综合在卷的物证、书证、鉴定意见、言词证据、辨认笔录、电子数据等证据,对现场勘查材料进行综合判断审查。

第四条 现场勘查材料的审查运用,应当坚持以下方法、路径:

(一)笔录审查与图片、录像审查相结合。注重现场勘查笔录与现场图、现场照片、录像录音的比对审查,通过图文结合,全面、准确地审查现场情况。

(二)阅卷审查与亲历性复勘相结合。在认真审查现场勘查材料的基础上,必要时应开展犯罪现场走访、复勘,注重现场勘查材料审查的亲历性和直观性。

(三)科学检验与专家咨询相结合。对现场勘查涉及的生物痕迹、车辆痕迹、工具痕迹、微量物证成分等专业性问题,应通过科学检验、专家咨询等方法予以鉴别、验证。

（四）专门审查与比对分析相结合。在细致、全面审查现场勘查笔录、现场图、照片、录像录音的基础上，比较分析勘查材料与在案其他证据是否相互印证。

（五）全案审查与证据挖掘相结合。结合犯罪嫌疑人的供述和辩解、被害人陈述、证人证言等证据反映的信息，通过现场复勘、调阅侦查内卷、重新或补充鉴定、侦查实验、电子数据检验等途径，充分挖掘和补强证据。

（六）综合分析与现场重建相结合。综合分析全案证据，运用逻辑经验法则，科学解释、准确把握现场痕迹、物证蕴含的信息，分析判断犯罪现场是否发生特定事件和行为。

二、现场勘查材料的一般性审查

第五条　现场勘查材料的审查应程序事项和实体内容并重，对现场勘查的人员组成、基本过程、相关材料制作及现场勘查获取的证据、信息等方面进行全面、细致审查。

第六条　审查现场勘查人员的组成是否符合法律规定。

（一）现场勘查是否由两名以上具有勘查资格的侦查人员进行，现场勘查笔录上是否有勘查人员的签名；

（二）在卷证据材料有无反映现场勘查人员存在同一时间勘查多个现场或出现在其他场合的情形；

（三）勘查有尸体的现场，有无法医参加。

第七条　审查现场勘查见证人的参与是否符合法律规定。

（一）现场勘查有无见证人参与；

（二）现场勘查笔录有无见证人签名及身份说明，是否属于与案件无关的公民；

（三）因特殊情况无法找到见证人的，有无在现场勘查笔录中注明情况并对相关活动进行录像。

第八条　审查现场勘查笔录是否符合规范要求。

（一）有无制作现场勘查笔录；

（二）勘查不同现场或多次勘查同一现场的，有无分别、分次制作笔录，补充勘查的有无说明补勘原由；

（三）有无在前言部分规范记录笔录文号，接警时间和内容，现场地点，现场保护情况，勘查的起止时间，天气情况，组织指挥人员等基本信息；

（四）有无在正文部分规范记录现场勘查过程、现场情况以及证据提取情况；

（五）有无在结尾部分规范记录制图和照片的数量、现场勘查相关参与人员的签名等。

第九条 审查现场勘查照片、录像是否符合规范要求：

（一）有无附现场照片，重大案件以及因客观情况无法找到符合条件的见证人的案件中有无现场录像；

（二）现场照相、录像有无包括方位、概貌、重点部位和细目等，细目照相、录像有无放置比例尺，现场照片有无相应的文字说明等；

（三）现场照片、录像能否清晰、准确记录现场方位、周围环境及原始状态，能否记录痕迹、物证所在位置、形状、大小及其相互关系；

（四）对需要移动尸体或提取证据的，有无对移动、提取前后的状况分别进行照相、录像。

第十条 审查现场图的制作是否符合规范要求。

（一）有无绘制现场图；

（二）现场图有无准确、完整反映现场的位置、范围；

（三）现场图有无准确、完整标明现场尸体、主要物品、痕迹等证据的具体位置；

（四）现场图有无注明方向、图例、绘图单位、绘图日期和绘图人。

第十一条 对现场勘查材料反映的基本信息，应当重点审查。

（一）发现犯罪现场及报案的相关人员，报案的具体时间和内容，现场勘查时间与案发时间的间隔；

（二）现场地点的具体方位、周围环境，现场系封闭还是开放，进出口的具体位置；

（三）依法开展现场保护、现场访问的情况，现场有无变动，变动的具体表现和具体原因。

第十二条 对现场勘查材料反映的现场痕迹、物证等证据的信息，应当重点审查。

（一）现场痕迹、物证等证据的部位、数量、性状、分布等情况，尸体的位置、衣着、姿势、损伤及血迹分布、形状和数量等；

（二）现场痕迹、物证等证据的提取情况、提取方式，有无附相应的提取清单、扣押清单，有无相应证据提取、扣押人员的签名或盖章；

（三）提取现场痕迹、物品等证据有无分别提取，分开包装，统一编号，有无注明提取的地点、部位、日期和提取的数量、名称、方法和提取人等，对特殊检材是否采取相应的方法提取和包装，防止损坏或者污染；

（四）对于现场提取的痕迹、物品和扣押的物品、文件，有无按照有关规定建档管理、存放于专门场所、由专人负责，有无严格执行存取登记制度；

（五）有无存在扣押、提取、保管、送检等清单和勘查材料记载不符的情形。

第十三条　审查现场勘查材料，要特别注重比对现场勘查笔录、现场图、现场照片、现场录音录像之间反映的内容是否相互吻合。

第十四条　经审查，发现侦查机关现场勘查活动及现场勘查材料制作存在不规范之处的，应当视不同情况分别处理。

（一）现场勘查整个过程存在不符合法律及有关规定的情形，且无法做出合理解释或者说明的，该现场勘查笔录不能作为证据使用；

（二）现场勘查部分环节存在明显不符合法律及有关规定的情形，且无法做出合理解释或者说明的，该环节涉及的有关证据应当依法予以排除；

（三）现场勘查虽存在不符合法律及有关规定的情形，但侦查机关能做出合理解释或者予以补正并经审查确认的，可作为证据使用。

三、犯罪现场常见信息的判读

第十五条　犯罪现场遗留的各类物证、痕迹等证据以及基本环境，均可能蕴含重要信息，为分析案件事实、进行现场重建提供具体依据，因而对于现场勘查材料记录的各类信息应当细致审查、深入判读。

第十六条　根据现场遗留的生物物证，可分析判读下列信息：

（一）根据现场遗留的血液、精液、体液、人体组织、人体排泄物等生物物证的DNA鉴定意见，分析判断何人到过现场。

（二）根据现场生物物证的来源位置，分析判断犯罪嫌疑人与被害人之间的接触状态、接触的具体部位。如，在被害人阴道内提取到犯罪嫌疑人精液，可证实犯罪嫌疑人与被害人发生过性关系的事实。

（三）根据现场生物物证的位置、分布，分析判断犯罪嫌疑人、被害人等在现场的活动路线。如通过与犯罪嫌疑人有关的毛发、唾液、汗渍等生物物证的具体位置、载体的分析，可判断犯罪嫌疑人在现场的行动轨迹、路线，为现场重建提供重要依据。

第十七条 根据现场血迹的数量、形态以及分布，还可分析判读下列重要信息：

（一）根据现场血迹的不同形态，判断血迹形成原因。一般而言，喷溅状血迹，系人体动脉血管破裂时瞬间形成；滴落状血迹，系血液呈自由落体运动滴落于载体上形成；抛甩状血迹，系沾血的物体运动时血液被甩出而形成；擦拭状血迹，系带有血液的载体通过碰撞、触摸、擦蹭等方式，在接触面上留下所形成；流注状血迹，系血液受重力影响，沿物体表面向下运动所形成；血泊，系具有一定体积的血迹凝聚形成。

（二）根据现场血迹的数量、形态、分布，辨别犯罪现场。如，暴力性杀人案件中，初始现场的血迹一般而言数量大、形态多、范围广，尸体上的血迹能与其周边血迹连接一体；而移尸现场或无血迹或虽有血迹但数量和分布范围较为有限，形态表现较为单一，地面有时可见移尸形成的血拖痕等。

（三）根据现场血迹的形态、分布等，佐证伤情、死因以及作案工具。如，命案中尸检报告表明被害人系颈部遭锐器砍切致颈动脉离断大出血死亡，而现场勘查材料显示现场血迹呈发散性分布的喷溅式状态，两者相互吻合，更加确证被害人死因及作案工具系砍切类锐器这一事实。

（四）根据现场血迹的形态、方位及分布轨迹，进行犯罪现场重建，还原犯罪过程。通过现场血迹的形态、位置、高度以及血滴下落的角度，可分析导致出血的力的大小、导致出血的工具种类、打击的次数以及出血点附近的人或物的相对位置，同时可进一步推断与流血事件有关的多个事件的先后发生顺序、被害人或犯罪嫌疑人在犯罪现场的移动轨迹。如，现场血迹分布集中且形态单一，可表明被害人对危险没有防范而遭到突然袭击或者无力反抗；反之，现场血迹分布范围广且形态多样，表明犯罪时有过激烈搏斗或者挣扎躲避。

第十八条 根据现场手印（指纹），可分析判读下列信息：

（一）不同人员的手印（指纹）具有不同的形态及特征，根据现场手印（指纹）分析判断到过现场的人员及人数。

（二）根据现场手印（指纹）的分布情况，分析判断犯罪嫌疑人接触过现场何种物品以及如何选择进出口、行进路线等信息。如，在窗台、门板上发现有犯罪嫌疑人的手印（指纹），分析判断犯罪嫌疑人进出现场有可能采用了爬窗、推门等方式。

（三）根据手印（指纹）的位置、载体，分析判断犯罪嫌疑人的动机和目的。如，盗窃案中在隐蔽的重要财物存放处发现有犯罪嫌疑人手印（指纹），可印证其获取他人财物的动机和目的。

（四）根据现场手印（指纹）的分布规律、用力大小、用力方向，与接触物、作案工具痕迹之间的位置关系以及在作案工具上的分布情况等信息，分析判断犯罪嫌疑人在现场使用了何种作案工具、力的作用方式，以及为了达到犯罪目的所采取的作案手段等。如，故意杀人（伤害）案中，刀柄上的手印（指纹）不仅能证明犯罪嫌疑人使用了该刀具，同时通过手印（指纹）在刀柄上的具体位置、指位分布，可进一步分析犯罪嫌疑人使用该刀具时系直握还是反握、系双手握还是单手握等，继而可进一步判读犯罪嫌疑人行凶时的方位、力度等重要信息。

（五）根据现场手印（指纹）的位置、角度、方向，左右手手印（指纹）的相互位置关系、手印（指纹）与足迹、工具痕迹等的位置关系，分析判断犯罪嫌疑人在遗留手印（指纹）时的行为动作、位置和姿势。如，从室外爬窗入内与从室内握窗外望，两种情形所留下的手印（指纹）方向通常不会一致。

第十九条 根据现场足迹，可分析判读下列信息：

（一）不同人员的足迹具有不同的形态及特征，根据现场足迹分析判断到过现场的人员及人数。

（二）根据对现场同类足迹位置的标识、串联，分析判断相关人员的活动路线和活动范围。如，入室犯罪案件中，通过对犯罪嫌疑人足迹的串联，分析判断犯罪嫌疑人从何处入室、入室后行动的顺序以及最后从何处离开。

（三）根据现场地面足迹中犯罪嫌疑人足迹与被害人足迹的相互情况，分析判断犯罪嫌疑人在作案过程中与被害人的相对位置关系。如，两种相对并立的足迹，可分析是二人相向站立时留下的足迹；两种动态交织、杂乱的足迹，可分析是二人拉扯、扭打时形成的足迹。

第二十条　根据现场工具痕迹，可分析判读下列信息：

（一）根据现场工具痕迹的具体形态，分析判断作案工具的种类、大小、长短、材质、大致的规格形状等。如，现场留有轮廓呈方形的凹陷痕迹，则可能由斧锤等方形顶面形成；凹陷痕迹呈梯形斜面状，则可能是由螺丝刀类工具撬压形成。

（二）根据工具痕迹的具体形态，分析判断犯罪嫌疑人的作案手段、作案活动心理。如工具痕迹的大小、方向和作用点，可分析犯罪嫌疑人的犯罪手法以及使用相应作案工具时的方式、力度等。

第二十一条　根据现场车辆痕迹，可分析判读下列信息：

（一）根据现场遗留的轮胎印痕、花纹、宽度、磨损及轮距等情况，分析判断涉案车辆。

（二）根据现场遗留的汽车零件、车身漆皮、玻璃碎片以及车辆的碰撞、刮擦痕迹等，分析判断涉案车辆。

（三）根据汽车轮胎的痕迹及痕迹周围的路面形状变化情况，分析判断车辆的行驶方向，如一般而言轮胎花纹的展开方向，便是车辆的前进方向。

（四）根据现场路面轮胎痕、路面刮擦痕、车辆变形等情况，结合专业技术检测，可判断车辆的行驶速度以及是否曾经刹车、有无载有重物等情形。

第二十二条　根据现场微量物证，可分析判读下列信息：

（一）根据花粉、土壤、木屑、纤维、化学成分等微量物证，分析判断相关人员与犯罪现场的关联。如，犯罪嫌疑人身上黏附有犯罪现场才存在的植物组织，分析判断犯罪嫌疑人曾接触过现场；反之，现场存在大量某种特定物质（如花粉），而在犯罪嫌疑人人身和物品上未检见该种物质，在排除事后清洁等情形下，即应判断犯罪嫌疑人未到过现场。

（二）根据现场遗留的微量物证，分析判断相关人员在现场的活动。如，根据犯罪嫌疑人的随身携带物品、作案工具在接触物体上留下的剥离物、黏附物，分析判断犯罪嫌疑人与现场物体的接触情况。

（三）根据现场遗留的微量物证，分析判断犯罪嫌疑人与被害人之间的接触状态。如，在故意杀人、抢劫、强奸等案中，犯罪嫌疑人与被害人在现场遗留的各自微量物证交织在同一地点或连续在同一路线上，分析判断二者的接触情况及活动路线。

第二十三条 对于室内犯罪现场而言,根据家具、衣物等的摆放的位置和状况,可分析判读下列信息:

(一)根据现场家具有无撬锁、开柜,衣裤口袋、包有无翻动等变动情况,分析判断犯罪嫌疑人是否翻动过现场。

(二)根据家具、衣物等的移动或损坏情况,分析判断犯罪嫌疑人和被害人在犯罪现场的行为。如,根据现场家具、衣物摆放是否混乱、现场物品是否损坏等情况,分析判断犯罪嫌疑人和被害人在现场是否发生过搏斗。

(三)根据现场家具、衣物的倒伏、叠放形态,分析判断事件发生的顺序。如,存在明显搏斗痕迹的现场中,通过现场家具物品在相互位置上是否具有先后连续关系,分析判断引起家具物品变动的行为之间的先后顺序。

第二十四条 根据现场勘查材料记录的犯罪现场基本环境、方位等内容,可分析判读下列重要信息:

(一)根据犯罪现场系封闭或开放、一般人能否自由进出等情况,分析判断犯罪嫌疑人的特定范围。如,像住宅等具有封闭性且进出口未存在撬锁、爬窗等痕迹的,较有可能为熟人作案。

(二)根据现场建筑物的结构、进出口位置等,分析犯罪嫌疑人进出现场的路线、通道;结合进出口部位留有的痕迹、物证,分析犯罪嫌疑人进出现场的方式、手段。

(三)结合作案时间,根据现场所处的位置及周围环境,分析判断犯罪嫌疑人行为活动的特征、相关行为是否符合常理。如,入室盗窃案中,犯罪嫌疑人在深夜时分出现在非居住的犯罪现场及周围,表明具有作案嫌疑。

四、犯罪现场信息的综合判读

第二十五条 对现场勘查材料记录的所有现场信息,应结合鉴定意见比对核实、全面研读、综合分析,依照经验法则、逻辑法则,分析判断作案时间、地点、人员及人数、工具及过程。

第二十六条 作案时间的分析判断:

(一)根据现场有识别价值的物品所揭示的时间予以分析。如,现场的日历、票证、损坏的钟表以及电脑使用、手机通讯时间等。

（二）根据现场有关物品的状态和痕迹的新旧程度予以分析。如，现场血迹的凝固、干燥程度、现场食物的腐烂、变质情况等。

（三）根据尸体现象及胃内容物情况予以分析。如，从尸体衣着推断遇害的大致季节；从尸体的腐化程度推断与遇害时的时间相隔；从胃内容物的种类、消化程度推断死亡时间等。

（四）根据天气变化情况予以分析。通过现场某些遗留物、痕迹特征、现场某些物品的移位变化等信息推断案发时段的天气情况，如，现场是否留有雨伞、雨鞋、湿鞋印、雪鞋印等，从而分析判断行为人作案的时间段。

第二十七条 作案地点的分析判断：

（一）根据现场发现的各种痕迹、物证予以分析。如，根据现场尸体、血迹、人体组织残存的位置、分布、形态等信息，分析判断是否系杀人现场。

（二）根据现场的特殊环境以及与犯罪嫌疑人、被害人的特殊关系予以分析。如，被害人住处内发现有喷溅状的被害人血迹，但被害人尸体被发现于人烟偏僻的山中且死因系遭锐器切断颈动脉失血性死亡，通过对比两处现场的空间环境以及与被害人的关系，分析判断被害人极有可能系在自己住处遇害后被抛尸山中。

（三）根据尸表检查、尸体解剖所提供的各种信息加以分析，如，根据死者身上是否附有现场以外的泥土、植物等，分析判断尸体有无进行转移。

（四）要善于根据现场痕迹、物证之间的不自然关系、现场的种种矛盾迹象，来分析判断现场有无被犯罪嫌疑人破坏、清理、伪造过。

第二十八条 作案人员及人数的分析判断：

（一）根据现场遗留的生物物证予以分析。如，现场是否留下不同的血迹、精斑、毛发、分泌排泄物等。

（二）根据现场发现的痕迹予以分析。如，现场是否留下不同的手印（指纹）、足迹、枪弹痕迹、工具痕迹等。

（三）根据现场遗留的随身携带物品予以分析。如，现场是否留下不同的手套、烟头、手机、交通工具等。

（四）根据现场尸体的伤痕予以分析。如，尸体上是否有不同种凶器造成的伤痕或枪弹痕迹等。

（五）根据现场某种行为的难易程度予以分析。如，现场被盗的物件数量多、体积大、质量重，单人单次难以搬走；在杀人、抢劫、强奸现场同时有多名被害人，单人难以实施等。

（六）对于现场发现的第三人痕迹，要重视分析留下第三人痕迹的原因，结合现场的具体环境、是否具有开放性等情况，分析判断系同案犯所留，还是案件无关人员所留。

第二十九条　作案工具的分析判断：

（一）根据现场遗留的工具痕迹予以分析。如，现场是否留有工具切割、撬压痕迹或枪弹痕迹等。

（二）根据现场遗留的工具、凶器的碎片以及包装物、擦拭物等分析作案工具的种类。如，现场是否留有木棍碎屑、刀具外套等。

（三）根据被害人有关损伤情况予以分析，如根据创口形状、创缘是否平整、有无组织间桥、骨折情况等损伤特点，分析致伤物的形状、大小、长度、厚度等特征。

第三十条　作案行为的分析判断：

（一）根据现场遗留的手印（指纹）、足迹、毛发等证据，分析判断犯罪嫌疑人进出现场的路线、接触现场物品的情况，在现场的行为动作。

（二）根据现场被翻动破坏情况和丢失财物的所在位置，分析判断犯罪嫌疑人的作案目标。如，现场的衣柜、抽屉有明显的翻动痕迹，但衣柜、抽屉内的财物却没有丢失，可表明犯罪嫌疑人的作案目标并非侵财，而另有其他目的。

（三）根据现场物证、痕迹的分布、形态以及尸体状况等信息，分析判断案件性质。如，死者被发现从高楼房间坠楼死亡，头部有遭钝物击打痕迹，现场勘查显示死者房间内的枕席上留有血迹，阳台门框留有明显低于死者身高的擦拭血迹，且死者坠楼时赤足、足底干净，同时身上无竖直流注状血迹、掌上亦无擦拭血迹，从上述信息已能充分排除被害人系自主坠楼的可能性。

（四）根据血迹、毛发、手印（指纹）、足迹等痕迹、物证的形态及其分布状况等，分析判断犯罪嫌疑人的行为顺序。如，命案中在保险柜处发现沾有被害人血迹的犯罪嫌疑人手印（指纹），可分析判定犯罪嫌疑人行凶后又实施了侵财行为。

五、现场勘查材料的比对综合运用

第三十一条 审查现场勘查材料，应结合鉴定意见、犯罪嫌疑人供述和辩解、被害人陈述、证人证言、辨认笔录、电子数据、视听资料、侦查实验笔录等证据，进行对照审查、比对分析、互相验证，注重综合运用。

第三十二条 现场勘查材料与鉴定意见的比对运用：

（一）对犯罪现场的生物物证、痕迹物证等各类信息，应结合相关鉴定意见，客观分析、科学研读。

（二）注重比对鉴定意见书所列检材在现场勘查材料上有无相应记载，有无存在检材无法说明证据来源或者现场提取的物证、痕迹等证据未送检的情况。对于现场遗留的重要物证、痕迹，需要专业鉴定但侦查机关未予以鉴定的，应及时要求鉴定。

第三十三条 现场勘查材料与犯罪嫌疑人供述、辩解的比对运用：

（一）对于犯罪嫌疑人的有罪供述，重点验证供述内容与现场勘查反映的情况是否相符。从犯罪嫌疑人供述的进出现场路线、人员接触情况、具体作案过程等各方面内容，根据现场勘查材料反映的现场基本环境、进出口位置、现场痕迹、物证等证据的位置、形态等信息，比对两者之间是否吻合，判断犯罪嫌疑人的供述是否客观、真实。

（二）对于犯罪嫌疑人的辩解，要结合现场勘查材料予以检验。1. 对于犯罪嫌疑人未到过犯罪现场的辩解，可通过现场检出的且犯罪嫌疑人不能合理解释的血迹、精液、体液、毛发、指纹等证据予以证伪。2. 对于犯罪嫌疑人到过现场但未作案的辩解，应根据不同案件类型，结合现场勘查发现的痕迹、物证的位置、形态等信息加以综合分析。如，交通肇事逃逸案中，犯罪嫌疑人辩解到过现场但未发生交通事故，可从事故现场发现的犯罪嫌疑人车辆的碎片以及犯罪嫌疑人车辆上提取的被害人血迹等证据予以反驳。3. 对于犯罪嫌疑人的罪轻辩解，亦可通过犯罪现场的各类信息予以检验。如，对于故意杀人案中犯罪嫌疑人关于自己只是轻轻捅了被害人一刀的辩解，可从现场尸体的创口数量、创口位置、创道深度及走向等信息予以反驳。

（三）运用现场勘查材料检验犯罪嫌疑人供述、辩解的真伪时，应注重根据犯罪嫌疑人口供进行现场证据、信息的挖掘和补强。对于犯罪嫌疑人供述中提到的、但在现场勘查材料中得不到反映的现场以及现场周围的细节信息，应通过复勘现场、要求侦查机关补充侦查等方式，挖掘和补充前次现场勘查遗漏的证据、信息，通过"先供后证"的方式，更进一步确证犯罪嫌疑人口供的真实性。

（四）运用现场勘查材料验证犯罪嫌疑人供述、辩解的真伪时，不仅要注重现场痕迹、物证"有"的分析，也应注重"无"的分析。如，犯罪嫌疑人提到将犯罪现场的某件物品带走，而经现场勘查并经被害人或被害人家属确认，现场的确缺少该物品，从而验证犯罪嫌疑人供述的真实性。而对于现场应"有"某种痕迹、物证，但现场却未发现该痕迹、物证时，也应予以充分留意。如，犯罪嫌疑人供述将作案刀具遗留在现场，但现场勘查未发现该刀具，对此，应分析查证系犯罪嫌疑人不真实供述所致、还是系侦查机关现场勘查有遗漏或是其他原因等。对影响案件定罪量刑的疑点必须进行充分查证、合理解释。

第三十四条　现场勘查材料与被害人陈述、证人证言的比对运用：

（一）根据被害人陈述、证人证言，了解现场的原貌变动、物品增减、案发前后人员进出等情况，从而更加全面掌握现场勘查基本情况，更加准确运用现场勘查材料的各类信息。

（二）对于案发时身在现场的被害人所作的陈述，以及目击全部或部分犯罪过程的证人所作的证言，应结合现场勘查材料反映的相关信息，分析判断被害人陈述、证人证言是否客观、真实。

第三十五条　现场勘查材料与辨认笔录的比对运用：

（一）通过犯罪嫌疑人、被害人等对现场遗留物品的辨认，建立现场物品与犯罪嫌疑人、被害人的客观联系，进一步确证案件细节事实。

（二）犯罪嫌疑人辨认、指认犯罪现场的，应注意犯罪嫌疑人辨认、指认的具体时间，确定侦查机关是否系根据犯罪嫌疑人辨认、指认，找到犯罪现场或是在犯罪现场找到隐蔽性很强的痕迹、物证等证据。

第三十六条　现场勘查材料与电子数据、视听资料的比对运用：

（一）对犯罪嫌疑人在实施犯罪行为过程中使用各类通信工具特别是移动通信工具的案件，应结合手机通信记录、移动轨迹，分析判断犯罪嫌疑人有无出现在犯罪现场附近、出现在犯罪现场的时间，从而更加动态地反映犯罪嫌疑人活动的时空轨迹。

（二）对犯罪嫌疑人在实施犯罪行为过程中使用机动车辆等交通工具的，应结合道路监控视频、行车轨迹识别系统等信息，分析判断有无可疑车辆在犯罪现场及其周围出现。在确定有可疑车辆的基础上，进一步查清犯罪嫌疑人与该车辆的客观联系，继而通过行车轨迹分析犯罪嫌疑人犯罪前后的活动轨迹。

（三）对于犯罪现场或现场周围有监控的，结合监控录像，进一步确证犯罪嫌疑人进出犯罪现场、在现场实施犯罪行为等事实。在监控录像不清晰、不完整的情形下，要善于利用现场勘查材料分析犯罪嫌疑人现场作案的活动细节，两者之间相互补充，共同证明犯罪事实。

第三十七条　现场勘查材料与侦查实验的比对运用：

（一）为了证实犯罪现场某一具体情节的形成过程、条件和原因，可进行现场实验。通过实验结果，进一步验证在现场条件下能否听到某种声音或看到某种情形；在一定时间内能否完成某种行为；某种行为与遗留痕迹、物品状态能否吻合；某种工具能否形成某种痕迹；痕迹、物品在现场条件下的变化规律；某一情节的发生过程和原因；其他需要现场实验做出进一步研究、分析、判断的情况。

（二）对于侦查机关已有的侦查实验，应根据侦查实验结果，结合现场勘查材料，分析案发现场有无发生特定的事实、情节。对于侦查机关未进行侦查实验、审查后认为有必要的，可要求侦查机关针对某一待验证的具体情形进行侦查实验。

（三）在运用侦查实验结果时，应当事先审查侦查实验的时间、环境条件是否与案发时间、环境条件基本相同；现场实验使用的工具、材料与案件现场是否基本一致；同一实验有无进行多次，结论是否同一；实验有无遵守法律的相关规定等。

第三十八条　在对证据单个比对分析的基础上，综合在案的所有证据，充分利用犯罪现场痕迹、物证的状态、位置、相互关系、检验结论、现场实验结论以及言词证据提供的信息，依照犯罪过程脉络，科学重建犯罪现场，客观还原犯罪情景，排除合理怀疑，查明案件事实。

六、附则

第三十九条　高检院、最高法、公安部于2016年9月联合下发《关于办理刑事案件收集提取和审查判断电子数据若干问题的规定》，对电子数据的勘查、提取规则以及审查判断内容均有明确规定，故本指引未单独涉及电子数据的现场勘查内容，而注重于犯罪现场痕迹、物证等信息的审查运用。

第四十条 本指引仅作为公诉案件中现场勘查材料审查运用工作指导性文件，不得作为案件处理的援引依据。

后 记

本书是浙江省人民检察院持续探索创新客观性证据审查模式的最新成果。自2011年8月以来，浙江省人民检察院在最高人民检察院的悉心指导下，开始了在死刑案件中实施客观性证据审查模式的探索实践，成立了课题组。浙江省人民检察院原党组书记、检察长陈云龙同志高度重视，亲自任课题组负责人；原党组副书记、副检察长庄建南同志多次参与课题研讨；原公诉二处副处长王霞芳同志（现任第四检察部主任）积极组织调研，参与了前期的规范文件起草和理论文章撰写工作；原公诉二处的俞李彦、王亮、俞炜、翁寒屏、林永虎、张黎明、王剑洪、厉雷、刘文霞等二十余名同志都对客观性证据的研究工作做出了贡献。各位领导、同事虽由于退休、岗位变动等原因离开了课题组，但依然心系课题组的研究工作。

客观性证据审查模式从法学实务中的思想火花，一步步成长为证据法学的重要概念，十余年来理论研究成果已蔚为大观，离不开学术界各位专家教授的帮助，樊崇义、卞建林、宋英辉、龙宗智、吴宏耀等学者的肯定和支持、意见和建议，不断激励鞭策着我们将研究走向深入；同时也离不开长期战斗在司法办案一线的法律人的反复实践，正是他们的不懈钻研，在众多具体案件中收集审查运用客观性证据，才使这一理论发展的如此鲜活且有生命力。

学然后知不足,行而后知路远。在贾宇检察长和黄生林副检察长的大力关心支持下,在中国检察出版社王伟雪编辑的辛苦努力下,书稿经多年的撰写、修改、校正,终能成书出版问世,将课题组的思考和创新呈现出来,我们甚感慰藉。但我们深知刑事证据研究是个深邃的话题,课题组成员学力不逮,书中的内容和观点有很多不足,论述也有不少浅薄之处,敬请批评指正,更请各位有识之士不吝赐教,投身到客观性证据审查的实践研究之中,如此我们将得偿所愿。

　　最后,对曾经参与和帮助过客观性证据研究课题的各位专家学者、领导、同事表示郑重的感谢,没有您们的辛勤付出,就没有本书现在的模样。

　　是为后记。

编　者
2022 年 4 月